VITTORIO MESSORI

Dicono che è risorto

Un'indagine sul Sepolcro vuoto

SOCIETÀ EDITRICE INTERNAZIONALE
TORINO

Ristampa novembre 2000

Corso Regina Margherita, 176
10152 Torino
Torino 2000

Grafica Chierese
Novembre 2000

Indice

"Hanno solo con lui delle questioni sulla loro religione a proposito di un certo Gesù, che è morto, e che secondo Paolo sarebbe invece ancora vivo".

Atti degli Apostoli, 25,19

Possiamo essere protestanti o cattolici, ortodossi o riformati, progressisti o conservatori. Ma, se vogliamo che la nostra fede abbia fondamento, dobbiamo avere visto e udito gli angeli presso il sepolcro spalancato e vuoto.

KARL BARTH

Indice alfabetico e abbreviazioni dei testi biblici

Ab	Abacuc
Abd	Abdia
Ag	Aggeo
Am	Amos
Ap	Apocalisse di Giovanni
At	Atti degli Apostoli
Bar	Baruc e Lettera di Geremia
Ct	Cantico dei Cantici
Col	Lettera ai Colossesi
1 Cor	Prima lettera ai Corinzi
2 Cor	Seconda lettera ai Corinzi
1 Cr	Primo libro delle Cronache
2 Cr	Secondo libro delle Cronache
Dn	Daniele
Dt	Deuteronomio
Eb	Lettera agli Ebrei
Ef	Lettera agli Efesini
Esd	Esdra
Es	Esodo
Est	Ester
Ez	Ezechiele
Fm	Lettera a Filemone
Fil	Lettera ai Filippesi
Gal	Lettera ai Galati
Gn	Genesi
Ger	Geremia
Gc	Lettera di Giacomo
Gb	Giobbe
Gl	Gioele
Gio	Giona
Gs	Giosuè
Gv	Vangelo secondo Giovanni
1 Gv	Prima lettera di Giovanni
2 Gv	Seconda lettera di Giovanni
3 Gv	Terza lettera di Giovanni
Gd	Lettera di Giuda
Gdc	Giudici
Gdt	Giuditta
Is	Isaia
Lam	Lamentazioni
Lv	Levitico
Lc	Vangelo secondo Luca
1 Mac	Primo libro dei Maccabei
2 Mac	Secondo libro dei Maccabei
Ml	Malachia
Mc	Vangelo secondo Marco
Mt	Vangelo secondo Matteo
Mic	Michea
Na	Naum
Ne	Neemia
Nm	Numeri
Os	Osea
1 Pt	Prima lettera di Pietro
2 Pt	Seconda lettera di Pietro
Prv	Proverbi
Qo	Qoèlet (o Ecclesiaste)
1 Re	Primo libro dei Re
2 Re	Secondo libro dei Re
Rm	Lettera ai Romani
Rt	Rut
Sal	Salmi
1 Sam	Primo libro di Samuele
2 Sam	Secondo libro di Samuele
Sap	Sapienza
Sir	Siracide
Sof	Sofonia
1 Ts	Prima lettera ai Tessalonicesi
2 Ts	Seconda lettera ai Tessalonicesi
1 Tm	Prima lettera a Timoteo
2 Tm	Seconda lettera a Timoteo
Tt	Lettera a Tito
Tb	Tobia
Zc	Zaccaria

1. Un libro anomalo

La prima edizione di *Patì sotto Ponzio Pilato?* – questa "*indagine sulla passione e morte di Gesù*", come dice il sottotitolo – uscì nell'autunno del 1992. Sia nel capitolo introduttivo, sia nell'ultima pagina (e, qui, addirittura in latino: *Stationis primae finis sed non itineris nec investigationis...*) promettevo la doverosa pubblicazione in volume del seguito di quella ricerca. Sono passati quasi otto anni da allora, ho pubblicato altri sette libri, ma finora non avevo rispettato l'impegno.

Meravigliosi e terribili come sono, i miei lettori non lo avevano però dimenticato e in questi anni, mentre si succedevano le ristampe di *Patì...*, mi richiamavano al dovere. Non accontentandosi di lettere quotidiane, di telefonate, di fax o di richieste d'informazione durante incontri per presentare altri miei volumi, giungevano sino a bussare senza preavviso alla porta di casa. Come per accertarsi che non stessi oziando, o non indulgessi a lavori meno urgenti, invece di occuparmi di quel Gesù che avevo lasciato nel sepolcro, la sera del venerdì!

A mia discolpa per il ritardo, potevo accampare varie motivazioni: a cominciare dall'imprevista intervista a Giovanni Paolo II, con il ciclone editoriale mondiale che ne era seguìto e con le ovvie "distrazioni" conseguenti, per quanto abbia cercato in ogni modo di restarne appartato, rifiutando interviste e presentazioni. In quel libro, in effetti, erano importanti le risposte, non certo le mie domande.

Potevo anche appellarmi al fatto che i lettori che protestavano per il ritardo del volume sulla Risurrezione, erano spesso gli stessi che avevano premuto perché raccogliessi al più presto gli articoli pubblicati per anni dal quotidiano *Avvenire* nella rubrica "Vivaio". Cosa che feci tra 1993 e 1995, in tre grossi libri, per un totale di oltre 1600 pagine. Quanto a *Qualche ragione per credere* e a *Opus Dei: un'indagine*, gli altri volumi che hanno preceduto questo, la loro uscita fu determinata da un seguito di circostanze che non starò qui a riassumere, ma che mi obbligarono, in qualche modo, a dar loro precedenza.

Insomma, ho le mie scuse...

Anche perché, in realtà, il libro sollecitatomi con tanta, affettuosa insistenza già, in gran parte, lo avevo scritto. In effetti, buona parte del materiale che intendevo utilizzare per indagare sulla Risurrezione era stato anticipato (come già per la Passione e Morte) nelle puntate apparse per anni sul mensile *Jesus*. Ma anche i molti che avevano collezionato quegli articoli non se ne accontentavano, premevano per averli raccolti con tanto di copertina e di indice. Sia per ovvia comodità, sia per consapevolezza che, come già per la prima parte dell'inchiesta, tutto avrei rivisto e ampliato nel passaggio dalle pagine del giornale a quelle del libro.

Comunque sia, eccomi finalmente a rispettare l'impegno, con questi poveri "colpi di sonda", se non impotenti colpi di spillo, considerando lo spessore vertiginoso di questo Mistero per eccellenza: il ritorno glorioso alla vita del Crocifisso.

Confesso che, mentre rivedevo un'ultima volta il materiale prima della consegna all'editore, cresceva un senso di disagio, quasi di imbarazzo un po' vergognoso: "Tutto qui quel che sei riuscito a raccogliere? tutte qui le riflessioni che sei stato capace di fare?".

È una sensazione di inadeguatezza e di incompletezza che, naturalmente, avevo avvertito altre volte, per altri libri. Ma che, qui, mi ha accompagnato in modo costante e particolarmente acuto. Non a caso, qui ci si confronta con il centro stesso della fede. Un motivo in più per contare sull'indulgenza, ancor più benevola del solito, da parte dei lettori. Ai quali, se non altro, avrò dato qualche frammento, qualche scheggia, magari qualche balbettio. Assieme, mi auguro, a qualche esempio di un metodo (non certamente l'unico né, tantomeno, esaustivo) per tentare di definire almeno i contorni dell'Enigma.

Chiunque, col suo lavoro di "scriba", si accosti a quanto attiene al Cristo, deve unirsi – fatte, ovviamente, le più che doverose differenze e riconosciuta l'incongruità del confronto – alla constatazione con cui conclude il suo racconto l'ultimo evangelista: "Vi sono anche molte altre cose compiute da Gesù che, se fossero scritte una per una, penso che il mondo stesso non basterebbe a contenere i libri che si dovrebbero scrivere" (Gv, 21,25).

In ogni caso, poiché queste pagine non sono che continuazione e completamento di quelle del volume precedente, per un discorso introduttivo generale e per un inquadramento a tutto campo dei problemi della ricerca sul Nuovo Testamento rinvio ai primi due capitoli di *Patì sotto Ponzio Pilato?* Lì – sotto i titoli di "Ragionando sui vangeli" e di "Ipotesi su (certa) critica biblica" – ho raccolto avvertenze e considerazioni che conservano validità anche per questo seguito della ricerca. Quindi, non le ripeto, rinviando ad esse il lettore.

In effetti, questo non è che il secondo volume di un'opera che è necessariamente unitaria. Deve essere ben chiaro – è essenziale ricordarlo – che il "Mistero pasquale", come è chiamato dalla tradizione cristiana, è un blocco solo, seppure composto di tre "tappe": la Passione, la Morte, la Risurrezione (con le conseguenze di Ascensione al Cielo e discesa dello Spirito Santo, a Pentecoste: questa fu spesso sottovalutata e, per fortuna, è oggi riscoperta, anche sotto la spinta dei movimenti di "rinnovamento nello Spirito" o, come sono detti, "carismatici").

Questa compattezza sia del racconto che del mistero che quei racconti esprimono, è cosa ovvia, eppure è necessario ribadirla subito con fermezza. Le conseguenze della continuità dei racconti evangelici – dove non c'è un *prima* della tomba e un *dopo* la tomba – sono ben individuate da Giuseppe Ricciotti, la cui classica *Vita di Gesù Cristo* ho tra l'altro prefato io stesso, in una recente, ennesima ristampa nelle edizioni tascabili del maggiore editore italiano, a riprova della popolarità e della vitalità di quest'opera.

Scrive, dunque, lo studioso romano all'inizio dei capitoli da lui dedicati alla "seconda vita", quella da Risorto, del Protagonista dei vangeli: "Gli stessi documenti, le stesse testimonianze storiche che hanno narrato la passione e la morte non si fermano qui. Ma, con la stessa autorevolezza e con il medesimo grado di informazione di prima, proseguono a narrare una risurrezione e un'altra vita di Lui".

Continua Ricciotti: "Ciò è più che sufficiente perché coloro che non ammettono la possibilità del soprannaturale respingano senz'altro tutta intera questa seconda parte del racconto evangelico. Facendo ciò, questi negatori si mostrano logici, dati i principii filosofici da cui partono. Ma è importante mettere bene in rilievo che essi sono determinati alla totale negazione della storicità di questa parte solo e unicamente da quegli stessi principii filosofici, non già da deficienze o da dubbiezze di documenti. I documenti, in realtà, esistono e provengono dagli stessi informatori di prima: ma poiché qui, più che mai, contraddicono a quei principii ideologici, i documenti dovranno essere 'interpretati' alla luce dei principii. Ossia, subordinati ad essi".

Continua, con il consueto rigore, il nostro biblista: "Del resto, il lavorio praticato da certa critica sulla *seconda* vita di Gesù non è che un prolungamento, e in senso più radicale, di quello praticato sulla *prima* vita. Riguardo alla prima vita, il compito era di fare una selezione dei fatti, accettando una predica di Gesù o un suo viaggio in barca come cose naturali; ma respingendo subito la guarigione di un cieco o la risurrezione di un morto come cose soprannaturali e, perciò, assolutamente inaccettabili, perché dichiarate impossibili. Riguardo invece alla seconda vita, non ci sarebbe proprio nulla da selezionare, perché tutto, qui, è soprannaturale e, perciò, tutto è impossibile. Quindi, il compito del critico sarebbe soltanto quello di spiegare, in base a categorie razionaliste, come sia sorta nei discepoli di Gesù la credenza in una sua presunta risurrezione".

Dunque: prima di iniziare la nostra indagine, occorre essere consapevoli che i racconti evangelici pre-pasquali e quelli post-pasquali (la cronaca, cioè, delle apparizioni del Risorto, sino al finale dell'ascesa al Cielo), sono *un blocco unico*. Il quale, narrato com'è dai medesimi testimoni e conservatoci nei medesimi documenti, ha il medesimo grado di attendibilità (o inattendibilità) storica e va vagliato senza instaurare differenze tra le parti. Solo il pregiudizio "filosofico", solo la negazione previa di ogni possibilità di soprannaturale può guardare ai racconti di risurrezione come fossero tutt'altra cosa rispetto a quelli di passione, morte, sepoltura.

Se, dunque, si accetta almeno in parte la storicità di quanto precede la risurrezione, non è lecito rifiutare in modo previo quanto la segue. Le due "parti" evangeliche (la prima e la seconda vita di Gesù) non sono in alcun modo separate; anzi, di "parti" ne costituiscono una sola: il blocco unitario, appunto, che la tradizione cristiana chiama "mistero pasquale".

I resoconti della vita, morte e risurrezione di Gesù, insomma, *simul stabunt aut simul cadent*: o insieme stanno in piedi o insieme crollano. Gli stessi evangeli che ci narrano dell'imputato al tribunale ebraico e romano e del suppliziato e infine crocifisso, sono anche quelli che ci parlano del Risorto. Per cui, per dirla col Ricciotti, chi (pur con sofisticati distinguo e sospettose cautele) accetta almeno la verosimiglianza dell'esecuzione capitale sul Golgotha e poi nega a priori quella del sepolcro vuoto e, soprattutto, delle apparizioni che si sono succedute dopo quella scoperta, "sembra uomo di logica e di ragione ma, in realtà non lo è abbastanza. Infatti, si ferma a metà strada e non tira le ultime e più decisive conseguenze dai suoi principii filosofici. A volere essere davvero conseguenti, bisognerebbe negare non soltanto la seconda vita di Gesù, ma anche la prima ed affermare che, sulla Terra, non è mai esistito un personaggio di quel nome".

Anche su questo aspetto essenziale della ricerca avremo modo di tornare altre volte. Qui, ciò che importava era avvertire subito che non è lecito dare del visionario (o del perditempo, visto che si occuperebbe di cose manifestamente incredibili) a chi, dopo avere indagato con i metodi della storia sulla attendibilità della vita di Gesù raccontata dai vangeli, applica gli stessi metodi a quegli stessi documenti quando narrano del suo ritornare in vita. E lo narrano con lo stesso tono pacato e informato di prima (quel forte segnale di verità dei vangeli che è la loro "impassibilità"!), dichiarando di volere restare cronisti di ciò che hanno visto, sentito, sperimentato.

Scrivo queste righe nella primavera dell'anno in cui i cristiani celebrano il duemillesimo "compleanno" di Colui che, per essi, è il Vivo per definizione, fiduciosi nelle parole dei "due uomini in bianche vesti" che si presentarono davanti ad apostoli e discepoli proprio quando, con l'Ascensione, terminano i racconti post-pasquali, in attesa della Pentecoste. Dissero, dunque, quei due: "Uomini di Galilea, perché state a guardare il cielo? Questo Gesù, che è stato di tra voi assunto fino al cielo, tornerà un giorno allo stesso modo in cui l'avete visto andare in cielo" (Atti degli Apostoli, 1,11). Deve essere ben chiaro che, per il credente, il Protagonista di quanto esamineremo nelle pagine che seguono è colui le cui ultime parole nel primo vangelo – se stiamo all'ordine di edizione – così dicono: "Ecco, io sono con voi tutti i giorni sino alla fine del mondo" (Mt, 28,20).

La storia su cui ci interroghiamo è del tutto anomala anche per questo: a differenza di ogni altra su cui lo storico può indagare, questa vicenda non è affatto chiusa ma, anzi, continuerà per l'eternità tutta intera. Questo è il solo libro dove non c'è – né potrà mai esserci – l'ultimo capitolo.

II.
Il paradosso cristiano

Prima di immergerci nei testi, prima di soppesare una ad una le parole greche del Nuovo Testamento, sarà bene meditare sul luogo del mondo dove è avvenuto l'Evento la cui verità vagliamo; sul luogo dove la fede cerca, nelle pietre stesse, la conferma e la base del suo *Credo*. Portiamoci, dunque, nella Gerusalemme dei nostri tempi, non in quella dei tempi di Gesù, dove ci caleremo nei capitoli che seguono. Potrà rivelarsi una visita istruttiva.

In effetti, riflettendo su quel che oggi resta del sepolcro prestato da Giuseppe d'Arimatea, a pochi metri di distanza dallo sperone roccioso sul quale era infissa la croce, il Calvario (entrambi i luoghi, da quando ne è iniziato il culto, sono coperti dallo stesso tetto, formano un unico santuario), si può intuire quale sia la logica cristiana: che non è quella "del mondo". Ma, parola di Gesù stesso, ne è spesso l'esatto contrario.

Buona parte delle incomprensioni e dei rifiuti nei riguardi del cristianesimo vengono proprio da questo: dall'applicare anche qui, cioè, le categorie che valgono per ogni altra realtà della storia, ma che non valgono per la Storia della Salvezza, per l'ingresso e la presenza di Dio nella vicenda umana. Esiste quella che i tedeschi chiamano *die christliche Weltanschauung*, la prospettiva cristiana sulla storia e sul mondo. È uno sguardo che ha le sue leggi. Chi le ignora o le trascura, nulla può comprendere, pur illudendosi di capire tutto.

Forse, tra i drammi del cristianesimo attuale, c'è il fatto che anche molti credenti, all'interno stesso della Chiesa, sembrano aver perso memoria di quella prospettiva, aver smarrito quello "sguardo", che è diverso da ogni altro, compreso quello di ogni altra religione. Anche tra chi vorrebbe continuare a prendere sul serio i vangeli, c'è chi è ormai convinto (e in perfetta buona fede) che ciò che vale per giudicare ogni altra vicenda, valga per giudicare pure la vicenda di Gesù e il suo continuare a vivere nella storia con quel suo Corpo che, per dirla con Paolo, è la Chiesa. Ma, se oggi sembra prevalere, pure tra credenti, un giudizio appiattito sul conformismo razionalista, sulle prevalenti categorie *liberal*, ieri vigevano trionfalismi e clericalismi che avevano, essi pure, poco o nulla a che fare con la *christliche Weltanschauung* e che derivavano, essi pure, dal "mondo" o da prospettive di altri culti e credenze. Simili deformazioni rappresentano un motivo in più per ricordare, attraverso una visita ai luoghi della Risurrezione, le "regole" indispensabili per comprendere che sia la fede.

Dicevo, nel capitolo che precede, del tempo giubilare in cui scrivo queste righe. Ebbene, proprio in occasione del duemillesimo anno *post Christum natum*, è tornato a Gerusalemme colui che - per i cattolici - è il successore di quel Simon Pietro, cui il Risorto, all'alba, sul lago di Tiberiade, per tre volte ingiunse di "pascere le sue pecore". Inginocchiatosi proprio nella basilica del Santo Sepolcro, nel cubicolo di meno di tre metri per due davanti alla pietra della Risurrezione, Giovanni Paolo II ha ricordato la verità su cui si basa tutta la fede non soltanto dei cattolici ma di tutti i cristiani, quale che sia la loro chiesa o la loro confessione. «Questo», ha detto il pontefice «questo è *il luogo più sacro del mondo*. Questa tomba vuota è la testimone silenziosa dell'*evento centrale della storia umana*».

È certamente così, nella logica cristiana. Ma è quella logica inaudita di cui sopra parlavamo e dove la costante è il paradosso. Anzi, lo scandalo, in una prospettiva umana. Il Dio che, stando alla fede ribadita dal papa, qui ha patito ed è risorto, ha voluto avvolgersi in un chiaroscuro che in questo confuso ammasso di pietre, per chi giudichi "mondanamente", si fa caligine, groviglio di contraddizioni, addirittura apparente smentita della verità della fede. La luce del mattino della prima domenica va cercata dietro le ombre e gli enigmi di quella storia degli uomini che l'Incarnazione ha assunto sino in fondo, accettandone tutto, anche le ambiguità.

Quella tomba, unica sulla Terra proprio perché vuota, è in una città il cui nome, secondo la tradizione ebraica, significa "città della pace": ebbene, nei suoi tremila anni di storia, Gerusalemme è stata assediata, saccheggiata e, infine, assai spesso distrutta 23 volte. Un tragico primato di violenze, di sofferenze patite e inferte, tra tutti i luoghi del mondo. La predilezione di un simile Dio ha un prezzo umanamente assai alto da pagare. Ancora oggi nelle sue strade – sorvegliate notte e giorno da soldati armati, eppure scosse di continuo da sanguinosi attentati – grava tangibile l'odio che, spesso, sembra farsi di tutti contro tutti. Passa, infatti, tra le stesse comunità religiose: intolleranza e diffidenza gravano tra ebrei, cristiani, musulmani, ma anche tra ebrei osservanti e liberali, tra musulmani sunniti e sciiti, tra cristiani di diverse confessioni. «Gerusalemme è il posto dove il Cielo incontra l'inferno», per dirla con le parole eloquenti del rabbino Adin Steinsaltz, docente all'Università ebraica.

Eppure (ecco un altro aspetto del paradosso), le inimicizie, le violenze, se non i massacri inauditi di cui è stata, ed è, testimone questa "capitale del Dio di pace e di amore" nascono essi pure dall'amore. Da millenni si è pronti a uccidere e a farsi uccidere per il possesso anche solo di qualche palmo di questa terra polverosa e infeconda, in un clima che alterna gelo e calura sotto venti gonfi di sabbia.

Da sempre, ai quattro angoli del mondo, folle di devoti di tutte e tre le famiglie dei figli di Abramo hanno sentito e sentono ardere il cuore nel petto al suo solo nome. *Monte della gioia* è il nome dell'altura dalla quale, venendo dal mare, per la prima volta la si scorge. Da sempre, quelle masse hanno affrontato rischi, miseria, morte stessa per venirvi come pellegrini salmodianti o come guerrieri: attratti da un Mistero che sovrasta questo cielo desertico e che lascia pensoso chi davvero rifletta. Per ebrei, cristiani, musulmani, Gerusalemme non è solo il ricordo sacro del passato, non è solo la città santa del presente, è anche un appuntamento per il futuro definitivo: per tutte e tre le fedi, il termine della storia, il Grande Giudizio finale avrà a che fare con queste pietre.

Perché tanta passione, ad una intensità sconosciuta ovunque altrove, se non per l'oscura, eppur cogente, consapevolezza di un Destino che travalica la storia e addita l'Eterno, in questo luogo inospitale, che può apparire "bello" solo se trasfigurato dagli occhi dello spirito e dove ogni edificio è costruito con le rovine dei molti altri distrutti in un assedio o in un saccheggio?

"Bello" non doveva essere, questo posto, neanche quando Gesù qui venne a compiere, con il suo destino, quello di noi tutti (così, almeno, crede la fede) e il Tempio di Erode – di cui, tra le lacrime, profetizzò la distruzione – si elevava in tutta la sua magnificenza. I funzionari romani, maestri del ben vivere, si rifiutavano di risiedere qui, tra nude rocce, vicoli maleodoranti, rozzi edifici, fanatici religiosi, salendoci di malavoglia solo qualche settimana l'anno, impazienti di ridiscendere tra le dolcezze marine, le belle architetture, le filosofie paganamente tolleranti di Cesarea.

Solo chi abbia la vista appannata dalla superficialità razionalista può illudersi di "spiegare" Gerusalemme con i suoi schemi; di "spiegare" le lamentazioni degli ebrei giunti dalla diaspora mondiale e che si dimenano davanti a ciò che resta del Muro detto "del pianto"; o il salmodiare degli arabi cristiani e dei pellegrini battezzati nei vicoli dove si snoda la *Via Dolorosa* e tra le arcate confuse del Santo Sepolcro; o le migliaia di schiene musulmane che si piegano tutte assieme, sotto le cupole delle moschee, proprio dove si elevava il *Sancta Sanctorum* del tempio di Jahvè.

È in questa "Città della pace" secondo la fede – in realtà, Luogo di un amore e di un odio inesausti, della santità e dell'infamia, paradigma dell'intera storia umana, giusto qui dove la storia è stata spezzata in due: piaccia o no, ogni nostro calendario lo attesta – è, dunque, in questa Città che i discepoli di Colui che disse di essere venuto a portare "la sua pace" hanno dato, nei secoli, lo spettacolo di risse, aggressioni, animosità, gelosie, egoismi, invidie tra fratelli. Nessuno ignora che proprio tra Calvario e Santo Sepolcro (coperti, sin dai tempi di Costantino, dallo stesso tetto) è scorso anche il sangue tra preti, frati, monaci, popi, abuna, sacerdoti tutti di tutte le Chiese, le obbedienze, i riti in cui è frantumata la cristianità.

Mai, forse, nella storia, condominio è stato tanto turbolento e animoso. Tanto da arrivare allo scacco supremo: l'autorità turca stanca di quelle ostilità tra fratelli "cristiani" (era il 1757: i greci avevano assalito di sorpresa i latini, provocando morti per espellere una volta per tutte gli esecrati "papisti") decise di congelare il campo di battaglia attorno al Sepolcro. Il Sultano impose così, sotto la minaccia della feroce giustizia islamica, uno *statu quo* che, reso ancor più maniacalmente preciso nel 1852, tutto disciplina. Tanto da regolare persino tempi e modi del lavaggio dei vetri o da stabilire i grammi d'incenso che a ogni confessione è lecito bruciare ogni giorno davanti alla tomba dalla quale è uscito, risorto, Colui che tutti, sotto quel tetto invocano come "Principe della pace", come rivelatore di un Dio che è amore, che è Padre che rende tutti fratelli. Mai paradosso fu più stridente: com'è giusto, nella logica evangelica.

Non parliamo, comunque, di tempi remoti, di documenti consegnati agli archivi: quel firmano ottomano, quel ferreo strumento poliziesco per imbrigliare l'aggressività tra le Chiese, è ora garantito dal nuovo Stato egemone nella zona, la Repubblica d'Israele. Della quale, però, i rissosi "condòmini" del Santo Sepolcro non hanno sinora saputo accogliere gli appelli pressanti, in nome della incolumità pubblica, neppure per aprire una via di scampo ai pellegrini in caso di incendio o di altra calamità. Nessuno vuole rinunciare a un metro quadrato di muro per ricavare una uscita di sicurezza o per permettere il passaggio su un pezzo di pavimento conquistato e difeso nei confronti degli "altri" con lotte secolari.

È questa durezza delle posizioni contrapposte tra le diverse confessioni che fa sì che la chiesa più illustre della Cristianità abbia un aspetto caotico, cadente, con un campanile smozzicato e coperto alla meglio da una tettoia "provvisoria": ma è una "provvisorietà" che dura da secoli. La stessa edicola che copre il luogo della Risurrezione è ingabbiata da rugginose armature per evitarne il crollo: persino qui, procedere ai necessari restauri violerebbe lo *statu quo* e darebbe origine a contrasti.

La bellezza è stata tra i segni più sicuri di verità del cristianesimo. Nessuno, nella storia, può mostrare tanti capolavori quanto le comunità ispirate dal vangelo, a cominciare da quella Chiesa cattolica cui si deve tra l'altro se – parola di UNESCO – l'Italia conta più della metà delle opere artistiche mondiali degne di tutela internazionale.

Ebbene, nell'architettura che copre questa tomba vuota gerosolimitana, negli arredi che ospita – e proprio qui, in questa "madre di tutte le chiese" – non vi è alcuna traccia della grandiosa bellezza che esplode, per fare un solo esempio, sopra la tomba romana del pescatore Simone che il Maestro chiamò Pietro.

Qui, al Santo Sepolcro, invece di marmi, mosaici, statue, tele mirabili, ecco mura affumicate dai ceri, impalcature perenni, pavimenti sconnessi, modesti quadri e quadretti devozionali. Nessuna possibilità, qui, di un'apologetica basata sulla bellezza cristiana: il Bello come segno del Vero. Argomento classico – e fondato – che non vale proprio qui, dove tutto è iniziato. Paradosso, dicevamo. Ma alla cui origine c'è il paradosso di cui stiamo parlando: la diffidenza (per usare un eufemismo pudico), che tutto ha paralizzato, tra coloro che pur si dicono, e sono, fratelli nello stesso Signore. E tuttavia incapaci, lungo i secoli, di trovare un accordo persino per manutenzioni e restauri.

Ogni alba, da otto secoli, si rinnova un rito umiliante, secondo le categorie umane: all'unica porta praticabile di questa che per il cristiano (non dimentichiamolo) è davvero "la madre di tutte le chiese", si presentano due musulmani, membri delle famiglie cui l'autorità islamica concesse il diritto di conservare e di usare la chiave per accedere a quel luogo sacro fra tutti, per i cristiani. Dentro la basilica, la sera prima, sono stati rinchiusi religiosi cattolici, greco-ortodossi, armeni (per non parlare dei poveri etiopi, confinati in capanne di fango e paglia sul tetto) che ogni notte vegliano per sorvegliarsi a vicenda ed impedire così colpi di mano, danneggiamenti, incursioni.

Una storia – e un presente – avvilenti, se non scandalosi? Così può sembrare. In ogni caso, un altro aspetto della logica che contrassegna la storia cristiana. Per cercare di capirla, quella logica, può aiutare quanto ha scritto padre Virgilio Corbo, il grande archeologo francescano cui dobbiamo i maggiori studi proprio sul Santo Sepolcro e che a Gerusalemme trascorse tutta la vita. Dunque, non parlava per spiritualistica retorica, ma con il realismo di chi aveva sperimentato su di sé la situazione, riuscendo però a penetrarne il significato.

Scrisse, dunque, quel padre, nella premessa ai tre monumentali volumi dedicati a questo luogo: «Il fatto che le comunità cristiane, così spesso in conflitto tra loro, si siano scontrate qui per il possesso di pochi palmi di terreno o di un angolo legato al ricordo della Risurrezione, è un affanno che, visto con altra visuale, rappresenta un autentico atto d'amore al Cristo stesso».

Come la passione per Gerusalemme ha portato, e porta, anche a risultati mortiferi eppure, nella sua essenza, esprime un mistero mirabile, così la passione per questo edificio, che - per i cristiani - della Città Santa è il cuore, ha provocato comportamenti che ci sembrano condannabili. Ma sono proprio queste "colpe", apparentemente così opposte alla carità cristiana, che mostrano quale sia la fede con cui è venerato (anzi, adorato) l'Autore del comandamento dell'amore, il Rivelatore del Dio-agape.

Non noi - cittadini di una cultura secolarizzata che maschera la sua indifferenza, il suo scetticismo sull'esistenza di una Verità, dietro il termine, dal suono nobile, di *tolleranza* - non noi, siamo giudici credibili per capire quale grandezza possa esserci, malgrado tutto, dietro alla occhiuta difesa di una lampada, di una panca, di una lisa mattonella di pavimento.

Cose "meschine"? Certo, ma solo per chi non creda fino in fondo che questo è il più sacro dei luoghi, che qui davvero sono state riaperte le vie del Cielo: e che, dunque, se una "gelosia" è mai giustificata, qui è quel caso.

"Meschinerie", certo: ma per chi ormai, anche se si professa credente, sia ormai convinto che tante, e tutte egualmente valide, siano le verità; e che sia addirittura offensivo verso altri tenere fermo sull'esistenza di una Verità con la maiuscola. La Verità che quel Nazareno qui risorto ha rivelato non solo con le sue parole, ma con ogni suo gesto, con quel suo corpo che ha toccato proprio queste pietre, impregnandole per sempre della sua Essenza divina.

"Meschinerie", certo: ma per chi più non comprenda che è proprio quell'amore per una Verità definitiva e assoluta che ha ispirato nei credenti - quando ancora obbedivano al comando di Gesù di "credere senza esitare" - l'orrore invincibile per quelle deviazioni dal Vero, per quei mali dell'anima, per quei micidiali virus dello spirito che sono scismi ed eresie. Come tollerare (si è pensato qui, da parte di ciascuno) che gente "inquinata" dall'errore goda di diritti proprio attorno a questa roccia dove ha patito e ha mostrato la sua potenza divina Colui che disse di sé: «Io sono la Via, *la Verità*, la Vita»?

Non è lo stesso Giovanni, "apostolo dell'amore" che ammonisce con severità: «Chi non rimane nella dottrina vera del Cristo, non possiede Dio... Se qualcuno viene a voi e non porta questo insegnamento, non ricevetelo in casa e non salutatelo; poiché chi lo saluta partecipa alle sue opere perverse» (2 Gv, 9 s.)? E non disse Gesù stesso che chi non ascolta la vera Chiesa va trattato «come un pagano e un pubblicano» (Mt 18,17)?

Che farsene, poi, dei durissimi avvertimenti di Paolo sui *vitandi*, sugli scomunicati da evitare ad ogni costo e in ogni circostanza, perché l'orrore manifesto e visibile da parte dei fedeli restati nell'ortodossia inducesse quei reprobi a ritornare sulla retta via e preservasse gli altri dal contagio dell'errore?

Non saremo forse noi, oggi, con i nostri buonistici irenismi, a violare il precetto della carità, mettendo tutti e tutto sullo stesso piano, tutti e tutto accettando e, dunque, comportandoci di fronte a quel male dell'anima che è l'errore come medici che rifiutassero di curare i mali corporali, materiali che – soli – ormai ci sembrano da contrastare?

Chi mai, oggi, è ancora consapevole che è opera doverosa di misericordia – anzi, è atto di suprema carità – la condanna dell'errore e l'ammonimento dell'errante, stando alla dottrina di tutte le Chiese (non solo di quella cattolica) che non si riducano a scegliere nella Scrittura solo ciò che è gradito allo spirito del momento? Sino a tempi recenti, per tutte le confessioni cristiane, quelle protestanti comprese (anzi, spesso, queste più che mai: i roghi non illuminarono solo la Ginevra di Calvino, ma le città e i villaggi della Riforma e più a lungo che quelli ortodossi o cattolici), la "tolleranza" – intesa in quell'accezione che è oggi prevalente e che sconfina nell'indifferentismo –, fu considerata una colpa grave contro la virtù della fede, ma anche della speranza e della carità.

Nei secoli, i due maggiori duellanti all'interno della basilica del Golgotha e del Santo Sepolcro sono stati ortodossi e cattolici (mentre gli armeni, pur presenti nel tempio, nonché etiopi, copti-egiziani, siro-giacobiti e altri minori hanno avuto ruolo di comprimari).

Ebbene, se la Chiesa cattolica rivendica per sé la pienezza della verità, a cominciare dalla teologia del primato papale, quella ortodossa non a caso si autodefinisce tale, accusando Roma di gravi deviazioni dalla via indicata dagli antichi Concili.

Tra le due Chiese sono corse solenni scomuniche reciproche, revocate poi, dopo molti secoli, da Paolo VI e dal Patriarca di Costantinopoli. Ma è una revoca non riconosciuta da tutto il mondo greco-slavo, per il quale l'anatema contro i cattolici ha ancora pieno vigore. A tal punto che, malgrado il suo ardente desiderio e malgrado l'invito di tutti i capi dello stato russo dopo la dissoluzione dell'Unione Sovietica, Giovanni Paolo II non ha potuto recarsi a Mosca. Ha potuto andare ovunque altrove, richiesto e accolto con ogni onore da governi di ogni religione, agnosticismo, ateismo. Ovunque, nel mondo intero: ma non in Russia, dove il Patriarcato ortodosso lo ha dichiarato "persona non gradita".

Alla luce di quanto osservavamo, non sarà da capire (interrogandoci se, per caso, non fossimo noi a non più scorgere l'*amor veritatis* che travaglia il cristiano, su ordine dello stesso vangelo), non sarà da capire l'ostilità, la diffidenza, magari i colpi di scopa che da sempre si scambiano gli inservienti delle diverse Chiese, rivendicando il loro diritto di spazzare – e con amore – questo o quell'angolo della basilica? "Eretico" e "scismatico" sono termini che – in una prospettiva cristiana basata non su qualche teologia anacronistica ma, direttamente, sul Nuovo Testamento – hanno avuto un significato preciso, e non certo tale da lasciare indifferenti, per i cristiani di tutte le obbedienze.

A conferma di quanto diciamo, sta il fatto che le Chiese che hanno un qualche diritto sulla basilica di Gerusalemme ritrovarono sempre l'unità, al di là di ogni scontro, quando si trattò di escludere tutti i protestanti. Oggi ancora, in regime di *statu quo*, questi ultimi possono entrare, ma non celebrare qui i loro culti.

È significativo che, pur ostili in teoria – secondo il loro schema teologico – a pellegrinaggi, luoghi sacri, reliquie e così via, i seguaci della Riforma avvertirono spesso questa esclusione come una minorazione dolorosa. Tale è il magnetismo, su ogni credente, di quest'angolo unico del mondo. Viste inutili le pressioni anche dei loro governi, cercarono consolazione redigendo opere erudite, volte a dimostrare l'inautenticità dei luoghi dove cattolici, ortodossi, copti e altri celebrano la Morte e la Risurrezione.

Oppure, si spinsero addirittura fino ad annunciare la scoperta di calvari e tombe "alternativi": è ciò che fece, ad esempio, nel 1883, il generale inglese Charles Gordon, ottimo militare (morirà eroicamente all'assedio di Khartoum), anglicano fervente, ma biblista dilettante e un po' *naïf*. In un ossario qualunque fuori dalla porta di Damasco, il generale si convinse di avere finalmente trovato il "vero" Santo Sepolcro: altro che quello fittizio, sfruttato da preti e popi e sul quale non era concesso alcun diritto ai protestanti!

In realtà, sembra proprio che ciò che spingeva Gordon a sostenere l'insostenibile, fosse il desiderio di opporsi alla frustrazione che la sua comunità, e le altre nate nel XVI secolo, non avessero neanche un angolo vicino alla pietra della Risurrezione: venute troppo tardi, non c'era posto per esse e nessuno, ovviamente, intendeva dar loro una pur minima accoglienza. Saputo della trovata del generale, fu enorme la soddisfazione di molti ambienti riformati, da cui vennero anche studi tanto apparentemente scientifici quanto arbitrari. La Chiesa anglicana stessa acquistò il terreno dove sorgeva quella *Gordon's Tomb*, ribattezzata *Garden's Tomb*, per affermare sin dal nome che proprio della tomba evangelica si trattava: «Ora, nel luogo dove era stato crocifisso, vi era *un giardino* e *nel giardino* un sepolcro nuovo, nel quale nessuno era stato ancora deposto. Là, dunque, deposero Gesù...» (Gv 19,41 s.).

Nessun archeologo autentico ha mai preso sul serio quella improbabile identificazione; e da molto tempo soltanto qualche sprovveduto crede che davvero lì fossero Calvario e tomba di Giuseppe d'Arimatea. Anche la *Church of England* – quella di cui è capo la regina di Gran Bretagna e sulle cui questioni teologiche legifera il Parlamento di Londra – pur se ancora oggi proprietaria del terreno ha preso da decenni le distanze. Anche se, quando vi andai l'ultima volta, vidi un'elegante targa all'accesso che, un po' ambiguamente, diceva in inglese: "Tomba del Giardino. Creduto da molti il luogo dove Nostro Signore giacque. Io sono la Risurrezione e la Vita". Subito sotto, un'altra scritta invitava a lasciare un'offerta per la manutenzione del luogo, evidentemente ancora frequentato.

Se raccontiamo questo aneddoto, è per confermare a qual punto possa giungere il desiderio cristiano di toccare, di baciare, di stare accanto al luogo della Redenzione e della Salvezza: dai crociati medievali morti per strada o in battaglia, di stenti, di fatica, di spada, sino agli inglesi vittoriani che non esitavano a manipolare documenti e a perdersi in fantasie pseudo-erudite. Ci meraviglieremo, dunque, dei colpi di ramazza, dei dispetti, delle veglie sospettose dei religiosi che presidiano quel Luogo? Tutto, qui, va letto secondo categorie che non sono quelle del mondo. Meno che mai quelle di un mondo come l'attuale, dove l'ipocrisia dei buoni sentimenti si accompagna spesso al cinismo e alla ferocia.

Prima di gridare alla incoerenza, alla vergogna, bisogna porsi nella prospettiva adeguata. Pascal: «Le cose sono vere o false, lodevoli o esecrabili a seconda dal punto di vista dal quale ci si pone per giudicarle». E il grande Blaise, nel vergare quest'appunto – materiale grezzo per la progettata apologia – pensava proprio al cristianesimo, per il quale vale l'avvertimento dell'antica saggezza: «Non sapere, è assai meglio che sapere in modo sbagliato». Della fede, il "mondo" crede spesso di sapere tutto (basta leggere le saccenti quanto grottesche analisi su cose di Chiesa che appaiono ogni giorno nei media, firmate da riveriti *maîtres-à-penser*): ed è questa presunzione – spesso in buona fede, per maggior disgrazia – è questo il suo problema, non il sano riconoscimento di ignoranza e di incapacità di capire.

Eppure, anche per chi conosca e utilizzi la corretta *christliche Weltanschauung*, ci sono cose, tra quelle avvenute e che avvengono in questa basilica solenne tra tutte, che non sembrano davvero giustificabili. Cose che appaiono come vere e proprie ferite alla carità, soprattutto qui, nel luogo della sofferenza e del nascosto trionfo di Chi disse che l'amore mostrato verso ogni uomo sarebbe stato il principale segno di riconoscimento dei suoi. Come negare l'incoerenza, la contraddizione (che è di tutti i secoli, di tutti i battezzati: santi, uomini anch'essi, non esclusi) tra l'insegnamento e la prassi, tra i princìpi e la pratica?

Proprio poche settimane dopo essersi inginocchiato su questo Santo Sepolcro, Giovanni Paolo II celebrava sulla tomba di Pietro una liturgia penitenziale, dove la Chiesa chiedeva perdono per l'infedeltà di tanti uomini di Chiesa. Un *nostra culpa* che non è stato ancora recitato, almeno ufficialmente, da tutte le altre confessioni cristiane, comprese naturalmente quelle che, accanto ai cattolici, "presidiano" gelosamente la basilica gerosolimitana. Se finora non l'hanno fatto, verità e giustizia esigono che - prima o poi - provvedano.

Anche qui, però, occorre essere consapevoli di un'altra delle molte facce paradossali della fede in un Creatore del tutto imprevedibile: pur essendo l'Onnipotenza stessa - e pur potendo, dunque, far tutto da solo - tutto ha voluto fare attraverso le sue creature. La teologia chiama *kénosis*, dal greco del Nuovo Testamento, il mistero dello "svuotamento", della rinuncia volontaria alla potenza, della umiliazione di Dio in Gesù.

Di questa volontaria "autolimitazione" divina fa parte anche la scelta di non volere avere, nel mondo, altre braccia, altre menti, altri cuori che quelli degli uomini. E uomini i cui limiti non sempre sono vinti né tantomeno annullati da quella Grazia che, per decreto di Colui che vuole figli e non servi, deve fare i conti con la libertà che è conservata alle creature.

Pur con tutte le doverose messe a punto, pur ponendosi nella prospettiva più giustificatoria (*humanas actiones non ridere, non detestari, sed intelligere*..., ammonivano gli antichi; e ciò vale, soprattutto, per l'"anomalia" cristiana), pur, dunque, con ogni avvertenza, resta esecrabile molto di ciò che è stato compiuto - da cristiani e tra cristiani - sotto le volte che coprono i luoghi di Passione e Risurrezione. Semplice esempio e segno - ma particolarmente significativo - di un peccato che accompagna nella storia ogni Chiesa cristiana, inclusa la più grande e antica, non a caso detta "Universale": *Catholica*.

C'è da rammaricarsene, certo. Ma, altrettanto certamente, non c'è da scandalizzarsene. C'è, anzi, da ammirare, da venerare, se credenti, la misteriosa strategia di un Dio che, nella storia, ha voluto proseguire sulla strada di "annichilimento" dell'Unigenito, il quale annunciò ai discepoli: «Il Figlio dell'uomo sarà consegnato nelle mani degli uomini ed essi ne faranno quel che vorranno». Ciò disse prima dell'agonia. Ma - ci ricorda Pascal - pur risorto e glorioso, «Gesù sarà in agonia sino alla fine dei secoli».

La logica della incarnazione divina nella storia - con l'accettazione dei limiti di questa storia, affidata com'è a limitate creature – dà coerenza, togliendo ogni motivo di sorpresa, alle piccole e grandi pagine oscure scritte ogni giorno, sino alla fine dei tempi, da chi pur riponga in Cristo la sua fede; da chi, magari, quotidianamente si accosti ai sacramenti. Che non sono magiche pozioni che trasformino chi alla trasformazione opponga l'ostacolo del suo libero arbitrio.

Altre religioni diverse dalla cristiana potranno essere messe in difficoltà da comportamenti deplorevoli dei loro fedeli: perché il loro onnipotente Dio che sta nei Cieli, che senza muoversi dalle nuvole tutto organizza e sorveglia, perché non interviene ad impedire ogni azione difforme dai suoi precetti? Non così per la fede che crede in un Dio dalla povera nascita a Betlemme, dall'anonima vita a Nazareth, dalla ignominiosa morte e dalla nascosta risurrezione a Gerusalemme. Anzi, proprio nella mediocrità, se non nella indegnità, dei cristiani, risplende l'*unicum* di una immagine di Dio che non ha voluto fare da solo, che si è affidato agli uomini, che salvaguarda la loro libertà al punto da provocare condanna e sdegno da parte di altri uomini. Come la condanna e lo sdegno che potrebbero essere determinati da certi comportamenti dei rissosi condòmini della basilica del Santo Sepolcro.

Ma se, qui, ci sono fratelli che litigarono – e litigano – tra loro, è perché molte, diverse, ancora vicendevolmente ostili, malgrado ogni sforzo ecumenico, sono le Chiese, le comunità, i gruppi, le obbedienze, le sètte in cui è divisa la Cristianità. Dallo stesso vangelo, la teologia, la storia, l'etnia hanno derivato – sin dagli inizi – una pluralità di letture, di interpretazioni, di strutture ecclesiali.

Uno "scandalo", anche questo, che ha il suo vertice proprio nell'annuale celebrazione della Risurrezione: per ostilità nei riguardi della sua origine cattolica, gli ortodossi non hanno mai voluto accettare la riforma del calendario promulgata da papa Gregorio XIII nel 1582 e sono restati al computo detto "giuliano", perché rimonta addirittura a Giulio Cesare, che lo impose 46 anni prima di Cristo. Curioso, davvero: un rifiuto della Roma dei papi, per restare con la Roma dell'impero pagano... Così, nella chiesa che ospita il luogo stesso dell'evento di Pasqua, la Settimana Santa è celebrata in tempi diversi. E con tali divisioni non solo di data ma di riti, di processioni, di tradizioni, che al già macchinoso *statu quo* è aggiunto, per questi giorni solenni, un vero e proprio contratto legale sottoscritto tra le Chiese che hanno qui qualche diritto e che regola ancor più nel dettaglio ogni minima cosa. Ai riti di ognuno assistono i rappresentanti degli altri, per sorvegliare che le norme del contratto siano scrupolosamente rispettate.

La credibilità di una fede che si vuole universale, non sarà messa in forse anche da questa diversità di interpretazione dello stesso vangelo, con la formazione di Chiese antagoniste? Che Verità, per giunta con la maiuscola, sarà mai questa, se può essere intesa in modi tanto difformi e se due millenni non sono bastati a chiarirla?

C'è un mistero, certo, in una divisione alla quale – con fatica e con risultati sinora incerti – cerca di porre rimedio il movimento ecumenico. Mistero, dico; ma, forse (ancora una volta) non scandalo, se si ricorda quanto si diceva sul Cristo volontariamente consegnatosi nelle mani degli uomini; e se ci si mette in quella prospettiva di libertà che contrassegna il messaggio cristiano. Questo non è mai una gabbia che imprigioni l'uomo, mai è un *Diktat* che imponga una fede che è, invece, sempre proposta. Le stesse divisioni fra cristiani sembrano testimoniare della ricchezza di un messaggio che permette letture tanto diverse e che manifesta la sua vitalità feconda anche – paradossalmente, come al solito – nelle sue molte confessioni, liturgie, tradizioni.

Per stare, poi, al cattolicesimo, una "lettura teologica" della sua storia mostra come le eresie e gli scismi che sempre l'hanno travagliato sembrano averlo al contempo impoverito e arricchito. Chi si è staccato, anche in modo aggressivo, da quella *main stream*, da quella "corrente principale" del cristianesimo che è (oggettivamente, per verdetto della storia, non per apologetica) la Chiesa cattolica, a questa ha finito per donare lo stimolo ad approfondire un aspetto della fede in ombra, dimenticato, non sufficientemente valorizzato.

È un fatto innegabile: l'edificio complesso dell'ortodossia cattolica, tutto basato su un equilibrio di spinte e controspinte che vanno continuamente sorvegliate e tarate (la sua legge è quella dell'*et-et*, della compresenza e sintesi degli opposti), quell'edificio è debitore pure delle divisioni che hanno travagliato il mondo cristiano. Dolorose, certo: ma tra i segreti evangelici, non c'è anche – soprattutto – la misteriosa fecondità della sofferenza? In ogni caso, osservate da una prospettiva cristiana, quelle divisioni che contrassegnano la realtà del Sepolcro (che è microcosmo, specchio, simbolo della Cristianità intera) rinviano a un mistero che, ben lungi dal mettere in crisi la fede, può confermarla. Nel paradosso, naturalmente. Ma non cerchiamo forse di far comprendere che tutto, nella prospettiva cristiana, proprio tutto è paradossale?

Ma qui, dove la Vita vinse, c'è un motivo di ancor più radicale scandalo, per chi non abbia compreso quale Dio sia quello cristiano. Le chiavi del luogo stesso dove nacque la fede in Gesù come Cristo e Dio, non furono sequestrate da mani musulmane, almeno all'inizio, per evitare che i cristiani se le litigassero tra loro. Quel monopolio, quel potere beffardo di aprire e chiudere a piacimento, difeso ferocemente dagli islamici (se la porta di emergenza non si è fatta è anche perché l'Islam pretenderebbe la chiave pure di questa) fu istituito quando i seguaci di Maometto si installarono qui come padroni. Dei dodici accessi alla basilica ne lasciarono praticabile uno solo: gli altri, per spregio, furono murati. E lo sono tuttora. Quelle chiavi dell'unica porta detenute da famiglie musulmane che si passano il diritto di padre in figlio, sono il segno di un predominio.

Il Dio di Gesù ha voluto essere così debole nel mondo che il luogo medesimo della risurrezione solo per poco, in venti secoli, è stato circondato da una Gerusalemme "cristiana". E, quando lo fu, non ci fu pace tra i battezzati: i crociati, latini, oppressero i greci, ma neppure questi scherzarono quanto ad intolleranza verso ogni altra confessione quando ne ebbero la possibilità e quando alle loro spalle stava la potenza dell'imperatore di Bisanzio. Il quale, comunque, non era riuscito a fermare l'orda di sconosciuti guerrieri sbucati all'improvviso dall'Arabia deserta, fanatizzati da una fede "nuova" e altrettanto sconosciuta. L'espansione fulminea, imprevista, dell'Islam nascente – che ridurrà al lumicino le fiorenti cristianità orientali e africane – è tra quei grandi misteri della storia che inducono il credente a venerare gli incomprensibili disegni della Provvidenza, senza pretendere di spiegare e di capire.

Fino a Costantino, per tre secoli, padroni, qui, erano stati i pagani, che proprio su Golgotha e Sepolcro – coperti, pare intenzionalmente, di terra e rovine della città distrutta dopo la seconda rivolta ebraica – eressero uno dei templi maggiori ai loro dèi, ribattezzando Gerusalemme *Aelia Capitolina*.

Vennero poi i tre secoli bizantini, che videro la costruzione della grande basilica, ma che furono funestati, già allora, da dispute e scontri tra confessioni diverse e ostili l'una all'altra. Anche in Palestina, come altrove, ci furono cristiani che, in odio a battezzati come loro, ma praticanti una diversa lettura di qualche articolo del comune *Credo*, preferirono finire sotto il bastone musulmano, assistendo passivamente all'invasione o, peggio, operando per favorirla.

Comunque, già nel 614 è l'inizio della fine, con l'irruzione dei Persiani i quali (complici, questa volta, gli ebrei che, come avverrà nell'Africa del Nord e poi in Spagna, colsero, ed è ben comprensibile, l'opportunità per vendicarsi degli esecrati "nazareni") tutto distrussero e tutti uccisero: i morti cristiani, nella sola Gerusalemme non furono meno di cinquantamila. Dei luoghi santi si salvò solo la basilica di Betlemme: sul frontone della facciata i Persiani videro i Magi in un costume simile al loro e (probabilmente non a torto) pensarono a loro antichi connazionali. Non andò così per il Santo Sepolcro, spogliato, incendiato, diroccato, con il sequestro delle reliquie, compresa quella della Santa Croce. Dopo soli tre secoli – un battito di ciglia nei ritmi della storia – già era terminato per sempre lo splendore imperiale in onore del Risorto.

Una parentesi violenta ma breve, quella persiana. Nel 638, ecco il califfo Omar, con le verdi bandiere dell'Islam che – ancora una volta con l'appoggio della quinta colonna ebraica, nonché dei cristiani ostili al predominio teologico bizantino – sventoleranno definitivamente qui, attorno al luogo dell'*anástasis*, la risurrezione. In effetti, anche durante il periodo crociato, i cristiani non saranno che una minoranza in un mare di musulmani. Molti di loro, forse la maggioranza, erano – a maggior sconcerto di chi si ostini a coltivare un'apologetica trionfalistica – convertiti dal cristianesimo: conversioni indotte, certo, dalla legge islamica, che schiacciava di tasse chi volesse conservare la propria religione e, nonostante il feroce pedaggio, considerava costoro come esseri inferiori, senza diritti. Eppure, malgrado nascessero dall'estorsione, furono spesso conversioni durature, senza ritorno: come avverrà in Spagna, dove i *moriscos* si dimostrarono inassimilabili nel regno cristiano, tanto che alla fine, non riuscendo a convincerli, si dovette deportarli. Ma, tra loro, i discendenti di arabi e nordafricani erano piccola minoranza: qui pure, il grosso era costituito da autoctoni, da iberici, da provenienti cioè dal cristianesimo.

La storia ha mostrato che più frequente e, almeno a viste umane apparentemente più solido, è il passaggio da Gesù a Maometto, non il percorso contrario. *Hispania* (e non quella soltanto) *docet*: i pochi seguaci di Maometto, gli invasori della penisola nel secolo VIII, finirono col diventare religiosamente maggioranza, con le buone e con le cattive; mentre secoli di tentativi cristiani dopo la *Reconquista* non bastarono perché molti musulmani accettassero sinceramente il battesimo imposto. Il regno cattolico dovette sottoporsi a un rovinoso salasso, deportando tra i loro correligionari africani le masse di quei "mori", in realtà in gran parte spagnoli arabizzati, che preferivano l'esilio, la morte stessa al bere vino o al mangiare carne di maiale.

Poiché il Dio del vangelo "non ha bisogno delle nostre bugie", né sa che farsene di astuzie e silenzi apologetici, tutto va detto: a conferma della verità misteriosa di cui il credente in Cristo deve prendere atto. La verità, cioè, che conferma che la *vie divine* non sono quelle umane e che, come riassume san Paolo, «Dio ha scelto ciò che nel mondo è stolto per confondere i sapienti. *Dio ha scelto ciò che nel mondo è debole per confondere i forti*. Dio ha scelto ciò che nel mondo è ignobile e disprezzato e ciò che è nulla per ridurre a nulla le cose che sono, perché nessun uomo possa gloriarsi davanti a Dio» (1 Cor, 1,27 ss.).

Nel 1009, dietro ordine del califfo al-Hakim, gli islamici avevano distrutto quel che restava della basilica di Costantino, peraltro già diroccata: l'ordine era di far sparire ogni traccia della blasfema superstizione cristiana. Persino la roccia del sepolcro fu scalpellata e si cercò di far sparire il rialzo, anch'esso roccioso, del Calvario.

Per cinquant'anni, a partire dal 1099 della conquista, i regni crociati lavorarono per ricostruire il santuario. Ma soltanto 38 anni dopo la consacrazione, ecco di nuovo, e definitivamente, i musulmani; ecco le chiavi da essi confiscate; ecco la tassa di ingresso per chiunque volesse entrare a pregare (dopo mesi se non anni di viaggio, schiere di pellegrini poveri giunti dall'Europa non poterono vedere e toccare quella roccia); ecco l'atrio dove ancor oggi un'antica lapide, occhiutamente rispettata, riserva la preghiera ai fedeli nel Corano; ecco le due moschee costruite intenzionalmente a ridosso, con gli alti minareti che proiettano la loro ombra sulla cupola della basilica. Sul campanile di questa, per ordine di Salah ed-Din (il "feroce Saladino" della tradizione epica) le campane furono tolte, spezzate, fuse, come in tutto il mondo islamico, dove le poche chiese restate ai credenti nel vangelo sono prive, per legge, dei loro bronzi. Dal 1187, nel cielo della città della Risurrezione, deve risuonare soltanto la voce del muezzìn, che annuncia che c'è un solo Dio, che Allah non ha Figli, che Gesù non è che un profeta, precursore di Muhammad, il vero e definitivo, e che non è morto in croce né, meno che mai, è risorto.

Anche per questo suo celebrare una morte e una risurrezione che il Corano nega, proprio la basilica del Santo Sepolcro è sempre stata, tra tutti i luoghi santi di Palestina, la più mal tollerata, la più disprezzata. Se altrove non è raro incontrare musulmani in preghiera accanto a santuari cristiani, soprattutto se consacrati alla venerata Madre di Gesù, questo non avviene, non può avvenire qui, dove si commemora una scandalosa morte e un impossibile trionfo sulla morte.

A conferma che nessun "privilegio" celeste, almeno visibile a occhi che non siano quelli della fede, sembra accordato a questo edificio, le sue mura hanno visto incendi intenzionali ma anche accidentali, fulmini, terremoti, persino le cannonate israeliane nella guerra del 1948. Nel 1834 – e proprio, amara ironia, nel momento culminante della gioiosa liturgia pasquale – il panico s'impadronì della folla dei fedeli: nella calca spaventosa, restarono sul pavimento 117 morti. E non fu il solo caso. Nulla gli è stato risparmiato, alla pari di qualunque altra costruzione umana: anzi – a differenza di queste – è stato gravato dalla impossibilità di adeguati restauri, talvolta a causa di non cristiani, talaltra a causa di cristiani ostili tra loro. Come vedemmo.

Da qualche decennio, dopo la provvisoria amministrazione britannica, attenta a salvaguardare la neutralità religiosa, e dopo la sovranità giordana, l'autorità è in mano agli ebrei, in lotta con i musulmani ma - nei fatti - concordi con loro nel diminuire il più possibile la già piccola comunità arabo-cristiana, inducendola all'esilio. Una politica che ha avuto successo e che ha provocato la drastica riduzione di coloro per i quali questo Sepolcro davvero è "Santo". Gli occidentali che oggi lo affollano, sono in gran parte battezzati ma, assai spesso, ciò che li spinge qui non è certo la devozione, bensì il turismo delle agenzie tuttocompreso. Tanto che questi pittoreschi e spensierati "cristiani" - stando agli stessi musulmani e agli ebrei osservanti, che osservano critici, pur lieti dell'afflusso di denaro - non di rado sono motivo non di edificazione ma di scandalo per abbigliamenti discinti, comportamenti villani, schiamazzi continui.

Questo, dunque, il luogo dell'"evento centrale della storia umana", come ribadisce il vecchio papa trascinatosi sin qui vincendo età ed acciacchi? Questa la "madre di tutte le chiese"? Questo il punto del mondo dove Dio avrebbe mostrato la sua potenza? Tanto "potente" da lasciare che il posto dove il Figlio è morto ed è risorto fosse nella situazione miseranda - moralmente e materialmente - che abbiamo descritto, presidiato da monaci e frati divisi e rissosi?

Il sepolcro glorioso, il discrimine della storia, la finestra verso l'Eterno, il luogo dove la morte è stata sconfitta, sarebbero dunque in questa sorta di sgraziato corpo estraneo, in una città dove i cristiani sono minoranza da sempre e sembrano ora in via di estinzione?

Ma sì: è questo il luogo della Pasqua. Questo. E non poteva essere altro che così. Naturalmente, solo in quella logica cristiana che almeno i credenti dovrebbero ricordare: «Dio ha scelto ciò che nel mondo è debole per confondere i forti».

È ovvio che vanno abbandonate molte delle "leggende nere" sulle Crociate, spesso deformazioni create dalla propaganda prima protestante, per polemica anticattolica, e poi da quella laicista, per polemica anticristiana *tout-court*. Qui, comunque, non c'interessa il giudizio storico, pur ribadendo chiaramente che esso dovrebbe essere assai più benevolo di quanto non voglia un certo masochismo clericale odierno, scopritore - in ritardo di alcuni secoli – di calunnie e mistificazioni che proprio la ricerca laica più aggiornata va denunciando. C'è, in certa *intellighenzia* ecclesiale, una preoccupante tendenza a farsi persuadere dalle penultime, o terzultime, mode culturali laiche.

Di questo abbiamo già scritto qualcosa in altri libri. O in articoli: come quello che pubblicammo quando certi cattolici milanesi, non sopportando che la Facoltà Teologica si aprisse nella piazza chiamata, da sempre, "delle Crociate", insistettero presso le sconcertate autorità comunali perché lo slargo venisse ribattezzato "Paolo VI". Come, difatti, avvenne, malgrado i laici uffici municipali non capissero tanta ostinazione e proponessero altri luoghi, degnissimi, da dedicare all'ultimo papa lombardo, senza cancellare un tassello della toponomastica storica di Milano. Città che, tra l'altro, ha nel suo stemma proprio l'emblema delle crociate, cui partecipò generosamente con uomini e con denaro, sin dalla prima, la sola vittoriosa. Niente da fare: le antiche targhe, con la parola (*crociata*) di cui per secoli i preti si gloriarono, polemizzando indignati con chi la criticasse – ma divenuta da qualche decennio, per loro, "teologicamente scorretta" – furono rimosse e quelle nuove furono posate.

Lasciamo stare, senza lasciarci impressionare. Anzi, sorridendo benevoli: ciò che conta, negli uomini di Chiesa, non è certo il loro ondeggiare tra le mode del tempo, ma è il loro essere stati misteriosamente prescelti come strumenti – non importa, se più o meno adeguati, a viste umane – dell'Eterno. Sbaglierebbe, ancora una volta, prospettiva chi, nel prete, cercasse e apprezzasse innanzitutto l'uomo di cultura, il leader di sempre mutevoli opinioni e non l'enigmatico mediatore (che lo voglia o no, anche se contesta questo ruolo), di un Sacro, immutabile per definizione.

Comunque, non è di questo che qui vogliamo parlare, riflettendo sul ciclo crociato. Qui c'interessa la prospettiva storica, sì, ma letta con sensibilità religiosa. Quella espressa, ad esempio, da alcuni grandi credenti medievali. Questi, meditando sulla disperante inutilità di ogni sforzo, di ogni eroismo, di ogni dispendio di vite e di mezzi per difendere e conservare i Luoghi Santi, primo tra essi il Santo Sepolcro (quel Federico Barbarossa annegato in un fiumiciattolo mentre, con i suoi invincibili cavalieri germanici, si avvicinava a Gerusalemme da poco perduta! quelle spedizioni di soccorso, quelle colonne di popolamento sempre disperse da eventi che parevano casuali, ma tali non erano! quelle blasfeme mene politiche che trasformarono la riconquista della Città Santa nel saccheggio di Costantinopoli! quei tradimenti, quegli egoismi, quelle cupidigie di tanti!), questi credenti, dunque, si arresero finalmente al disegno misterioso del Dio del vangelo.

Dissero, dunque, quei mistici, che occorreva arrendersi all'evidenza dei fatti, attraverso i quali il Cielo parla alla Terra. Bisognava, dunque, rassegnarsi all'idea che non rispettava la volontà del Cristo il grido che aveva sostenuto due secoli di sforzi crociati: *Deus vult!*, Dio lo vuole! Occorreva riconoscere, con realismo cristiano, che *Deus non volebat*, che Dio non aveva voluto che fossero i cristiani a possedere la città dove il Cristo aveva patito ed era risorto.

Non dimentichiamo quanto già dicemmo: cinquant'anni esatti era durata la difficile, costosa ricostruzione da parte dei cristiani – entrati d'assalto a Gerusalemme nel luglio del 1099 – della basilica edificata con sfarzo imperiale da Costantino e che era stata distrutta sino alle fondamenta per ordine del califfo al-Hakim nel 1009. Ma, solo 38 anni dopo la consacrazione della grande chiesa, gli eredi della prima crociata subivano la definitiva sconfitta e Gerusalemme ritornava islamica. Davanti alla sola porta non murata, sotto il campanile privato delle campane e mozzato per non fare ombra ai minareti, un esattore col turbante esigeva l'esoso pedaggio per quei cristiani che lì dentro volessero darsi a quelle che per i fedeli nel Corano non erano che disprezzate superstizioni da politeisti, scioccamente convinti che Dio potesse avere un Figlio, per giunta finito in croce come un malfattore. Non paghi dei guadagni con il ricatto sui pellegrini, gli islamici taglieggiarono anche le Chiese, imponendo tasse esorbitanti alle comunità cristiane che volessero continuare a celebrare i loro riti nella basilica. Così, furono le comunità più deboli che dovettero andarsene: la brutalità islamica colpì proprio quei poveri che il vangelo privilegia.

«Sorse allora una discussione su chi di loro poteva essere considerato il più grande». Così riferisce Luca nel racconto dell'ultima cena, conservandoci pure la reazione di Gesù: «I re delle nazioni le governano e coloro che hanno il potere su di esse si fanno chiamare benefattori. Per voi, però, non sia così; ma chi è il più grande tra voi diventi come il più piccolo e chi governa come colui che serve. Infatti, chi è più grande: chi sta a tavola o chi serve? Non è forse colui che sta a tavola? Eppure io sto in mezzo a voi come colui che serve» (Lc, 22,25 ss.).

Non è che una citazione – scelta quasi a caso, tra le moltissime possibili – per riconfermare una volta di più lo "stile" di quel Dio che i cristiani dovrebbero riconoscere nel volto di Gesù di Nazareth. In fondo, sono tutti i vangeli, è tutto intero il Nuovo Testamento, che occorrerebbe citare al proposito. Uno "stile", spesso dimenticato (anche perché senza esempi, nel mondo religioso stesso) di rovesciamento totale delle categorie umane: la forza che sta nella debolezza; la grandezza che sta nell'umiltà; la saggezza che sta nell'ignoranza; la presenza che sta nel nascondimento...

Sono "i re che governano le nazioni" che, per sepolcro, hanno imponenti mausolei, eretti al centro delle loro capitali e difesi da truppe agguerrite. "*Ma tra voi non sia così*". E non sia così neppure per "il più grande", che sta tra gli uomini come "colui che serve". Per Lui, dunque, la sola tomba restata vuota nell'intera storia umana: ma nelle condizioni che ricordavamo, in quella umiliazione che sappiamo, se stiamo allo sguardo degli uomini che non conoscono le unità di misura della grandezza secondo il vangelo.

Il Dio che, per il cristiano, si è rivelato in Gesù è il contrario del Messia vittorioso e onusto di glorie anche umane atteso dalla corrente principale dell'ebraismo. È il servo sconfitto, non il guerriero vittorioso in cui si manifesta il Dio di Maometto, per stare all'altro monoteismo che, proprio attorno al Santo Sepolcro, è sembrato così a lungo avere vinto il confronto, tanto da detenerne ancor oggi le chiavi. Ma, per il cristiano, questa umiliazione agli occhi del mondo è nella logica della sua fede: di essa non è smentita, bensì – scandalosamente – conferma.

Doloroso, certo, fu quel 4 di luglio del 1187 nella piana infuocata di Hattin, in vista di Tiberiade, quando, nell'ultima battaglia, a nulla valse il valore dei Templari, degli Ospedalieri, dei Teutonici, di tutti i cavalieri e i fanti dell'armata cristiana, esausti per la sete, accecati dal fumo della vegetazione incendiata; e Guido di Lusignano, ultimo re di Gerusalemme, cadde prigioniero e fu aperta la strada della Città Santa al Saladino. Il quale, appena giunto, fece abbattere tutte le croci. Non sono ancora state rialzate e, a previsioni umane, non lo saranno mai. Dopo tanti secoli, padrona della città della risurrezione di Cristo, erede della mezzaluna maomettana non sarà la croce, bensì l'ebraica "stella di David".

Ma quello scacco di Hattin, alla pari di tanti altri, alla pari delle miserie della storia e della cronaca cristiane di sempre, può addolorare ma al contempo può confortare il cristiano, confermandolo nel rovesciamento di valori cui il vangelo lo chiama. Non così, invece, per il musulmano che ripensi - ad esempio - alle duecento galee di Mehmet Alì in fiamme, il 7 ottobre del 1571, nelle acque di Lepanto: dov'era, quel giorno - e in ogni altro giorno di sconfitta - quell'Allah che è il Dio onnipotente solo se dona la vittoria a chi combatta in suo nome?

Come abbiamo visto nel libro precedente, e come vedremo in questo, se il supplizio infamante di Gesù fu pubblico, alla porta più frequentata della Città Santa e nel più affollato giorno dell'anno, la risurrezione fu nel buio della notte, senza testimoni umani, se non qualche sbirro che fu pagato per tacere o per mentire. E le apparizioni del Risorto furono riservate ai soli amici, nell'intimità di una casa o nella solitudine di una spiaggia all'alba. Non ci fu alcuna rivincita, non ci fu alcuna apparizione ai potenti che avevano decretato per lui la morte degli schiavi.

Né, meno che mai, ci fu un comizio alla folla di Gerusalemme che, dopo averlo acclamato, gli aveva preferito l'assassino Barabba e aveva scosso beffarda il capo vedendolo appeso al patibolo: «Tu che distruggi il tempio e lo ricostruisci in tre giorni, salva te stesso! Se tu sei davvero il Figlio di Dio, scendi dalla croce!... Ha salvato gli altri, non può salvare se stesso! È il Re d'Israele, scenda ora dalla croce e gli crederemo! Ha confidato in Dio: lo liberi Lui ora, se gli vuol bene!...» (Mt, 27,40-43).

Nella Pasqua, poche ore dopo, ecco la gloria e insieme il nascondimento; ecco la certezza e, malgrado tutto, il dubbio tenace di alcuni: «Quando lo videro, gli si prostrarono innanzi; alcuni, però, dubitavano» (Mt, 28,17).

La storia cristiana che seguirà sarà contrassegnata, tutta, da un intreccio di ricchezza e di miseria, di successo e di disfatta, di progressi e di ritirate, di segni divini e di silenzi del Cielo. Tanto da offrire sempre, per usare le parole di Pascal, «abbastanza luce per credere»; ma da conservare, sempre, al contempo «sufficienti ombre per dubitare». La fede proposta, mai imposta da un Dio, che ha voluto arrestarsi davanti alla libertà degli uomini di accettarlo o di rifiutarlo, di salvarsi o di dannarsi.

È una strategia misteriosa che esige *le pari*, quella scommessa che qui, al Santo Sepolcro, si estende persino all'autenticità del luogo. In effetti, se molte e valide sono le ragioni storiche, archeologiche, documentarie per credere che questo sia davvero il posto dove il suppliziato pendette dalla croce e giacque nella tomba in attesa di uscirne, restano, malgrado tutto, problemi che hanno permesso a qualche studioso di avanzare dei dubbi. Dunque, probabilità assai alta di localizzazione esatta, ma non la certezza assoluta: sino a questo punto si spinge il paradosso cristiano che, come è giusto, raggiunge il vertice proprio attorno a questa stanza mortuaria di meno di tre metri per due, su cui tutto l'edifico cristiano si basa.

Piaccia o no anche a chi, pur credente, è minacciato da criteri mondani e, dunque, per il suo "eroe" vorrebbe i successi e le soddisfazioni del mondo; piaccia o no, questa è la prospettiva evangelica. Questo è il paradosso cristiano. Questi sono gli indispensabili "avvisi ai naviganti", prima di intraprendere l'esplorazione dei racconti pasquali delle Scritture. Dove, come di consueto, nella foresta dei versetti greci troveremo luci ed ombre: buone ragioni per credere, certo, ma da cercare, discernere, vagliare in mezzo a problemi, critiche, spunti per dubbi.

Alla fine – noi, almeno, ne siamo convinti – il bilancio sarà positivo: ma non al punto da non richiedere quella "scommessa" che, lo ricordavamo, è insita nella logica della fede. La quale è un aprirsi consapevole al Mistero, dopo che l'impiego di ogni risorsa della ragione abbia mostrato che questo procedere oltre è quanto di più ragionevole possiamo fare. Malgrado, spesso, le apparenze umane sembrino consigliare il contrario.

Ma che bisogno avremmo avuto di una Rivelazione se i nostri criteri di giudizio della storia, del mondo fossero stati sufficienti per comprendere? Non è proprio la *christliche Weltanschauung*, così opposta al nostro sentire istintivo, che ci conferma quanto bisogno avessimo di un Cristo che ce la indicasse non solo a parole, ma con la sua vita terrena stessa?

Tuffiamoci ora, e di slancio (come facemmo anche in *Patì*) a vagliare i racconti evangelici. Dopo questa partenza, tra qualche capitolo ci concederemo una pausa per riflettere – dall'alto – su quale sia, qui, la posta in gioco.

III.
Una storia di donne

L'unità dei racconti, il "blocco unico" composto dalle relazioni di prima e di dopo Pasqua, di cui parlavamo nel capitolo iniziale, è assicurato anche da un singolare (anzi, straordinario: e vedremo il perché di questo aggettivo impegnativo) "filo rosso" che cuce assieme, senza soluzione di continuità, gli ultimi capitoli non dei soli Sinottici o del solo Giovanni: ma di *tutti* i vangeli. Dunque, di tutte le tradizioni a cui fanno riferimento.

Questo "filo" è costituito da alcuni nomi di donna: sono quegli stessi che ci sono tramandati sotto la croce; poi, accanto a Giuseppe d'Arimatea e a Nicodemo nell'affrettata sepoltura.

Ed ecco che ritroviamo quei medesimi nomi accanto al sepolcro, all'alba del giorno di Pasqua; infine davanti al Risorto stesso, per raccoglierne le prime parole della vita nuova. Maria madre di Gesù, Maria di Magdala, Maria di Cleofa, Maria madre di Giacomo il minore e di Giuseppe, Salomè, Giovanna e altre ancora: ecco le protagoniste e le testimoni discrete, pietose, onnipresenti prima del dramma e poi della gloria, rivelata a loro e nascosta al mondo.

Per poter fare le nostre considerazioni, per azzardare ipotesi o, addirittura, conclusioni, occorre un po' di pazienza: quella per ricostruire la "trama" dei racconti al sepolcro e attorno ad esso. Vediamo, dunque.

È ***Giovanni*** il primo a introdurre le donne, all'inizio della fase finale del supplizio, subito dopo la crocifissione e la divisione delle vesti tra i carnefici: «Stavano presso la croce di Gesù sua madre, la sorella di sua madre, Maria di Cleofa e Maria di Magdala» (Gv, 19,25).

I Sinottici, invece, preferiscono parlare di quella presenza dopo la morte del suppliziato e la confessione del centurione ("Veramente costui era Figlio di Dio!").

Cominciamo da *Matteo*: «C'erano anche, là, molte donne che stavano a osservare da lontano; esse avevano seguito Gesù dalla Galilea per servirlo. Tra costoro Maria di Magdala, Maria madre di Giacomo e di Giuseppe e la madre dei figli di Zebedeo» (27,55 s.).

Sentiamo ora *Marco*: «C'erano anche alcune donne, che stavano a osservare da lontano, tra le quali Maria di Magdala, Maria madre di Giacomo il minore e di Joses, e Salomè, che lo seguivano e servivano quando era ancora in Galilea, e molte altre che erano salite con lui a Gerusalemme» (15,40 s.).

Luca non solo è più stringato, ma aggiunge di suo un particolare (nella citazione lo indichiamo con il corsivo) che lo distingue dagli altri e sul quale bisognerà poi riflettere: «*Tutti i suoi conoscenti* assistevano da lontano, e così le donne che lo avevano seguito fin dalla Galilea, osservando questi avvenimenti» (23,49).

Stando agli stessi Sinottici, il gruppo femminile si sposta poi al sepolcro, ad osservare, ma quasi certamente anche ad aiutare, nel loro lavoro pietoso, Giuseppe d'Arimatea e Nicodemo.

Riportiamo anche qui i testi, dove ogni parola ha più che mai un significato preciso e sembra lanciarci un segnale.

Matteo: «Rotolata poi una gran pietra sulla porta del sepolcro (Giuseppe) se ne andò. Erano lì, davanti al sepolcro, Maria di Magdala e l'altra Maria» (27,60 s.).

Marco: «Intanto, Maria di Magdala e Maria madre di Joses stavano ad osservare dove veniva deposto» (15,47).

Luca non solo aumenta il numero delle donne, pur non dando nomi precisi, ma anticipa anche l'iniziativa femminile che seguirà: «Le donne che erano venute con Gesù dalla Galilea seguivano Giuseppe; esse osservarono la tomba e come era stato deposto il corpo di Gesù, poi tornarono indietro e prepararono aromi e oli profumati. Il giorno di sabato osservarono il riposo, secondo il comandamento» (23,55 s.).

Quel sabato di silenzio e di dolore è lo spartiacque tra il *prima* e il *dopo*, tra la morte e la risurrezione, tra i due momenti di un unico mistero, sorprendentemente saldati tra loro dalla presenza femminile.

In effetti, apparentemente diversi, almeno nei particolari (come vedremo meglio, sembrano rispecchiare, nel loro andamento un po' scoordinato, lo sconcerto, la paura e poi la gioia e l'esultanza davanti a quegli eventi inauditi), i resoconti pasquali degli evangelisti concorderanno nel riferirci il ruolo decisivo di quelle stesse donne delle quali ci avevano parlato descrivendoci passione e morte.

Vediamo innanzitutto lo schema di quella presenza femminile il mattino di Pasqua.

Per *Matteo*, «passato il sabato, all'alba del primo giorno della settimana, Maria di Magdala e l'altra Maria andarono a visitare il sepolcro».

Vi è «un gran terremoto», scende dal Cielo un angelo che rotola la pietra, tramortendo i soldati posti a guardia del sepolcro su richiesta del Sinedrio.

«Ma l'angelo disse alle donne: "Non abbiate paura, voi! So che cercate Gesù il crocifisso. Non è qui. È risorto, come aveva detto; venite a vedere il luogo dove era deposto"». Poi, la stessa creatura celeste dà una consegna alle due Marie: «Presto, andate a dire ai suoi discepoli: è risuscitato dai morti e ora vi precede in Galilea, là lo vedrete. Ecco, io ve l'ho detto».

Prosegue Matteo: «Abbandonato in fretta il sepolcro, con timore e gioia grande, le donne corsero a dare l'annunzio ai suoi discepoli». E, qui, la prima, decisiva apparizione: «Ed ecco Gesù venne loro incontro dicendo: "Salute a voi". Ed esse, avvicinatesi, gli cinsero i piedi e lo adorarono. Allora Gesù disse loro: "Non temete: andate ad annunziare ai miei fratelli che vadano in Galilea e là mi vedranno"».

Per il primo evangelista, il ruolo delle donne è finito qui, con un ultimo «mentre esse erano per via...».

Sostanzialmente analogo lo schema di *Marco*, seppure con qualche variazione. Per lui, le donne non erano due come per Matteo, ma tre: «Maria di Magdala, Maria (madre) di Giacomo e Salomè». Non si accenna, qui, al terremoto: la pietra è già rotolata di lato. Appare l'angelo e ripete più o meno le medesime cose lette in Matteo, seppure con qualche variante che non deve sfuggire a una analisi attenta e sulla quale, in effetti, avremo tempo e agio di ritornare. Ad esempio, in Matteo l'angelo dice: «Presto, andate a dire ai suoi discepoli...»; in Marco, invece: «Ora andate, dite ai suoi discepoli e a Pietro...».

Continua il secondo evangelista (che è però, pare, il primo, in ordine cronologico): «Ed esse, uscite, fuggirono via dal sepolcro, perché erano piene di timore e di spavento».

Così, al versetto 8 del XVI capitolo, stando a molti manoscritti, si interrompe bruscamente il testo di Marco. Nei 12 versetti che seguono (che sono probabilmente un'aggiunta della comunità primitiva, ma che sono comunque accettati da tutte le confessioni cristiane, non mancando persino nella *Traduzione del Nuovo Mondo delle Sacre Scritture*, la Bibbia dei Testimoni di Geova che, pure, si fanno un punto di onore nel differenziarsi da quei "regni della menzogna" che sarebbero le Chiese cristiane "storiche"), nei 12 versetti seguenti, dunque, si dice tra l'altro: «Risuscitato al mattino nel primo giorno dopo il sabato, apparve prima a Maria di Magdala, dalla quale aveva cacciato sette demoni (*si prenda nota di questa specificazione, che probabilmente non è affatto casuale*, ndr). Questa andò ad annunciarlo ai suoi seguaci che erano in lutto e in pianto. Ma essi, udito che era vivo e che era stato visto da lei, non vollero credere...».

Passiamo a *Luca*, che avevamo lasciato su una sorta di accorato "anticipo", la preparazione di «aromi e profumi», in quel che restava del venerdì prima del sabato, quando anch'esse «osservarono il riposo, secondo il comandamento». Anche nei versetti che subito seguono, l'evangelista in cui c'è l'eco della predicazione paolina, come già prima continua a non fare nomi: «Il primo giorno dopo il sabato, di buon mattino, *esse* si recarono alla tomba, portando con loro gli aromi che avevano preparato...».

L'elenco delle protagoniste verrà fatto da Luca più tardi, al momento dell'affannato ritorno per dare l'annuncio ai discepoli: «Erano Maria di Magdala, Giovanna e Maria di Giacomo». Ma si aggiunge: «*Anche le altre* che erano insieme lo raccontarono agli apostoli». Continua, dunque, la tendenza di Luca ad allargare le poche testimoni a un gruppo numeroso, nel quale scegliere soltanto alcuni nomi più significativi perché, evidentemente, più conosciuti nella comunità cristiana primitiva.

Ma Luca amplia anche altro: non un angelo soltanto, come per gli altri vangeli sinottici, Matteo e Marco, bensì «due uomini in vesti sfolgoranti». Dopo avere ascoltato il messaggio (con una specificazione che è solo lucana: «Essendosi le donne impaurite *e avendo chinato il volto a terra...*»), «si ricordarono delle sue parole e, tornate dal sepolcro, annunciarono tutto questo agli Undici e a tutti gli altri (...) ma quelle parole parvero loro come un vaneggiamento e non credettero ad esse...».

Si sa che solo Luca riporterà l'episodio dell'apparizione del Risorto "in incognito", svelata solo alla fine, ai due discepoli in viaggio quella stessa mattina sulla via di Emmaus. Anche qui, ecco apparire un riferimento al tema che ora ci interessa e che è fatto dire a quei discepoli mentre parlano allo Sconosciuto: «Ma alcune donne, delle nostre, ci hanno sconvolti; recatesi al mattino al sepolcro e non avendo trovato il suo corpo, son venute a dirci di avere avuto anche una visione di angeli, i quali affermano che egli è vivo...».

Lo stesso Luca (cui, come sappiamo, sono attribuiti pure gli Atti degli Apostoli) getterà un capo del "filo rosso" femminile che scorre attraverso i vangeli oltre il giorno della domenica di Risurrezione, quasi per cucire con una simile cordicella anche la comunità dopo l'ascesa al Cielo del suo Signore. Dato l'elenco degli apostoli della Chiesa nascente scrive infatti: «Tutti questi erano assidui e concordi nella preghiera, insieme con alcune donne e con Maria, la madre di Gesù...» (At, 1,14).

Veniamo infine a *Giovanni* il quale, nei racconti pasquali, «è schematico perché – presupponendo già noti i resoconti dei Sinottici – vuole precisare e supplire solo alcuni punti con la sua particolare autorità di testimone dei fatti» (G. Ricciotti). A protagonista assoluta di simili eventi, il quarto evangelista pone quella Maria di Magdala che anche per la finale di Marco era stata la sola testimone della prima apparizione.

D'altronde, va ricordato che questa donna è indicata sempre per prima pure negli elenchi che danno i Sinottici, come abbiamo visto: una priorità che ha chiaramente un significato preciso, a conferma del ruolo decisivo che anche, e soprattutto, Giovanni le riconosce.

Non è qui ancora il luogo di esaminare una per una le discordanze tra questi racconti per cercarne una spiegazione. Ma, anticipiamo almeno qualcosa, quanto alla presenza della sola Maddalena nel racconto del quarto evangelista. Oltre che sull'intenzione di "schematizzare", quasi di "semplificare" puntando la luce sulla protagonista principale, si può riflettere su quanto ipotizza Ricciotti e con lui molti studiosi: «Certamente, il viaggio al sepolcro non era molto lungo, ma la ragione per cui le donne vi impiegarono parecchio tempo è stata comunicata dallo stesso Marco (16,1) immediatamente prima, dicendo che le pie donne "trascorso il sabato", cioè in quella stessa mattina, "comprarono aromi per venire ad ungerlo". La loro devozione non era soddisfatta degli unguenti che talune di esse avevano già preparato due sere prima e altre, per proprio conto, vollero accrescerne la provvista, impiegando nelle compere un certo tempo. Questi femminili indugi furono troppo gravosi per la più generosa e ardente di quelle donne, Maria la Magdalena. Ella, a un certo punto, si staccò dalle compagne affaccendate e a rilento e, portata dal suo affetto, corse da sola verso il sepolcro. Vi giunse, come dice Giovanni in pieno accordo con la prima indicazione di Marco, "di buon'ora, essendo ancora tenebra"...» (Gv, 20,1).

Sarebbe fuori strada – poiché si riferirebbe ad usanze che sono le nostre, di moderni occidentali e non certo di semiti nell'antico Medio Oriente – chi obiettasse che, a quell'ora antelucana, le botteghe dovevano essere ancora chiuse. A parte il fatto che, in quei tempi e in quei luoghi, la vita cominciava ancor prima dell'alba, al canto del gallo, i fondachi erano sistematicamente annessi all'abitazione del commerciante (spesso, si vendeva e si dormiva nello stesso locale) il quale, in caso di bisogno, era chiamato dalla strada perché servisse il cliente. Da quel che sembra, quel mattino della prima "domenica" della storia – ma, allora, era come il nostro "lunedì", cioè il giorno lavorativo subito dopo la festa – accadde davvero così, con conseguente perdita di tempo e ritardo delle altre donne rispetto all'impaziente Maddalena.

Comunque sia, stando a Giovanni, Maria di Magdala è la sola (meglio: la prima) che giunge al sepolcro e constata che la pietra è stata ribaltata. «Corse allora e andò da Simon Pietro e dall'altro discepolo, quello che Gesù amava e disse loro: "Hanno portato via il Signore dal sepolcro e non sappiamo dove l'hanno posto!"».

Come nota, a ragione, un biblista contemporaneo: «Quel plurale (*sappiamo*) conservatoci da Giovanni è un ottimo collegamento tra lui e i Sinottici; costoro parlano di più donne recatesi al sepolcro, egli parla della sola Maria di Magdala, ma le fa impiegare quel plurale *sappiamo* che conferma implicitamente quanto dicono gli altri tre evangelisti. La Maddalena parlava anche a nome delle compagne ritardatarie, probabilmente incrociate mentre correva da Pietro».

Pietro e Giovanni (dunque, l'autore stesso del vangelo) corrono al sepolcro e Maria li segue, anche se non è detto esplicitamente. In effetti, la vediamo poi, stando sempre all'ultimo evangelista, mentre «stava all'esterno, vicino al sepolcro, e piangeva». Ecco poi due angeli (come in Luca); ecco una domanda da parte loro («Donna, perché piangi?»); ecco, infine, la risposta («Hanno portato via il mio Signore e non so dove lo hanno posto»).

Segue uno dei "pezzi" fondanti dell'evangelo, un testo decisivo che sarà bene rileggere nella sua integrità: «Detto questo (Maria di Magdala) si voltò indietro e vide Gesù che stava lì in piedi, ma non sapeva che era Gesù. Le disse Gesù: "Donna, perché piangi? Chi cerchi?". Essa, pensando che fosse il custode del giardino, gli disse: "Signore, se l'hai portato via tu, dimmi dove lo hai posto e io andrò a prenderlo". Gesù le disse: "Maria!". Essa, allora, voltatasi verso di lui, gli disse in ebraico: "*Rabbuni!*", che significa "Maestro". Gesù le disse: "Non mi trattenere, perché non sono ancora salito al Padre; ma va' dai miei fratelli e di' loro: "Io salgo al Padre mio e Padre vostro, Dio mio e Dio vostro". Maria di Magdala andò subito ad annunciare ai discepoli: "Ho visto il Signore" e anche ciò che le aveva detto» (Gv, 20,14-18).

Si noti subito lo straordinario impasto di soprannaturale (un morto – e quale morto! – che riappare vivo e che annuncia di stare salendo al Padre nei Cieli) e, insieme, di elementi come di cronaca, che danno il sapore di "cosa vista", di "racconto verità": «si voltò indietro», «voltatosi verso di lui». E si noti quel "*Rabbuni!*", quella parola che, per dirla con l'evangelista, «in ebraico significa Maestro»: ulteriore tocco di verità, evidente riferimento a un racconto chissà quante volte ripetuto dalla impetuosa donna di Magdala.

Come altre volte nel vangelo («... le disse: "*Talita kum!*", che significa: "Fanciulla, io ti dico, alzati!"...», Mc, 5,41; «... emise un sospiro e disse: "*Effatà!*", cioè: "Apriti!"», Mc, 7,34; e altre espressioni, non dimenticando *Abbà* e *Amen*), come altre volte, dunque, anche qui la conservazione della lingua originale è tra le maggiori garanzie di verità. Il preservare il suono, così come è stato proferito, è un rinvio diretto a ciò che è stato ascoltato dalla viva voce dei protagonisti; è un segno di ciò che è indimenticabile, perché porta in sé l'emozione sconvolgente della verità.

Come dicevamo all'inizio, bisognava impostare il tema, ricostruire la "trama", per poter riflettere sui dati, per tentare di saggiare la verosimiglianza – il segno di storicità e, dunque, di credibilità – di questi racconti finali che fondano tutto il vangelo e, con esso, tutta la fede cristiana.

Adesso che, almeno nelle grandi linee, è ricostruita una presenza femminile che sembra non solo legare, ma reggere, tutto l'umile quadro del grandioso evento, adesso possiamo anticiparlo. Se, cioè, questi racconti non rispecchiano una realtà autentica, se ci troviamo di fronte a invenzioni, dei "falsari" di questo genere non sono solo incomprensibili: sono affetti da un masochismo che li ha spinti a rendersi appositamente non credibili, immediatamente confutabili; anzi, per la mentalità antica, svergognabili.

IV.
Testimonianze invalide

Abbiamo ricordato, iniziando l'esame dei racconti di risurrezione, che non c'è stacco, non c'è soluzione di continuità tra questi e quelli di passione e morte. Gli evangelisti che ci raccontano del Golgotha e della deposizione nel sepolcro sono gli stessi che ci danno il resoconto di quel "giorno dopo il sabato", di quella prima *domenica* – *Dies Domini* – della storia. Il "mistero pasquale" è un blocco: prendere o lasciare, tutto accettare o tutto rifiutare.

Ma è un blocco anche perché è come cucito insieme da quel "filo femminile" cui abbiamo dedicato il capitolo precedente, ricostruendo la continua presenza di donne – di alcune delle quali viene fatto il nome – dalla crocifissione sino alle apparizioni del Risorto. In quella nostra ricostruzione, condotta attraverso i versetti di tutti e quattro gli evangelisti (discordi in qualche particolare, ma concordi nel tessere la trama), vedevamo come le donne, qui, testimonino *tutto*: come morì Gesù, dove e come fu sepolto, quando risorse, quali furono le prime parole della sua nuova vita.

Soltanto delle donne erano presenti là dove gli uomini erano scappati o se ne stavano nascosti in casa, oppressi dalla tristezza e paralizzati dalla paura. Ne concludevamo: «Se simili racconti non rispecchiano una realtà autentica, se ci troviamo di fronte a invenzioni, dei "falsari" di questo genere non sono solo incomprensibili: sono affetti da un masochismo che li ha spinti a rendersi esplicitamente non credibili».

In effetti, basta conoscere anche solo superficialmente quale fosse la disistima in cui erano tenute le donne nell'antico Oriente semita (e non solo in quello, del resto, ma in tutte le culture contemporanee) per giudicare della scarsa serietà dei pur molti, paludati critici, che giudicano «costruzioni apologetiche dei redattori evangelici» anche – anzi, soprattutto – i resoconti delle apparizioni.

«Il giudaismo è una religione di soli uomini», ricorda quel Charles Guignebert che pure, contraddicendosi, nega la genuinità di testi come questi basati tutti sulla testimonianza di donne. Era, quella religione, a tal punto "maschilista" che ignoriamo persino buona parte dei nomi femminili dell'antico Israele: erano nomi che riguardavano l'irrilevante *routine* privata, non certo la storia, di cui non dovevano ingombrare le austere carte.

Soprattutto – ed è ciò che qui più ci interessa – le donne non potevano testimoniare in alcuna causa, in alcun processo. Perché, come dice il libro dei Proverbi, «sono stolte, rissose, lunatiche»; o perché, come rincara l'Ecclesiaste, o Qoèlet, «è preferibile un uomo malefico a una donna benefica».

Dunque, chi in Israele non poteva testimoniare nulla, nei vangeli testimonia tutto! Sono proprio parole femminili che sorreggono la verità di tutto intero il Nuovo Testamento!

Del resto i vangeli, dall'inizio sino alla fine, sono serrati tra testimonianze invalide secondo la Legge ebraica. Come Luca ci narra nel suo secondo capitolo, sono dei pastori i primi che videro il Messia, avvertiti da un angelo; e sono gli stessi pastori che «dopo averlo visto, riferirono ciò che del bambino era stato detto loro» (2,17). Sono chiamati, dunque, a dare una decisiva testimonianza.

Ma neppure i pastori, al pari delle donne, potevano testimoniare: nessun tribunale, in Israele, avrebbe accettato di prendere per buono ciò che dicevano. Sia perché considerati "impuri" per il loro stesso mestiere, a rischio tra l'altro di zoofilia, punita con la pena di morte; sia perché sospettati di disonestà continua, per la possibilità di far brucare le loro bestie nel pascolo del vicino. Ed è ancor più singolare quanto è stato osservato: se si è dovuto ricorrere, per testimoniare la nascita del Messia stesso, a chi, come i pastori, secondo la Legge non poteva farlo, era perché ad essi doveva avere rinviato una donna, la madre stessa di Gesù, la sola presente assieme a Giuseppe (che, al tempo della redazione evangelica, doveva già essere morto) e al Bambino. Un incontro, insomma, di "incapaci", di "non abilitati": dei pastori, una donna...

Ebbene, questa storia cominciata con un annuncio di nascita al quale nessun circonciso timorato di Dio poteva dar credito, finisce allo stesso modo, con queste inascoltabili, inattendibili, illegali voci femminili!

Nelle sue *Antichità giudaiche*, lo storico ebreo Giuseppe Flavio, che è, si noti, quasi contemporaneo di Gesù (nasce circa sette anni dopo la sua morte), ribadisce le rigide tradizioni vigenti, allora come sempre, in Israele: «Le testimonianze di donne non valgono e non sono ascoltate tra noi, a motivo della leggerezza e della sfacciataggine di quel sesso».

C'è, dunque, nei vangeli – nessuno escluso, tutti e quattro unanimi: occorre tenerlo sempre presente – una evidentissima "discontinuità", una contraddizione, con le esigenze di una Chiesa che si rivolge innanzitutto agli ebrei («mi sarete testimoni a Gerusalemme, in tutta la Giudea e la Samaria», e solo dopo «sino agli estremi confini della terra», dice lo stesso Risorto, At, 1,8) mostrando, al contempo, carte di credito che in Israele erano gravemente abusive. Un comportamento inspiegabile, qualora fosse stato deciso dai redattori evangelici e non imposto invece – come evidentemente è – da una sconcertante realtà di fatto, visto che la comunità cristiana primitiva non è meno "maschilista" dell'ambiente da cui proviene.

A fronte dell'atteggiamento davvero "scandaloso" di Gesù (e che i vangeli registrano, non potendo far altro), sta quello più tradizionale di Paolo, il quale ha sì annunciato che, in Cristo, «non c'è più né maschio né femmina», ma non si spinge sino al punto di riconoscere alla parola delle donne eguale autorità di quella dell'uomo: «Come in tutte le comunità dei fedeli, le donne nelle assemblee tacciano, perché non è loro permesso parlare; stiano invece sottomesse, *come dice anche la Legge.* Se vogliono imparare qualcosa, interroghino a casa i loro mariti, perché è sconveniente per una donna parlare in assemblea». Così la Prima lettera ai Corinzi (14,34) dell'Apostolo.

Nel 1945, tra le sabbie egiziane di Nag Hammadi, fu scoperto il testo di quello che fu detto "vangelo copto di Tommaso", una sorta di antologia di detti apocrifi (alcuni, però, a quel che pare autentici) attribuiti a Gesù in epoca vicinissima a lui. L'ultimo frammento dice: «"Maria deve andare via da noi, perché le femmine non sono degne della vita". Così disse Pietro, ma Gesù rispose: "Ecco, io la guiderò in modo da farne un maschio, affinché diventi uno spirito vivo uguale a noi maschi. Poiché (solo) la femmina che si farà maschio entrerà nel regno dei Cieli"».

Ogni commento ci pare superfluo: la Maria che Pietro vuol cacciare (e che Gesù, per rimediare alla sua "inferiorità", vuol trasformare in maschio) è, in questo frammento dello pseudo-Tommaso, proprio la Maddalena!

Anche per questo resteranno sempre inutili tutte le contorsioni, tutti i tentativi di spiegare perché la primitiva comunità ci avrebbe tramandato i racconti evangelici così come sono.

Non c'è spiegazione se non nello scrupolo di rispettare la verità di quanto successo. Volente o nolente. Anche a costo di rischiare di rendersi subito non credibili proprio nell'annuncio centrale della fede.

Può darsi persino che, nell'estensore dell'appendice finale di Marco, in quei dodici versetti che riportammo e che furono probabilmente aggiunti in un secondo tempo, ci sia quasi l'emergere di una sorta di protesta inconscia. Il redattore è costretto ad ammettere che Gesù ha riservato la sua prima apparizione (quella che fonda la Chiesa stessa) non solo a una donna, ma anche ex isterica o ex indemoniata se non (forse) ex prostituta. E allora lo dice, quasi per sfogo, arrendendosi a una realtà che si sarebbe voluta diversa: «Risuscitato al mattino nel primo giorno dopo il sabato, apparve prima a Maria di Magdala, *dalla quale aveva scacciato sette demoni...*»; dunque, è più che naturale aggiungere: «Questa andò ad annunciarlo ai suoi seguaci che erano in lutto e pianto. Ma essi, udito che era vivo e che era stato visto da lei (*quasi un "proprio da lei!"*, ndr) non vollero credere...» (Mc, 16,9 ss.).

Sarebbero dunque costruiti a piacimento della comunità testi di fronte ai quali la comunità stessa sembra recalcitrare, quasi ammettendo: «È andata proprio così... Che possiamo farci, noialtri?».

Si veda ancora, in proposito, pure Luca, che già all'inizio del vangelo ha dovuto introdurre come testimoni gente non accettabile da nessun tribunale quali i pastori, e che ora deve raccontare la fuga degli uomini e il coraggio delle donne; di quelle donne, cioè, di cui chiedeva ironica la Scrittura: «Una femmina forte, chi la troverà?» (Prv, 31,10). Luca è forzato – come gli altri evangelisti, del resto – ad ammettere fatti che in più modi contraddicono quanto Legge, Profeti, Tradizione scritta e orale di Israele suggerivano o imponevano.

Tenta così (non sembra esserci altra spiegazione possibile) di alleviare almeno lo scandalo, descrivendo il gruppo doloroso sotto la croce: «*Tutti i suoi conoscenti* assistevano da lontano, e così le donne che lo avevano seguito sin dalla Galilea, osservando questi avvenimenti» (23,49). Quali "conoscenti", se anche lui, Luca, alla pari degli altri evangelisti, ci ha narrato l'ingloriosa fuga generale dei maschi, ad eccezione di Giovanni (ma di questi parla solo il vangelo omonimo)? Quali "conoscenti" – e "tutti", per giunta – se lo stesso Luca sembra dimenticarsene subito dopo, scrivendo che solo le donne erano con Giuseppe d'Arimatea sino al termine della sepoltura («Le donne venute con Gesù dalla Galilea lo seguivano...»), e che è unicamente grazie alla loro testimonianza che si seppe come e dove Gesù era stato deposto: «Esse osservarono la tomba e come era stato messo il corpo di Gesù...» (23,55)? Se davvero sotto la croce c'erano pure degli uomini, se davvero non erano fuggiti tutti, con la sola eccezione del «discepolo che Gesù amava», perché non ci sono ora, ad aiutare nella frettolosa e faticosa opera di seppellimento?

La probabile aggiunta "al maschile" di Luca («Tutti i suoi conoscenti») va vista in parallelo con Paolo che, riprendendo il *kérygma*, l'annuncio, così come era proclamato sino al momento della sua conversione, non sembra trovarvi traccia – evidentemente per quegli imbarazzanti motivi di credibilità di cui parliamo – di apparizioni del Risorto a donne.

Anzi, in quel *kérygma* che Paolo rilancia (probabilmente prima della composizione definitiva dei vangeli, dove l'andamento delle cose sarà ricostruito con completezza, così come vuole la verità) si dà la successione delle apparizioni in modo che sia conforme alle esigenze della comunità e della sua gerarchia: «Vi ho trasmesso dunque, anzitutto, quello che anch'io ho ricevuto: che cioè Cristo morì per i nostri peccati, secondo le Scritture, che fu sepolto ed è risuscitato il terzo giorno, secondo le Scritture e che *apparve a*

Cefa e quindi ai Dodici. In seguito apparve a più di *cinquecento fratelli* in una sola volta... inoltre apparve a Giacomo e quindi a tutti gli apostoli. Ultimo tra tutti apparve anche a me come a un aborto.» (1 Cor, 15, 3-8).

Ecco, finalmente, le cose come dovrebbero essere: prima la gerarchia, poi la base della comunità: e tutto sempre al maschile (i "cinquecento" erano "fratelli", non c'è traccia di sorelle)! In questo modo la Chiesa nascente protegge davvero la sua onorabilità e i suoi titoli di credito!

Ma questa Prima lettera ai Corinzi, nella quale confluisce ciò che Paolo trasmette e che «anch'egli ha ricevuto», è dell'inizio degli anni Cinquanta: prima – lo osservavamo – che i vangeli siano composti. Quando lo saranno, diranno l'imbarazzante verità, anche se in rotta di collisione con le esigenze apologetiche. I precisi ricordi di chi aveva vissuto quei giorni, quelle ore indimenticabili, finiranno col prevalere, forse a prezzo di discussioni, di malumori, di richiami alle esigenze della missione che non poteva essere inceppata da testimonianze invalide come quelle femminili.

"Ridicolo": l'aggettivo è forse un po' pesante ma, per chi rifletta imparzialmente, non ce n'è un altro che venga in mente per definire lo sforzo dei molti critici che si ostinano a vedere "esigenze apologetiche" in questi racconti di risurrezione, tenuti insieme dal va e vieni di donne coraggiose e pietose, mentre i gloriosi apostoli, le colonne della fede, brillano per la loro assenza.

Sembra davvero "ridicolo" David Daube – un nome tra mille –, esegeta contemporaneo, convinto che nei vangeli ci sia, costante, «la tendenza ad attenuare il carattere infamante della fine di Gesù». Per lui, le donne al sepolcro con l'Arimateo e poi, il mattino di Pasqua, munite di profumi ed aromi, rientrano in questo piano di «togliere al seppellimento l'apparenza ignominiosa».

Sin troppo facile – e con una punta giustificata di ironica commiserazione – la replica del grande biblista Josef Blinzler: «Non si capisce allora perché, nei racconti della Passione, siano stati conservati particolari che pongono Gesù in luce assai più infamante che non per la mancata unzione del cadavere. Ciò che inquietava davvero la comunità era che colui che essi veneravano come Messia e Figlio di Dio aveva trovato la morte dei maledetti, sul patibolo dei criminali. Di fronte a questo fatto avvilente, la questione se fosse stato unto o no prima di essere messo nella tomba non poteva avere alcuna importanza».

Perché, poi, unto da donne? Perché lo «sforzo apologetico», se davvero ci fosse stato, non avrebbe semmai parlato di onoranze praticate dagli apostoli in persona? Mettere in campo femmine, alcune delle quali addirittura dal passato più che sospetto, sottolineava proprio l'assenza di chi avrebbe dovuto esserci e non c'era, proprio di coloro che sin dall'inizio sono chiamati "le colonne della Chiesa".

Viene in taglio, qui, una domanda: si è mai notato che, durante la sepoltura, a quelle donne gli evangelisti non fanno eseguire le "lamentazioni"? Secondo una tradizione viva ancora oggi nei Paesi mediterranei, anche in Israele le parenti di un defunto – accompagnate spesso da professioniste ingaggiate appositamente – recitavano un "lamento" funebre sul cadavere. Ora: proprio questi evangelisti che farebbero entrare in scena figure femminili per "abbellire", per rendere meno infamante il seppellimento del loro eroe, tacciono tutti e quattro – senza eccezione – su un atto di onore che spettava a ogni defunto e che era eseguito proprio da donne.

Perché non si parla di quelle grida rituali? Ma è perché – stando sia alla legge romana che a quella ebraica, in questo concordi – era vietata la lamentazione per un condannato a morte. Se, qui, se ne fosse parlato per quei fini apologetici di cui i nostri testi sono sospettati, saremmo di fronte a un caso di inverosimiglianza storica.

Dunque: non solo in ciò che dicono, ma anche in ciò che tacciono, gli evangelisti mostrano di restare fedeli al ricordo di ciò che davvero era successo.

Per tornare ai biblisti che rischiano il ridicolo, andrebbe messo tra loro anche il Loisy, per il quale il gruppo di donne che, sotto la croce, assiste alla terribile morte del Maestro, «risponde a un evidente simbolismo, senza alcuna preoccupazione di verosimiglianza».

Il perché di questa "evidenza" del "simbolismo" non è detto: *ipse dixit*, l'ha detto l'esegeta "critico", il biblista "indipendente", bisogna accettare. Ma chi non è disposto a simili accettazioni a scatola chiusa osserva che – a parte l'assurdità di un "simbolismo" che, per le ragioni che abbiamo ripetuto, sarebbe autolesionista – è del tutto verosimile che le donne potessero esserci, se lo volevano. Sappiamo che il diritto romano ordinava di vigilare sui parenti e gli amici del crocifisso, soprattutto nel timore che qualcuno di essi, con un colpo di lancia o di spada, ponesse fine alle sofferenze del disgraziato. Ma i soldati, presenti obbligatoriamente sino alla morte, se tenevano i maschi a distanza di sicurezza, non impedivano alle donne di avvicinarsi a distanza tale (lo sappiamo da fonti antiche) che era possibile un dialogo tra loro e l'appeso. Dove sta, allora, la "inverosimiglianza", data da Loisy per scontata?

Ma, forse, nella categoria del "ridicolo" rischia di finire pure un altro "grande", Rudolf Bultmann, un altro di quei professori tedeschi, mai usciti dalle loro biblioteche, eppure convinti di conoscere e di potere "scientificamente" classificare quel che passasse nella testa di antichi "mitologi" e "apologeti" mediorientali. Bultmann, dunque, il pur cristiano e protestante Bultmann, nel suo improbabile schedario, classifica le donne al sepolcro il mattino di Pasqua e le apparizioni ad esse del Risorto sotto l'etichetta delle "leggende apologetiche". Gli fa eco il suo discepolo Günther Bornkamm, pur talvolta in dissenso con il radicalismo scettico del maestro, che scrive: «Sono evidentemente leggende, entrate tardi nella tradizione».

Ma di quale "apologetica" si tratterebbe, di grazia? Leggende apologetiche ben curiose se, come del resto prevedibilissimo, davano la stura già nell'antichità ai commenti salaci di un Celso per il quale (testuale) «i Galilei credono a una risurrezione testimoniata soltanto da qualche femmina isterica».

Curioso davvero il modo di ragionare di un Bultmann, per il quale queste "finzioni" sarebbero nate dal fatto che, anche qui testualmente, «c'era bisogno delle donne, perché non si potevano fare entrare in scena i discepoli fuggiti». Qui si rischia davvero la scivolata dal ridicolo all'assurdo. In effetti, per lo stesso studioso tedesco anche la fuga dei discepoli è una "finzione". Dunque, per rimediare a questa, se ne sarebbe messa in campo un'altra che, per giunta, aggravava più che risolvere il problema?

Oltretutto: restando sempre nell'ipotesi di testi costruibili a piacere, se qualcuno si voleva fare intervenire, per constatare la risurrezione, si poteva scomodare, il mattino di Pasqua, il padrone stesso della tomba, Giuseppe d'Arimatea. Un maschio, un notabile, una persona autorevole sulla cui parola nessuno avrebbe avuto a ridire!

Ma, perché (con ben maggior profitto e logica) non fare irrompere sulla scena un Pietro ritornato virilmente animoso dopo il gran pianto per il rinnegamento, ultimo episodio in cui lo incontriamo prima che vada di corsa al sepolcro, ma *dopo* Maria di Magdala? Non è forse così che dice Paolo: «apparve a Cefa e quindi ai Dodici»?

Bultmann sa bene che proprio quella stessa *Formgeschichte*, il metodo esegetico della "storia delle forme", che egli porta sino alle conseguenze più estreme, ha confermato che – stando alla mentalità della comunità primitiva – la prima apparizione del Risorto aveva un altissimo significato simbolico, era quella che i tedeschi chiamano *die kirchengründende Christophanie*, la cristofania che fonda la Chiesa stessa. Così come conferma, del resto, pure il citato *kérygma* della Prima ai Corinzi, che non a caso usa qui, per indicare Simone Pietro, il termine "Cefa", la pietra sulla quale tutta la fede riposa. E, dunque, proprio l'apologetica avrebbe condotto i redattori evangelici a mettere come "pietra" prima una donna, poi un gruppo di donne «le quali ebbero sempre pessima accoglienza presso i primi cristiani come testimoni della Resurrezione» (Xavier Léon-Dufour)?

Bultmann e discepoli poi, sanno che non c'è possibilità di trovare una giustificazione plausibile dei testi così come stanno, neppure rivolgendosi a quel mondo ellenistico in cui, secondo tanti, sarebbe stato messo insieme il presunto minestrone evangelico.

Anche nel mondo greco la testimonianza femminile non aveva valore e la condizione della donna era ancor più spregiata che in Israele dove, almeno a livello teologico, la donna era sì inferiore, ma creata da Dio alla pari dell'uomo. La femmina, per la cultura ellenistica, non era che un "contenitore" per perpetuare la specie: frequentarla era al più, un *dovere*. Perché, persino per il *piacere*, si preferiva la compagnia maschile, praticando quello che non a caso si chiama "l'amor greco".

Panfilo Gentile fu tra i più noti divulgatori italiani delle teorie della critica radicale, distruttrice della storicità del Nuovo Testamento. Eppure (forse perché anche giornalista, dunque abituato a restare attento ai fatti) sembra difendersi meglio dalle fantasie presentate come scienza da certi specialisti.

Scrive, dunque, il laicissimo, l'agnostico Gentile: «Il racconto dell'apparizione del Risorto a Maria Maddalena non soltanto non serve alcun interesse apologetico, ma contrasta con le tendenze dominanti dell'apologetica cristiana. Si conferisce a una donna la priorità nelle apparizioni. Ora, è noto che nello spirito del movimento cristiano primitivo, la visione del Risorto costituiva un titolo di enorme valore. Ad essa si accompagnava l'investitura della missione apostolica; essa fondava l'autorità dell'apostolo. E la priorità stessa dell'apparizione costituiva un segno di ordine gerarchico. Ora, la tendenza dell'apologetica era di riservare una posizione di speciale autorità a Pietro e, quindi, di designare Pietro come il primo al quale il Cristo aveva fatto l'onore di apparire risorto. Come, difatti, fa Paolo nell'elenco della Prima ai Corinzi. La narrazione evangelica si mette di traverso a questa esigenza e conferisce invece alla Maddalena il privilegio di avere visto per prima Gesù resuscitato, esautorando in tal modo Pietro e il Collegio degli apostoli».

È con tutto questo che ci si deve innanzitutto confrontare, prima ancora di scendere sul terreno delle dispute minute attorno alle discordanze dei racconti pasquali: quel "filo rosso" femminile ne garantisce da subito la solidità sostanziale.

Per citare, una volta di più, la constatazione dell'insospettabile, dell'illuminista Jean-Jacques Rousseau: «*Messieurs*, non è così che si inventa!».

V.
"Follia per i pagani"

Troppe donne, nei racconti di risurrezione: lo abbiamo appena visto nei due capitoli precedenti. Una presenza che, agli occhi dei contemporanei – non solo ebrei, ma di ogni cultura antica, soprattutto orientale – rendeva invalida la testimonianza, la squalificava. Così che, come abbiamo pur visto, solo ipotizzando un caso di incomprensibile autolesionismo è possibile pensare a testi evangelici manipolati o addirittura "inventati".

Donne, dunque, che – stando alla necessità della comunità cristiana di rendersi credibile – non avrebbero dovuto esserci. Mentre manca proprio la Donna che avrebbe dovuto esserci.

Sentiamo il padre Marie-Joseph Lagrange, il grande biblista: «La pietà dei figli della Chiesa tiene per certo che il Cristo risuscitato apparve prima di tutto alla sua Santissima Madre, a colei che l'aveva nutrito col suo latte, che ne aveva guidato l'infanzia, che l'aveva presentato al mondo alle nozze di Cana, per non riapparire quasi più se non vicino alla sua croce. Gesù ha consacrato esclusivamente a lei e a san Giuseppe trent'anni della sua vita nascosta: come non avrebbe avuto ella, per sé sola, il primo istante della vita nascosta in Dio del suo Unigenito?».

Come si vede, anche l'esegeta si stupisce, quasi si rassegna a malincuore («Obbediamo dunque a una disposizione voluta dallo Spirito Santo e abbandoniamo questa prima apparizione di Gesù, che i vangeli non ci narrano, alle anime contemplative...», dice subito dopo Lagrange) per una mancanza incomprensibile come il cenno di un'apparizione alla Madre; così come erano incomprensibili quelle altre presenze femminili.

Perché non Pietro, bensì la Maddalena? Ma, se proprio una donna doveva essere, perché quella che era stata «infestata da sette demoni» e non Colei che l'angelo messaggero della nascita del Messia aveva salutato con il «Salve, piena di grazie, il Signore è con te»?

Ma vogliamo, prima di scendere ai dettagli, continuare a ragionare, come dall'alto, a volo d'uccello, su questa Risurrezione in cui la fede crede e su cui la fede stessa si basa.

Guardando dunque questa credenza fondamentale nel suo insieme, ci chiediamo da dove provenga: è davvero il riconoscimento e il resoconto di una realtà imprevista e sconvolgente per i discepoli stessi di Gesù? O non sarà forse – come tanta critica sostiene – una sorta di germinazione oscura della profezia ebraica o del mito pagano? In effetti, gli studiosi estranei alla fede (ma, da qualche decennio, anche specialisti che si professano cristiani) hanno sempre cercato dei "modelli" che avrebbero portato la comunità primitiva a creare la storia di un Messia morto e risorto.

Dunque, ci troveremmo di fronte o allo sbocco quasi inevitabile dell'attesa profetica di Israele, qualcosa che prima o poi "doveva" essere creduto e annunciato da qualche gruppo ebraico; o all'accettazione di un "modello" di morte-risurrezione corrente in quel mondo ellenistico nel quale andrebbe ricercato il vero luogo di nascita del cristianesimo. Così molta critica.

Rimandiamo ai prossimi capitoli la profezia ebraica: l'abbiamo già esaminata, nel libro precedente, per quanto riguarda i racconti della passione e morte, vedendo come non da essa derivino i racconti evangelici; altrettanto vedremo, dati alla mano, per quanto riguarda i racconti di risurrezione.

Per adesso, concentriamo la nostra attenzione sulla presunta derivazione della fede cristiana da miti religiosi estranei alla dimensione ebraica.

Una simile ipotesi ebbe il suo momento di particolare fulgore nei decenni a cavallo tra Ottocento e Novecento, quando fu molto di moda una disciplina creata proprio allora e alla quale fu dato il nome di "Storia comparata delle religioni". Scienza soprattutto tedesca, e non a caso. Dopo il 1870, vinte prima l'Austria e poi la Francia, la Prussia riunì attorno a sé la Germania intera, sino ad allora divisa in una miriade di stati e staterelli, realizzando l'unità politica ed economica di quello che fu detto "il Secondo *Reich*". Divenuto la maggiore potenza d'Europa, con ambizioni addirittura mondiali, quell'Impero – che doveva finire disastrosamente nel 1918, al termine della Grande Guerra, per dar luogo a un "Terzo Reich", finito esso pure come sappiamo – si diede una politica anche culturale davvero da grande Paese, finanziando con generosità campagne archeologiche tedesche nel Mediterraneo e in Oriente.

Così, l'attenzione dei dotti – prima in Germania e poi nelle università degli altri Stati occidentali – fu attirata dai risultati spesso spettacolari di questi scavi. Ne furono impressionati anche gli studiosi delle origini del cristianesimo, i biblisti e gli esegeti, che cominciarono a tentare dei confronti tra il Nuovo Testamento e il mondo dell'antichità di cui i colleghi archeologi disseppellivano le tracce. A questo si unì il lavoro metodico, organizzatissimo, degli orientalisti e dei classicisti nelle università tedesche, che dettavano legge nel mondo. Nacque così quella "Storia comparata delle religioni" che, come il nome indica, "compara", confronta la storia di Gesù con quella degli altri "dèi" antichi.

Tra l'altro, la nascita e l'impetuoso sviluppo di questa "scuola" è un altro esempio di come le spiegazioni sedicenti "scientifiche", "oggettive", magari "definitive" dell'enigma cristiano siano in realtà, spesso, il prodotto dell'atmosfera culturale, magari delle mode se non degli orientamenti sociali e politici del tempo. Un motivo in più per prendere gli specialisti talvolta sul serio, mai sul tragico... Anche questa volta, comunque, con grossi volumi pesanti di note, fior di professori assicuravano di avere "provato" quanto fosse abusiva e oscura la nascita del cristianesimo.

Passata da gran tempo l'infatuazione determinata dalle scoperte di quel tempo, gli studi seri non prendono più molto in considerazione quei risultati, che pure erano dati per risolutivi. Ma varrà la pena di parlarne, visto che rispuntano continuamente a livello divulgativo ed hanno comunque lasciato tracce che perdurano anche in non poche pubblicazioni con pretese scientifiche.

La *Religiongeschichte*, la "storia delle religioni", in sostanza, affermava che la faccenda della risurrezione attribuita a Gesù il Nazareno non era altro che una sorta di imitazione, ricalcata sulle tante storie di risurrezione dai morti di cui abbonderebbe il mito pagano, soprattutto ellenistico.

Apparizioni traumatiche, "reali", del Crocifisso all'origine della fede cristiana? Macché – rispondevano i dotti della Germania guglielmina, cui facevano eco tanti altri in Europa e nelle Americhe –, soltanto la copia banale, germinata negli angiporti mediterranei, di una idea di morte-risurrezione comunissima allora, soprattutto nel vicino Oriente influenzato dalla cultura greca.

Per provare il loro assunto, tiravano fuori antichi nomi orecchiati anche da chiunque abbia fatto un liceo classico: Eracle-Ercole che strappa all'Ade la regina Alcesti che volle morire al posto dello sposo, il re di Tessaglia Admeto; nella stessa Tessaglia, la maga Erittone che rianima un soldato, il quale predice a Sesto Pompeo l'esito della guerra farsalica; Apollonio di Tiana (contemporaneo, tra l'altro, di Gesù) che ridà la vita a una fanciulla; il sacerdote egiziano Zacla, vero specialista nel far sorgere in piedi i morti. E via con tanti altri esempi, spesso già ben noti prima del rinnovato interesse determinato dalla passione di fine Ottocento per l'antichità, ma riesaminati sotto una nuova luce per spiegare il mistero del vangelo.

Si ricordò così, tra l'altro, che nelle opere di Plinio, nei 37 libri della sua *Naturalis historia*, si parla di molte "risurrezioni": Aviola, Lamia, Celio Tuberone, Corfidio, Galieno... Lo stesso Platone racconta di un Pompilio di Fera che giacque, dato per morto, sul campo di battaglia e che ribalzò in piedi al calore dei roghi accesi accanto a lui per bruciare i cadaveri. Stando alla tenace leggenda che circolò tra i popoli dell'antichità, anche Esopo, il grande favolista, sarebbe ritornato tra i vivi dopo il suo decesso; e persino Nerone, l'imperatore, sarebbe sfuggito, non si sa come, all'Ade, riapparendo più capriccioso e crudele che mai: è il celebre mito del *Nero redivivus.*

Ma questi scopritori di precedenti della risurrezione di Gesù non tenevano conto – tra molte altre cose – di una scena del Nuovo Testamento, al capitolo 17 degli Atti degli Apostoli, scena certamente storica perché convalidata dal criterio di "discontinuità". In effetti, nessun cristiano, meno che mai l'autore degli Atti, avrebbe inventato una simile, imbarazzante figura per Paolo, il venerato Apostolo delle genti.

Questi, giunto ad Atene, fa violenza al suo carattere di giudeo impetuoso, abituato ad annunciare in modo diretto, senza complimenti, lo "scandalo e la follia" del Crocifisso ritornato alla vita. Nella *Ville-lumière*, la "città luce", dell'Antichità, nel cuore stesso della cultura greca, Paolo cerca di presentare la Buona Notizia nelle forme della cultura locale, spingendosi addirittura (per la prima e ultima volta nella sua vita, per quanto ne sappiamo) a citare il verso di un poeta pagano e usando giri di parole per lui inconsueti. Tentandole tutte, insomma, per attirare gli ascoltatori. Fa, diremmo noi, del "dialogo", pratica la "inculturazione"...

Eppure, riesce a giungere soltanto sino a un certo punto del suo discorso; fino a quando, cioè, deve uscire allo scoperto, rivelare il centro della sua predicazione: «... poiché (Dio) ha stabilito un giorno nel quale dovrà giudicare la terra con giustizia per mezzo di un uomo che egli ha designato, *dandone a tutti prova sicura col risuscitarlo dai morti...*».

Ma ecco subito la reazione, com'è riferita dall'autore – Luca, segretario di Paolo, secondo la costante tradizione – del testo: «Quando sentirono parlare di risurrezione dei morti, alcuni lo deridevano, altri dissero: "Ti sentiremo su questo un'altra volta". Così Paolo uscì da quella riunione» (At, 17,31-34).

Questa reazione ateniese è particolarmente significativa: l'Areopago (il "colle di Ares-Marte") era il più alto tribunale per le cause di natura religiosa; e gli "areopagiti", i suoi membri, erano nell'intero Impero romano forse gli uomini più esperti in tutti i culti, che in Atene trovavano terreno fertilissimo. Gente, dunque, abituata a sentirne di tutti i colori, a non stupirsi di nulla. Eppure, alla parola "risurrezione" si tronca il discorso e non si procede neppure contro quello stravagante, considerandolo tanto ingenuo da essere patetico. Dunque, lasciandolo andare, come una sorta di mentecatto.

Come mai questo esito? Altre volte la predicazione di Paolo finì nel tumulto e nella violenza; mai, come qui, nel ridicolo. Eppure, siamo nella capitale proprio di quella cultura che, stando ai cultori otto-novecenteschi della *Religiongeschichte*, produceva abbondanti miti di risurrezione.

La realtà è che l'idea stessa di un uomo risuscitato dai morti era estranea, anzi del tutto assurda per l'ellenismo. Come fa dire Eschilo a uno dei personaggi delle sue tragedie: «Una volta che la polvere avrà bevuto il sangue di un morto, non ci sarà risurrezione di sorta».

I greci avevano quell'immagine di uomo che certa teologia cristiana ha poi ereditato, rischiando di allontanarsi dalla genuina concezione ebraica. Per Israele, l'uomo è un'unità inscindibile e indivisibile di corpo e di anima, di materia e di spirito: non può dunque esistere risurrezione se non di questo uomo completo. Per i greci, al contrario, l'uomo è il risultato di una addizione: corpo + anima; materia + spirito. Due realtà distinte, giustapposte, spesso in lotta tra loro. In ogni caso, nelle culture di impronta greca, non è concepibile una risurrezione che coinvolga anche il corpo: ciò che è pensabile è, semmai, solo una immortalità spirituale, una sopravvivenza dell'anima.

Ma c'è di più. Se l'istinto ellenico si ribellava all'idea di un uomo "comune" che uscisse dal sepolcro in carne, ossa ed anima, lo stesso istinto gettava il ridicolo (come Paolo dovette constatare a sue spese ad Atene) su chi avesse annunciato addirittura la risurrezione di un dio. Un dio, immortale per natura, non può morire; dunque, non può risorgere. Se si esamina, in effetti, l'elenco di "risurrezioni" che riportavamo e che sono allegate dalla "Storia comparata delle religioni" come possibili modelli per il cristianesimo, si vede che non c'è un solo caso che abbia una divinità come protagonista "passivo", cioè come risuscitato. Gli dèi non risuscitano: al massimo potrebbero, pur con i limiti che abbiamo detto, risuscitare gli altri.

Ma – ed è assai importante non dimenticarlo – anche in simili casi di intervento soprannaturale, più che una risurrezione vera e propria il mito vuole indicare la rianimazione di persone addormentate piuttosto che morte. Quando la fine giunge davvero, quando il corpo stesso è intaccato, è l'anima sola che può sopravvivere. Ricordiamo Eschilo: «Una volta che la polvere...».

In questo clima, l'annuncio di ciò che sarebbe successo a un ebreo un mattino di Pasqua a Gerusalemme era impensabile ad Atene. Il Sinedrio di Israele condannava e perseguitava chi parlava di risurrezione di Gesù, ma l'Areopago rideva, ostentando una compassione ben peggiore della persecuzione. Ne uccide come si sa, ben più il ridicolo che la spada...

Sentiamo, in effetti, dalle parole stesse degli Atti degli Apostoli come si arrivò a quel discorso di Paolo che fu troncato come buffonesco e inascoltabile: «Anche certi filosofi epicurei e stoici discutevano con lui e alcuni dicevano: "Che cosa vorrà mai insegnare questo ciarlatano?". E altri: "Sembra essere un annunziatore di divinità straniere", poiché annunziava Gesù e la Risurrezione. Presolo con sé, lo condussero sull'Areopago e dissero: "Possiamo dunque sapere qual è questa nuova dottrina predicata da te? Cose strane per vero ci metti negli orecchi; desideriamo dunque conoscere di che cosa si tratta"» (17,18 ss.).

Un po' d'attenzione (e il confronto con il testo greco originale) ci fa notare nel brano riportato particolari illuminanti: Paolo è subito identificato come «un annunziatore di divinità straniere» a causa del fatto che annunzia «*tòn Iesoún kaì tèn Anástasin*», letteralmente «il Gesù e l'Anastasi». La risurrezione, *anástasis* in greco, è forse scambiata per il nome di una dèa, magari la compagna di questo sconosciuto "Gesù". Dunque, chi parla di risurrezione, per gli ateniesi non può essere neppure uno alla pari dei tanti seguaci di strani culti cui la capitale culturale e religiosa della Grecia era abituata, ma deve essere semplicemente "un ciarlatano". Nell'originale, *spermológos*, che la traduzione della Bibbia diretta da Salvatore Garofalo rende come "semi-analfabeta": in effetti, doveva proprio essere abissale l'ignoranza di chi disconosceva tutto dell'uomo, persino il fatto che dopo la morte non poteva esserci risurrezione! Questi sono sproloqui, più ancora che "nuove dottrine"!

Dunque, questo il terreno culturale dove sarebbero cresciute le radici del mito che avrebbe contagiato i seguaci di Gesù, inducendoli a dichiararlo risorto?

Così vorrebbe farci credere la *Religiongeschichte*, ma la realtà è ben diversa. La realtà è che proprio tra i convertiti provenienti dalla cultura ellenistica il fatto della risurrezione fu il più difficile da accettare. «Se si predica che Cristo è risuscitato dai morti, come possono dire alcuni tra voi che non esiste risurrezione dei morti?» (1 Cor, 15,12).

Anche da questo rimprovero di Paolo ai cristiani di Corinto, città greca, possiamo avere conferma a quali obiezioni, perplessità, contrasti se non incredulità andasse incontro un annuncio che – come dice l'apostolo stesso – se per i giudei era "scandalo" (ma perché era "scandaloso" un candidato al titolo di Messia come lo sconfitto Gesù), per i pagani era "follia", qualcosa di impensabile, di inconcepibile. E lo era soprattutto se a quella "folle" risurrezione di un singolo, di un dio, si voleva dare addirittura un valore universale, una promessa di salvezza eterna, valevole per tutti. Un levarsi generale dai sepolcri, anche per chi era ormai ridotto in polvere? Cose, davvero, da pazzi...

Smentendo tante affermazioni fatte in passato con leggerezza o senza conoscere l'insieme dei testi disponibili, è oggi possibile affermare con sicurezza che nessun testo ellenistico prima del IV secolo d.C. attribuisce a un dio o una morte redentrice o una risurrezione così come l'intendono i vangeli. Quando questo concetto comincia ad apparire – e ciò avviene dopo il 300 – è possibile dimostrare l'influenza cristiana. È la risurrezione di Gesù che ha influenzato il tardo mito pagano di una risurrezione degli dèi: non viceversa. Dunque, è semplicemente il contrario stesso di quello che affermavano (e in qualche caso ancora affermano) i sostenitori di un influsso ellenistico sui racconti sui quali si fonda la fede evangelica.

Stando a tanta critica, Paolo, non Gesù, sarebbe il vero "inventore" del cristianesimo. È una convinzione ancora viva. Tanto che, ad esempio, mentre almeno parte della cultura giudaica attuale sembra (seppure tra lentezze e resistenze) accogliere Gesù nella linea del profetismo ebraico, come predicatore ambulante dell'era erodiana, è implacabile la polemica verso Saulo, il giudeo "traditore" non solo della sua religione ma di Gesù stesso, da lui proclamato scandalosamente come Dio oltre che come Messia.

Di Paolo, comunque, è il primo scritto cristiano sulla risurrezione: quello contenuto nella Prima lettera ai Corinzi, scritta probabilmente nel 53 e comunque non oltre il 57. Dunque, questo stesso apostolo sarebbe il principale responsabile della costruzione, in base a modelli provenienti dal mondo pagano, del "mito" di morte-risurrezione.

L'ipotesi è davvero insostenibile per chi anche soltanto un poco conosca l'universo mentale di Saulo, colui che – proprio prima del discorso all'Areopago – girando per Atene «fremeva nel suo spirito al vedere la città piena di idoli» (At, 17,16). È lì che, facendo forza a se stesso, nello sforzo di farsi almeno ascoltare sino in fondo, accetta di citare un autore pagano. Ovunque altrove, nel corso di tutta la sua predicazione, segue il suo programma di deliberata opposizione alla cultura, sia religiosa che letteraria, del mondo ellenistico.

«Fratelli, quando venni tra voi, non mi presentai ad annunziarvi la testimonianza di Dio con sublimità di parola o di *sapienza* (...) le mie parole e il messaggio non si basarono su discorsi persuasivi di *sapienza* (...) perché la nostra fede non fosse fondata sulla *sapienza* umana». Così la stessa lettera (1 Cor, 2,1; 4; 5) dove si trova quel primo resoconto della risurrezione e che – per tre volte in pochissime righe – respinge polemicamente la *sofia*, la sapienza che altro non è, poi, che quell'humus cultural-religioso ellenistico da cui Paolo avrebbe attinto per "inventare" il cristianesimo, con al centro un dio ritornato dalla morte in corpo ed anima.

Del resto, anche l'esame minuzioso del testo del XV capitolo della Prima ai Corinti («Vi ho trasmesso dunque anzitutto quello che anch'io ho ricevuto: che cioè Cristo morì per i nostri peccati, secondo le Scritture, fu sepolto ed è risuscitato il terzo giorno, secondo le Scritture, e che apparve a Cefa e quindi ai Dodici...»), l'esame di questo testo, dunque, che l'apostolo trasse di peso dalla tradizione precedente, dimostra che dietro le parole greche sta un originale semitico, ebraico o, più probabilmente, aramaico. Come dimostrò, dati alla mano, Jean Carmignac, il maggiore esperto del substrato giudaico del Nuovo Testamento. Struttura delle frasi, termini impiegati, posizione di articoli e aggettivi: tutto mostra come il testo venga dalla comunità giudeo-cristiana di Gerusalemme (di cui doveva essere una professione di fede da cantare o recitare a memoria), non certo da qualche comunità dell'ellenismo, esposta a peraltro improbabili "inquinamenti" mitici.

Il messaggio di Pasqua, questa base di tutta la fede, è stato proclamato prima che l'ancor piccola comunità dei "nazareni" (come i cristiani erano chiamati dagli ebrei) lasciasse le frontiere culturali di Israele. E si sa come i ritrovamenti di Qumràn ci abbiano mostrato come quelle espressioni, quelle attese, quelle affermazioni del Nuovo Testamento che erano sospettate di giungere dal mondo pagano, perché non trovavano riscontro nei documenti ebraici che ci erano stati conservati, erano in realtà genuinamente israelitiche, contemporanee a Gesù stesso.

Con la conferma che l'origine della fede nella risurrezione è in Palestina, e lì soltanto, è caduta da tempo un'altra ipotesi fatta da alcuni altri maestri della *Religiongeschichte.* Costoro – guardando, più che al mito greco, alle religioni orientali – affermavano che l'idea di un dio risorto era ricalcata sul ciclo della natura che muore in autunno e risorge in primavera. In effetti, si tratta di una concezione diffusissima nell'Oriente antico e viva ancor oggi in religioni che ne hanno fatto una base della loro credenza. Israele, però, rimase sempre immune dal fascino di questa periodicità della natura, con le sue stagioni. Il morire e il risorgere della campagna non hanno alcun significato religioso per l'ebraismo che ad essi, al massimo, si ispira (come in qualche salmo e nei profeti) per trarre esempi che illustrino episodi o che siano di ammonimento.

La fede nel Dio uno, inaccessibile, impronunciabile persino nel nome, ha eliminato per gli ebrei ogni idea di una qualche divinità della fecondità la cui vita e morte siano legate al ritmo della natura. L'annuncio di Gesù risorto – questo annuncio che viene da Israele e non da altrove: oggi lo sappiamo con certezza – non trova dunque giustificazione ed origine nemmeno attraverso questa strada.

Oltretutto, nel *kérygma*, nell'annuncio primitivo, la risurrezione del Cristo, ben lontana da ogni idea di ciclicità, di "eterno ritorno", è presentata come l'avvenimento unico per eccellenza. *Apax*: una volta, una sola volta per sempre. Così il Nuovo Testamento presenta quella uscita dal sepolcro: non, dunque, un "calco" della risurrezione annuale della vita, ma un *unicum* che ha solo in se stesso la sua ragione.

VI.

"Scandalo per i giudei"

L'annuncio della risurrezione non viene dunque, per oscura fermentazione, dal plagio di qualche mito pagano, che è o inesistente o ben lontano dal "modello" testimoniato dai vangeli. Quell'annuncio di una tomba scoperchiata, con il ritorno della vita in un cadavere, è risuonato per la prima volta in Israele: le sue origini vanno cercate nella comunità ebraica primitiva. E in quella soltanto. È quanto abbiamo cercato di mostrare nel capitolo precedente.

Eppure, va riconosciuto onestamente: in questo modo, il problema dell'attendibilità storica del fatto-risurrezione, così come è testimoniato dagli apostoli, non è affatto risolto; è soltanto spostato. Potrebbe infatti trattarsi dello sbocco quasi inevitabile dell'attesa profetica di Israele: un avvenimento religioso che prima o poi "doveva" essere annunciato e creduto da qualche gruppo ebraico.

Dunque, si aprirebbe qui la strada – ampia, comoda, indiscutibile, stando a certi studiosi – della ricerca del modello, dell'originc dclla fcdc su cui si fondano i vangeli nei circa 300 "vaticini" della Scrittura ebraica (quella che per i cristiani è divenuta l'Antico Testamento), dove si annuncia la venuta di un misterioso Personaggio che sarebbe uscito da Israele, ma che avrebbe esteso il suo dominio a tutti i popoli.

Diciamolo subito: qui pure – come quando si parlava di mondo pagano – sembra proprio che una folta schiera di tanti "specialisti" ed "esperti" abbia mescolato indebitamente le carte. In ogni caso, questa strada "ebraica", indicata come sicura e agevole, finisce per rivelarsi un sentiero impraticabile, per chi conosca le cose e le esamini senza pregiudizi.

Anche qui (per anticipare la conclusione che si può ricavare dagli studi oggettivi e non ideologicamente prevenuti) la realtà che emerge dai testi che abbiamo e dai fatti che conosciamo sembra l'inverso stesso di ciò che molti hanno sostenuto.

Ciò che la ricerca mostra è che, all'origine della convinzione di un gruppo di ebrei nella risurrezione dai morti di Gesù, non ci sono profezie, ma c'è un *avvenimento.* Inatteso, imprevisto, anzi in contrasto con il complesso delle profezie messianiche medesime. Le quali, dunque, non sono il punto di partenza dal quale ci si sarebbe mossi per "inventare" la risurrezione. Al contrario: sembra proprio che, "a fatto compiuto", la comunità cristiana primitiva abbia cercato se e in che modo quel fatto sino ad allora imprevisto fosse annunciato nelle Scritture.

Non è la fede nella Legge e nei Profeti che "crea" la risurrezione. È la resa all'evento di quella risurrezione che cerca in «Legge e Profeti» conferma a quanto ha dovuto constatare dall'esperienza. Così, i vaticini messianici non sono l'origine, ma semmai una conferma che ciò che si è «toccato e visto» era stato annunciato dalla Parola di Dio.

Questo modo di procedere della comunità primitiva è ben indicato, nel Nuovo Testamento, dalla seconda delle due Lettere che vanno sotto il nome di Pietro: «Infatti, non per essere andati dietro a favole artificiosamente inventate (*c'è, qui, forse il riferimento al mito pagano, che non solo non è stato accolto, ma è stato respinto*, ndr) vi abbiamo fatto conoscere la potenza e la venuta del Signore Gesù Cristo, ma perché siamo stati testimoni oculari della sua grandezza (...) E, così, abbiamo conferma migliore della parola dei profeti (*"parola" che, come vedremo, solo a stento sarà trovata: anzi, si dovrà ricorrere alla rilettura di "parole dei profeti" che sino ad allora erano state interpretate in maniera diversa*, ndr)» (2 Pt, 1,16; 19).

Insomma, anche per la risurrezione e il suo rapporto con le antiche profezie sembra proprio che sia successo come per la passione e morte, come vedemmo in un apposito capitolo in *Patì sotto Ponzio Pilato?* Quel Gesù è, sotto ogni aspetto, un Messia che sconvolge le attese, a cominciare da quelle giudaiche. È un Cristo che impone una "conversione" radicale per dei pii ebrei che si attendevano ben altro, che in ben altro modo leggevano gli antichi vaticini.

Cerchiamo di vedere come si giunga a una simile conclusione. Scrive Karl Schubert, ebraista dell'Università di Vienna: «L'ultima cosa che un ebreo si attendeva dal Messia era che dovesse patire, morire e poi risuscitare. L'ultima cosa che ci si aspettava, per i tempi messianici, erano una croce e un sepolcro vuoto in mezzo alla storia».

Quale era, dunque, l'attesa di Israele? Che cosa aspettavano, alla pari degli altri, pure i pii ebrei che seguirono Gesù, che ne patirono lo scacco vergognoso e che – stando a certa critica – avrebbero poi tratto dalla profezia la "leggenda" della sua vittoria finale, della sua esaltazione?

Per «gli ultimi giorni», per il tempo "escatologico", quello del Messia, Israele (o, almeno, la scuola in esso di gran lunga prevalente) attendeva la risurrezione generale di tutti i morti, per subire il giudizio universale e finale. Risurrezione che doveva essere accompagnata da catastrofi "apocalittiche". Un sorgere dalle tombe, dunque, che riguardasse tutti. Sentiamo ancora Schubert: «L'idea che l'avvenimento escatologico, finale, della risurrezione potesse essere anticipato a favore di un individuo – chiunque fosse, anche il Messia – era assolutamente estranea al giudaismo, in tutte le sue tendenze».

Conferma un altrettanto celebre esegeta, Joachim Jeremias: «Il primitivo annuncio cristiano sulla risurrezione di Gesù, con un intervallo di tempo che lo separa dalla risurrezione universale di tutti i morti, rappresenta una novità assoluta per il giudaismo. Anzi, non solo per questo, ma per tutta intera la storia delle religioni».

Già occupandoci della passione e morte vedemmo che il famoso capitolo 53 di Isaia (quello del "Servo sofferente di Jahvè" che, dopo le traversie che dovrà subire, è detto «vedere la luce e saziarsi della conoscenza»), «non ebbe», citiamo ancora da Schubert, «alcuna interpretazione messianica nel giudaismo precristiano. Il carattere "cristologico" di quel "Servo sofferente" è riconosciuto per la prima volta (in ambiente ebraico) nella Prima lettera ai Corinzi di Paolo».

Rudolf Schnackenburg, altro biblista tedesco contemporaneo, ne tira le logiche conseguenze: «Se si afferma che la risurrezione si è verificata per la sola persona di Gesù, bisogna concludere che sono le apparizioni che hanno costretto a una simile affermazione. II pensiero giudaico non l'autorizzava affatto».

Ecco, per continuare, il famoso esegeta inglese A.T. Robinson: «Se questa idea inaudita di una risurrezione "solitaria" e "anticipata" del Messia si è formata nella mentalità ebraica degli apostoli, ciò può essere avvenuto solo perché si è imposta loro con l'esperienza invincibile, irrecusabile della risurrezione di Gesù».

E poiché *repetita iuvant*, sintetizziamo la situazione (il punto è decisivo) citando ancora Karl Schubert: «Da una parte la risurrezione era considerata nell'ebraismo dei tempi di Gesù come un avvenimento generale ed escatologico. Dall'altra parte, l'interpretazione messianica del Servo di Jahvè sofferente era estranea allo stesso ebraismo: niente morte per il Messia e, dunque, niente necessità di ritorno alla vita. E allora? Allora si deve concludere che i testimoni di Pasqua hanno constatato "qualcosa", che si sono fermamente convinti di avere incontrato realmente Gesù in persona dopo la sua morte e sepoltura. Altrimenti, mai avrebbero pensato di parlare di una sua risurrezione».

La situazione è talmente indiscutibile, da non poter essere negata neppure da un Charles Guignebert, il razionalista per il quale le apparizioni del Risorto non sarebbero che allucinazioni della mente sconvolta di Pietro che non si rassegnava al fallimento del Maestro. Ci sembra decisiva questa onesta ammissione di Guignebert: «Non vediamo davvero quali Scritture predicessero la risurrezione del Messia (...). Per quanto ne sappiamo, non esisteva nell'Antico Testamento una dottrina concernente la risurrezione che fosse suscettibile di applicarsi a Gesù».

In effetti, questa mancanza è un punto imbarazzante per la comunità primitiva, come vedremo meglio in seguito: ma proprio questo imbarazzo nel dover trovare un qualche preannuncio ad un evento inatteso è l'ennesima controprova di quanto qui ci interessa dimostrare.

In quello che per i cristiani è l'Antico Testamento e che per gli ebrei è, ed era, semplicemente la *Torah*, la Scrittura, non mancano – seppure rari – gli esempi di "risurrezione". Gesù stesso, stando agli evangeli, avrebbe risuscitato il figlio di una vedova, nel villaggio di Naim; la figlia del capo di una sinagoga, Giairo; il suo amico Lazzaro. Ma, come chiarisce il citato Joachim Jeremias: «Ciò che non si dà mai nella letteratura giudaica (dove non vi è assolutamente nulla che possa paragonarsi alla risurrezione di Gesù) è una risurrezione "per la gloria", per una nuova e permanente forma di vita. Tutte le risurrezioni di cui si narra, comprese quelle prodigiose attribuite al Cristo, sono sempre e soltanto ritorni (provvisori) alla vita normale, terrena».

Sembra però esserci un'altra via di scampo per chi si ostini a vedere nell'annuncio di risurrezione del Nuovo Testamento una sorta di calco, ottenuto premendo il gesso della speranza dei discepoli su qualche attesa profetica. Pur riconoscendo (né si può fare altrimenti) che l'ebraismo "ufficiale" non aspettava affatto ciò che la comunità degli ebrei divenuti cristiani dirà essere avvenuto per Gesù, l'ispirazione non potrebbe essere maturata in una delle tante sètte non ortodosse, "eretiche", di quel tempo? Sappiamo bene che – allora più che mai – il giudaismo, religione tradizionalmente rissosa al suo interno, era tutt'altro che uniforme nelle sue credenze, che era un fermento di "scuole".

Ma, guardandoci attorno, non troviamo risposte neanche in questa direzione. Per anticipare anche qui la conclusione, ecco la sintesi dell'autorevolissimo ebreo David Flusser: «Non c'è nulla nell'intero giudaismo dei tempi di Gesù, nulla in nessuna corrente a noi conosciuta che sappia qualcosa di un "Figlio dell'uomo" che dovesse morire e risorgere». E chi scrive questo, con tanta sicurezza, è nientemeno che il maggiore esperto israeliano dei tempi del secondo Tempio, quelli dell'origine del cristianesimo.

Negava proprio la risurrezione, ogni risurrezione (anzi, a quel che sembra, ogni possibilità di vita dopo la morte) la potente sètta dei sadducei, questa élite "progressista" e "modernista", oltre che "collaborazionista" con i romani, che controllava il Sinedrio e che rappresentava buona parte della casta sacerdotale, pur non avendo grande influenza sul popolo.

Gli esseni, allora? Questi credevano sì al paradiso, all'inferno, alla vita eterna, ma erano in contrasto con i farisei e d'accordo con i sadducei proprio nel negare la risurrezione finale, "escatologica", dei morti. Pare (ma non è certo) che aspettassero il ritorno del loro "Maestro di Giustizia", morto da tempo, immediatamente prima della fine del mondo. Comunque, quella del "Maestro" (che, si badi, gli esseni non consideravano affatto il Messia, del quale erano ancora in attesa, tra digiuni e preghiere, nelle solitudini delle sponde del Mar Morto) non sarebbe stata una "risurrezione" ma una "apparizione": questo, come ha provato tra gli altri Jean Carmignac, è il significato del termine usato dai testi trovati nelle grotte di Qumràn.

"Apparizioni" – e non "risurrezioni" – dovevano essere anche quelle dei profeti che, secondo la credenza di altri settori del giudaismo, avrebbero dovuto precedere la fine dei tempi. Gesù stesso è scambiato per uno di loro: «Essendo giunto nella regione di Cesarea di Filippo, chiese ai suoi discepoli: "La gente, chi dice che sia il Figlio dell'uomo?". Risposero: "Alcuni Giovanni il Battista, altri Elia, altri Geremia o qualcuno dei profeti"» (Mt, 16,13 s. e parall.). Quelle antiche figure, delle quali si attendeva il ritorno, avrebbero dovuto preparare il popolo al giudizio finale, chiarendo punti oscuri della Legge e invitando alla penitenza. La loro apparizione, comunque, sarebbe appartenuta ancora al vecchio mondo, non a quella nuova creazione cui è detta appartenere la risurrezione di Gesù: la quale non annuncia la fine dei tempi, ma appartiene alla fine del mondo ormai sopraggiunta, si muove già nella nuova creazione.

Per tornare agli esseni, sui quali tanti studiosi hanno soprattutto puntato come possibile modello del cristianesimo: l'attesa – se mai c'è stata – del Maestro di Giustizia redivivo è in ogni caso del tutto secondaria per la dottrina dei solitari del Mar Morto. Come prova il fatto che, malgrado la gran quantità dei documenti della loro biblioteca ritrovati a Qumràn, gli studiosi disputano sul significato di pochi, oscuri cenni sparsi per i vari testi e che riguardano questa presunta credenza. Il contrario esatto, cioè, del cristianesimo, dove l'annuncio della risurrezione che consacra Gesù come Messia è del tutto essenziale, si pone al centro stesso del messaggio. «Se Cristo non è risorto, vana è la vostra speranza e voi siete i più infelici degli uomini», per ripetere il grido di Paolo.

Occorre riflettere su questo spostamento (inspiegabile senza uno *choc* straordinario) dalla periferia al centro di un tema che l'ebraismo non conosceva o conosceva appena per vaghi accenni. Anche da questo si vede come tutto indichi un evento imprevisto, un fatto traumatico che, indipendentemente dalla volontà dei discepoli, pone a fondamento della fede un tema impensato e impensabile.

Così come la conosciamo dagli Atti degli Apostoli e dalle Lettere apostoliche, tutta la predicazione primitiva è subito come sbilanciata sul fatto della risurrezione. Per Paolo, soprattutto, questo evento è divenuto una sorta di fuoco che ha divorato l'interesse per ogni altro aspetto della vita terrena del Maestro. L'Apostolo grida che, poiché Gesù è risuscitato, «anche se lo abbiamo conosciuto secondo la carne, ora non lo conosciamo più così» (2 Cor, 5,16).

Addirittura, secondo alcuni studiosi, i vangeli sarebbero stati scritti proprio per richiamare l'attenzione dei fedeli su ciò che era avvenuto *prima* della risurrezione: dunque, quasi per calmare un po' l'entusiasmo al calor bianco che Paolo manifesta, alla pari di tanti cristiani primitivi.

Se, come pensano molti, la credenza nella risurrezione si fosse formata pian piano, riflettendo sulle profezie e basandosi magari su qualche allucinazione, essa ci apparirebbe come una specie di "aggiunta" finale al vangelo. Non apparirebbe come questa sorta di squilibrio che porta gli apostoli ad annunciare la "seconda vita" del Cristo, dimenticando quasi la "prima vita" dell'uomo Gesù. Come scrive l'esegeta inglese Charles Harold Dodd: «La risurrezione non è una credenza in più sviluppatasi all'interno della Chiesa. È il *credo* attorno al quale tutta la Chiesa stessa si è formata. È il *dato di fatto* sul quale e attorno al quale tutto l'edificio della fede si fonda e si appoggia».

Una simile situazione è ancor più straordinaria – e inspiegabile, se non rinviando a un trauma imprevisto – se si riflette sul fatto che questa risurrezione, che monopolizzerà la fede dei discepoli, non sembra essere un tema centrale nella predicazione di Gesù stesso, almeno come i vangeli ce lo presentano. Dunque, come non viene dalle profezie, così non viene neppure dall'insistenza del Maestro, che avrebbe "fanatizzato" i discepoli, spingendoli ad attenderla e, poi, a inventarla. Infatti, è sicuro che Gesù ha annunciato chiaramente il suo fallimento, la sua passione, la sua morte. Ma non è affatto sicuro che abbia annunciato, almeno con altrettanta chiarezza, la sua risurrezione!

Certo, i vangeli sinottici riferiscono di tre occasioni in cui il Maestro avrebbe predetto non solo la condanna a morte, ma anche il ritorno dai morti. Tutte e tre le volte le parole attribuitegli sono poche e hanno lo stesso schema. Vediamo il primo dei tre annunci in quello che, cronologicamente, è il primo vangelo: «E cominciò a insegnare loro che il Figlio dell'uomo doveva molto soffrire ed essere riprovato dagli anziani, dai sommi sacerdoti e dagli scribi, poi venire ucciso e, dopo tre giorni, risuscitare. Gesù faceva questo discorso apertamente. Allora Pietro lo prese in disparte e si mise a rimproverarlo» (Mc, 8,31 s.).

La reazione di Pietro è comprensibile soltanto per una parte, la prima, della predizione. Si capisce bene come la sua visione ebraica – e, dunque, "trionfalistica" – si ribelli alla prospettiva che il Messia soffra e sia addirittura assassinato. Il titolo di "Unto", di "Cristo" non può unirsi, nella mentalità di questi figli dell'attesa messianica di Israele, a una prospettiva di fallimento e di morte.

Ma, come metterla per la seconda parte della predizione: per quel «dopo tre giorni risusciterò»? Che ci sta a fare, qui, il rimprovero, la protesta, il «Dio te ne scampi, Signore! Questo non ti avverrà mai!» del passo parallelo di Matteo (16,22)? Pietro, dunque, imprecherebbe perché colui che nel passo immediatamente precedente ha riconosciuto come «il Cristo, il Figlio del Dio vivente» non risusciti?

Lo Schubert che già citammo è un credente, un cattolico, abituato a parlare con prudenza di "interpolazioni", di "rimaneggiamenti" nel testo dei vangeli. Eppure, qui si spinge a scrivere: «Risulta bene da Marco 8,27-33 che Gesù ha parlato del suo scacco futuro, tanto da provocare la violenta reazione di Pietro e l'ancor più violento rimprovero di Gesù ("Vattene via da me, Satana!"). Ma l'annuncio della risurrezione al versetto 31 deve *certissimamente* la sua origine alla fede pasquale nella risurrezione. Altrimenti, la reazione di Pietro anche per questa parte dell'annuncio sarebbe assolutamente incomprensibile».

Quella parte del versetto che proclama il trionfo finale dopo lo scacco è stata davvero aggiunta a risurrezione constatata? Bisogna riconoscere che la maggioranza degli studiosi ne è convinta. E ciò conferma quanto poco, e quanto marginalmente, il Maestro ne abbia parlato ai suoi. Comunque sia, nelle poche altre volte in cui i vangeli dicono che Gesù ha accennato al suo risorgere, lo fanno sempre in modo enigmatico, non esplicito; e tale da essere capito pienamente solo "dopo".

«Come infatti Giona rimase tre giorni e tre notti nel ventre del pesce, così il Figlio dell'uomo resterà tre giorni e tre notti nel cuore della terra» (Mt, 12,40). Con queste enigmatiche parole, dopo la Trasfigurazione, Gesù ne accenna, in disparte, ai soli Pietro, Giacomo e Giovanni, «ordinando loro di non raccontare a nessuno ciò che avevano visto, se non dopo che il Figlio dell'uomo fosse risuscitato dai morti». Significativo il commento di Marco: «Ed essi tennero per sé la cosa, domandandosi però che cosa volesse dire risuscitare dai morti» (Mc, 9,9 s.).

Annota, qui, la Traduzione ecumenica del Nuovo Testamento: «Non è il concetto o il fatto della risurrezione che meraviglia i discepoli (molti giudei vi credevano) ma il modo con cui Gesù ne parla. Egli l'annunciava come prossima, mentre la si aspettava solo per la fine dei tempi. Anche l'idea che il Figlio glorioso dell'uomo potesse passare attraverso la morte e la risurrezione urtava quegli uomini».

Da molti altri indizi risulta che l'annuncio della sua vittoria sulla morte non sembra essere stato centrale nella predicazione di Gesù. Il mattino stesso di Pasqua, «due (discepoli) erano in cammino per un villaggio distante circa sette miglia da Gerusalemme, di nome Emmaus, e conversavano di tutto quello che era accaduto...» (Lc, 24,13 s.). Al Cristo che si pone in incognito al loro fianco parlano della loro attesa delusa: «Noi speravamo che fosse lui a liberare Israele...». E, invece, con la sua morte (e che morte!) hanno perso ogni speranza. Dalla loro prospettiva è dunque assente ogni accenno a un possibile ritorno di Gesù alla vita. Neppure le prime voci sulle donne ritornate dal sepolcro trovato vuoto sono bastate a risvegliare la loro speranza. Gesù deve parlare loro per tutto il viaggio, per convincerli che «bisognava che il Cristo sopportasse queste sofferenze per entrare nella sua gloria». Ai due, pur suoi discepoli, pur testimoni dei suoi discorsi prima della Passione, questa sembra una novità che non avevano notato nel suo insegnamento.

Da quel che sappiamo, dunque, pare proprio che l'annuncio di risurrezione non sia stato affatto colto come al centro della predicazione del Nazareno. Ma che sia stato inteso dai discepoli, semmai, come qualcosa di marginale, espresso in forme quasi casuali. Dunque, per chi nega lo *choc* delle apparizioni, per chi esclude la realtà di un fatto traumatico vissuto da apostoli e discepoli, è sempre più difficile rispondere alle domande: «Come mai ciò che non era né predetto né atteso né annunciato dal Maestro stesso in modo chiaro e ripetuto diventa la base della fede? Come mai ciò che era periferia si sposta al centro?».

Ma c'è chi, è naturale, malgrado tutto non si arrende: «È vero, le profezie non l'annunciavano, almeno nel modo in cui erano intese nell'Israele dell'epoca. Ma, comunque siano andate le cose, è certo che, agli occhi di quei discepoli, un simile Maestro era troppo grande per rassegnarsi a saperlo morto per sempre; e in modo tanto ignominioso. Quegli uomini erano come costretti a dirlo risorto».

Sembra plausibile anche questo. Ma neppure questo è vero.

Per costruire un'appendice di sopravvivenza e di gloria alla vita fallita di Gesù il Nazareno non era affatto necessario attribuirgli quella risurrezione. Una comunità di giudei visionari avrebbe semmai pensato a una esaltazione invisibile, in Cielo, e a un ritorno escatologico, a breve termine, del suo eroe messianico. Marco, 14,61 s.: «Di nuovo il Sommo Sacerdote lo interrogò dicendogli: "Sei tu il Cristo, il Figlio di Dio benedetto?". Gesù rispose: "Io lo sono! E vedrete il Figlio dell'uomo seduto alla destra della Potenza e venire con le nubi del cielo"».

Questa attesa – così tipicamente ebraica, ed espressa solennemente da Gesù stesso in un momento decisivo – del ritorno in potenza e gloria, non aveva alcun bisogno di una risurrezione inserita tra il Golgotha e l'Ultimo Giorno, tra il sepolcro e il tempo escatologico.

No, non era necessario annunciare una simile risurrezione "anticipata" che bisognava per giunta spiegare (e con quale fatica!) come se fosse annunciata nelle Scritture. Le profezie sono usate dalla comunità primitiva per difendere un annuncio che sembrava indifendibile perché (a giudizio di ogni ebreo) non era stato predetto. Bisognava tentare di dimostrare che il fatto di Pasqua (quel fatto che, qualunque strada si tenti, appare all'inizio di tutto) era previsto dalle antiche Scritture.

Quod non est in Libro, non est in vita, avrebbe potuto essere il motto per un popolo tutto organizzato attorno alla Parola di Dio contenuta nelle Scritture: quel che non c'è lì, nel Libro per antonomasia, la Bibbia, non esiste, non può esistere. Eppure la Risurrezione era avvenuta, le apparizioni non erano un illusione, ingannarsi non era possibile: «Egli si mostrò ad essi vivo, dopo la sua passione, *con molte prove*, apparendo loro per quaranta giorni...». Così precisano gli Atti degli Apostoli (1,3).

Dunque, bisognava scavare in Legge e Profeti per arrendersi all'evento e dargli un senso. Questo il travaglio della Chiesa nascente. Ma sì: giusto il contrario di ciò che vorrebbero farci credere in tanti.

VII.
Una scossa sui vangeli

Vogliamo, adesso, ragionare su un fatto al quale, brevemente, già accennammo, e sul quale dovremo ritornare molte volte: infatti, nella sua evidenza innegabile, lascia perplessi molti credenti, oltre a costituire un luogo privilegiato per la critica distruttiva. Il fatto, cioè, che nessuno dei quattro vangeli sembri essere in accordo con gli altri nel raccontarci come andarono le cose a partire dall'alba della prima "domenica" della storia e poi nei giorni seguenti, sino alla definitiva Ascensione del Risorto al cielo.

Dall'ultimo ingresso di Gesù in Gerusalemme, per affrontarvi passione e morte, sino alla scoperta della tomba vuota, la narrazione (lo abbiamo visto sin nei minimi dettagli in *Patì sotto Ponzio Pilato?*) procede seguendo sostanzialmente una tradizione comune. Anche se ciascun evangelista introduce o toglie particolari a seconda di quanto intende mettere in rilievo o a seconda dei ricordi e delle testimonianze che aveva a disposizione. Lo stesso Giovanni, come sappiamo, è qui, assai spesso, "in sinossi", cioè in parallelo, con gli altri.

Ebbene: questa concordia sembra frantumarsi davanti alla tomba vuota. «I racconti delle apparizioni», annotò Karl Barth, «appaiono sconnessi e disarticolati come per effetto di un terremoto». Commenta Günther Bornkamm: «C'è un contrasto innegabile tra l'assoluta chiarezza del messaggio di Pasqua ("Gesù è stato visto di nuovo vivo! È risorto!") e l'ambiguità, i problemi storici posti dalle narrazioni pasquali».

Già ai suoi tempi lo stesso padre Léonce de Grandmaison, famoso esperto biblico, di ortodossia cattolica sicura, rilevava «una sproporzione sorprendente tra l'importanza del fatto della risurrezione – centrale in tutta la tradizione cristiana primitiva – e la brevità, le lacune, le incertezze della tradizione scritta».

A proposito di "brevità" e di "lacune", sembra addirittura certo (già vi accennammo) che proprio il primo degli evangeli messo per iscritto, Marco, si arrestasse bruscamente dopo la scoperta da parte delle donne della tomba vuota, presidiata da «un giovane, seduto sulla destra, vestito di una veste bianca» (16,5).

Quel giovane biancovestito – non è detto che si tratti di un angelo, come invece specificano gli apocrifi, sempre tanto pronti a diffondersi in particolari quanto i canonici sono sobri – così parla alle donne: «Non abbiate paura! Voi cercate Gesù il Nazareno, il crocifisso. È risorto, non è qui. Ecco il luogo dove l'avevano deposto. Ora andate, dite ai suoi discepoli e a Pietro che egli vi precede in Galilea. Là lo vedrete, come vi ha detto» (Mc, 16,6 s.).

Stando alla critica pressoché unanime, il vangelo di Marco terminava subito dopo, mettendo addirittura in rilievo il timore, non la gioia (altro che presunta comunità di visionari entusiasti che avrebbe creato un mito consolatorio!): «Ed esse, uscite, fuggirono via dal sepolcro, perché erano piene di timore e di spavento. E non dissero niente a nessuno, perché avevano paura» (16,8).

Forse, la parte che seguiva (se un seguito c'era) è andata perduta; forse (è un'ipotesi, commovente ma attendibile, ispirata dalla povertà della Chiesa primitiva) l'evangelista non aveva più papiro o pergamena né aveva i mezzi per procurarsene altro; o, forse, davvero Marco ha pensato che questo bastasse. Anche Marco, comunque, nel suo testo "autografo" ha tramandato i due soli particolari comuni a tutti gli altri: la scoperta della tomba vuota; e l'inspiegabile, scandalosa priorità alle donne dell'annuncio di risurrezione.

Ma qui termina il parallelismo. La discordanza più vistosa tra i quattro è quella sul luogo delle apparizioni: mentre Marco e Matteo non parlano di apparizioni agli apostoli a Gerusalemme e localizzano quegli incontri in Galilea, Luca e Giovanni menzionano esplicitamente delle apparizioni nella Città Santa. Si è parlato, perciò, di una tradizione "galilaica" e di una "gerosolimitana". Vi dedicheremo, come doveroso, un intero capitolo.

Il problema è ulteriormente complicato dal fatto che nel "sommario" delle apparizioni, che la tradizione cercò di fissare e che ci è tramandato da Paolo nella Prima lettera ai Corinzi, figura anche quella «ai più che 500 fratelli in una sola volta» (15,6) che non è ricordata esplicitamente dai vangeli. Questi, a loro volta, narrano di altre apparizioni che Paolo sembra ignorare o che, almeno, non menziona.

C'è dunque, qui, una domanda che esige una risposta. Ma quale? Quella pessimista sulla storicità dei racconti e messa in campo con sicurezza da tanta critica? Davvero una simile discordanza nei resoconti delle apparizioni rende queste ultime non credibili e dà la prova del carattere leggendario e non storico dei nostri testi?

In realtà, forse, anche qui le apparenze ingannano.

Innanzitutto: se è un dato innegabile che i racconti sulla "nuova vita" di Gesù sono discordi, è altrettanto innegabile che non sono, tra loro, contraddittori. Lo schema generale vi è solido e costante (*donne al sepolcro - tomba vuota - annuncio di risurrezione*) e il messaggio è senza esitazioni: Gesù, il morto sulla croce, è di nuovo vivo ed è stato visto da tanti che, indicati come sono con un nome preciso, possono testimoniare della realtà delle apparizioni.

Occorre dunque distinguere tra la *sostanza* del fatto - costante, sicura e comune a tutte le fonti - e le *circostanze*, che variano a seconda di quelle fonti stesse.

Pur guardandoci dalle sue esagerazioni, possiamo ricordare che la moderna *Redaktiongeschichte*, la "storia della redazione" del testo del Nuovo Testamento, ci ha aiutati a capire che i singoli vangeli non raccontano una storia diversa, ma scelgono dettagli diversi dalla tradizione particolare che tramandavano o dalle testimonianze che avevano a disposizione. Come in tutto il resto della loro narrazione, qui - soprattutto qui, davanti al Mistero sul quale tutta la fede si fonda - la scelta degli evangelisti è guidata anche da interessi teologici, da motivi pastorali, dalla situazione delle comunità alle quali si rivolgono.

Perché, per affrontare subito la più vistosa, forse, delle "differenze", Matteo non esclude (si badi!) ma ignora le apparizioni del Risorto a Gerusalemme, riservandole soltanto alle donne, senza parlare degli apostoli? «Gli undici discepoli, intanto, andarono in Galilea, sul monte che Gesù aveva loro fissato. Quando lo videro, gli si prostrarono innanzi; alcuni, però, dubitavano...» (Mt, 28,16 ss.).

Per capire, bisogna ricordare che - per Matteo - è su un monte che Gesù aveva iniziato la sua vita pubblica ed era stato tentato («Il diavolo lo condusse con sé sopra un monte altissimo...», 4,8); su un monte aveva proclamato la sua Nuova Legge («Vedendo le folle, salì sulla montagna...», 5,1); su un monte era stato trasfigurato e aveva ricevuto dal Padre la legittimazione davanti agli uomini della sua missione («Prese con sé Pietro, Giacomo e Giovanni suo fratello e li condusse in disparte, su un alto monte...», 17,1).

In una simile prospettiva matteana è dunque logico, corrispondendo a un "piano" strategico di tutto il suo vangelo, dare la preferenza all'apparizione del Risorto su una montagna: non una "invenzione", bensì una "scelta", tra le manifestazioni delle quali la comunità aveva memoria e poteva dare testimonianza.

Ma perché in Galilea e non in Giudea, quella montagna? Probabilmente perché per Matteo (come per Marco, seguace anch'egli della tradizione "galilaica") è in Galilea che Gesù ha potuto mostrare la salvezza da lui portata a un popolo entusiasta e pieno di fede. In Giudea, e in particolare nella sua capitale, Gerusalemme, ha incontrato invece opposizione e, alla fine, persino morte.

Inoltre, Matteo scrive per i giudeo-cristiani, tentati sempre di porre la Città Santa al centro del loro interesse esclusivo. Per evitare il rischio che non sappiano staccarsi dalla Vecchia Legge, della quale Gerusalemme è il simbolo, era necessario sottolineare che non lì, ma nella disprezzata Galilea (da cui passava il confine con gli odiati e disprezzati "gentili", l'inquinamento razziale e religioso vi era in agguato) Gesù si è mostrato nella sua gloria ormai incorruttibile e ha inviato i discepoli in missione verso i pagani: «Mi è stato dato ogni potere in cielo e in terra. Andate dunque e ammaestrate tutte le nazioni, battezzandole nel nome del Padre, del Figlio e dello Spirito Santo. Ecco, io sono con voi tutti i giorni sino alla fine del mondo» (Mt, 28,18 ss.). Un solenne comando e un'altrettanta solenne promessa proclamati proprio da quella Galilea, dalla quale l'ebraismo ufficiale, ormai mortalmente ostile, non aspettava nessun Messia, meno che mai risorto a vita immortale.

Luca, al contrario, non ha alcuna difficoltà a conservare tra i dati della tradizione quelli che narrano apparizioni nella capitale. E proprio nei dintorni di Gerusalemme, presso il villaggio di Betania, situa l'episodio conclusivo, quello del ritorno al Cielo, aggiungendo parole significative: «Mentre li benediceva, si staccò da loro e fu portato verso il Cielo. Ed essi, dopo averlo adorato, *tornarono a Gerusalemme* con grande gioia; e *stavano sempre nel tempio*, lodando Dio» (24,51 ss.).

Sono queste le parole conclusive del vangelo di Luca, che non è ebreo, che è ellenista e che, sicuramente, si rivolge innanzitutto a destinatari della sua stessa origine. Il suo problema, dunque, è l'inverso di quello di Matteo: per Luca, occorre convincere che la salvezza viene dai giudei. Se questi disprezzavano i *goím*, i non ebrei, la disistima era cordialmente ricambiata: diffidenza e ostilità verso i figli di Israele non nascono certo col cristianesimo, contrassegnano tutte le civiltà antiche.

Per Luca, occorre ricordare agli ascoltatori del suo vangelo l'esempio degli apostoli che non si staccarono né da Gerusalemme né dal suo tempio, a sottolineare la continuità tra Torah e vangeli. Così, per lui, il racconto inizia in quello stesso tempio («Al tempo di Erode, re della Giudea, c'era un sacerdote chiamato Zaccaria...», 1,5) con l'annuncio della salvezza; e là, nello stesso tempio, finisce, quando la salvezza è ormai realizzata.

Come si vede, dunque, più che di contraddizioni tra le narrazioni, si tratta probabilmente di scelte teologiche diverse, di diversi procedimenti redazionali, di diversi scopi che ciascun evangelista si prefigge.

Così, per continuare la nostra riflessione: se le apparizioni a Gerusalemme sembrano avere per scopo convincere il lettore della realtà della risurrezione, quelle in Galilea paiono invece dirette a fondare la Chiesa. Nella sua regione di origine – la Galilea, appunto – Gesù è detto fornire le indicazioni per la vita della comunità che affida agli apostoli.

Si ha l'impressione che non solo la scelta dei luoghi, ma anche quella dei testimoni risponda a esigenze pastorali o teologiche. Con però, si intende, quella vistosa "lacuna" alla quale già accennammo (e che può essere un segno ulteriore di verità): se tutti gli evangelisti menzionano l'imbarazzante rivelazione alle donne, nessuno di loro riporta l'apparizione a Pietro «e dopo di lui ai Dodici» che Paolo, nella Prima lettera ai Corinzi, cita per prima. Non c'è un racconto esplicito, come invece l'interesse della Chiesa avrebbe rigorosamente consigliato. Ci sono solo cenni, come quello di Luca, dove i discepoli reduci da Emmaus sono accolti dai confratelli con queste parole: «Davvero il Signore è risorto ed è apparso a Simone» (Lc, 24,34).

Pare davvero di raggiungere, qui, la conferma che gli evangelisti hanno *scelto* ma non *inventato*. Lo stesso discorso potrebbe farsi (vedemmo anche questo) per la mancanza di ogni cenno di apparizione del Risorto alla Madre.

A proposito di "silenzi", il grande studioso protestante dell'Ottocento tedesco, Adolf von Harnack, ha avanzato per primo l'ipotesi che non risponda a una "contraddizione" tra i testi, ma ad un ulteriore scrupolo di verità, anche il silenzio degli evangelisti su quanto dice Paolo nella lettera che citavamo sopra: «... in seguito, apparve a più di cinquecento fratelli in una sola volta: la maggior parte di essi vive ancora, mentre alcuni sono morti...» (1 Cor, 15,6). Sembra certo che la Chiesa primitiva conservasse la lista di quei cinquecento, decisivi testimoni, e che la tenesse aggiornata, cancellando quelli che via via morivano.

Quando Paolo rinvia a loro, nella primavera del 56, può ancora dire: «la maggior parte di essi vive ancora...». Ma altro tempo passerà prima della stesura definitiva di tutti i vangeli. A quel punto è possibile che la situazione si sia rovesciata e che «la maggior parte» dei cinquecento che Paolo dà per «ancora viventi» sia ormai morta. Dunque, non sarebbero più citati dai vangeli perché hanno esaurito la loro funzione di attestare la realtà della risurrezione.

Non è che un'ipotesi, questa di Harnack, ma fondata; in ogni caso suggestiva, atta a mostrare che molte (e magari ormai incomprensibili da noi) possono essere state le ragioni che hanno portato alla *concordia discors* in cui ci appare parte del Nuovo Testamento; e nei racconti pasquali più che mai.

Comunque sia, per capire i testi evangelici, bisogna mettere in conto il fatto che la comunità primitiva ha voluto prima di tutto *testimoniare* l'evento-risurrezione. «Maria di Magdala andò subito ad annunziare ai discepoli: "*Ho visto il Signore!*"...» (Gv, 20,18). «Gli dissero allora gli altri discepoli: "*Abbiamo visto il Signore!*"» (*ibid.*, 25). Le circostanze, i particolari, la raccolta dei ricordi sulle varie apparizioni sono venuti dopo la testimonianza dell'evento che, solo, conta e che brucia tutto alla sua luce: Gesù è ritornato in vita.

Sembra avere dunque ragione, qui, un esegeta come Günther Bornkamm: «Il *messaggio* della Pasqua è antecedente ai *racconti* della Pasqua. Si annunciò che il crocifisso era risorto, che era il Messia, il Cristo Salvatore. Questo innanzitutto importava. Solo in un secondo tempo si cercò di ricostruire *come*».

Sulla ricostruzione di quel *come* non influirono soltanto le scelte "teologiche" o di strategia pastorale delle quali abbiamo parlato. Influì anche, com'è ovvio, la natura stessa di ciò che era da ricostruire e, quindi, da narrare.

Osserva il biblista inglese Charles Harold Dodd: «Nel descrivere avvenimenti che si collocano al limite della normale esperienza umana - che vanno, anzi, molto al di là di essa - non si può pretendere dagli autori una impossibile precisione dei dettagli». Sarebbe non capire nulla, se si sottovalutasse lo sconcerto dei testimoni, la confusione di quella Pasqua e dei giorni seguenti. In queste testimonianze che sembrano sconnesse - e in gran parte lo sono davvero - la sicurezza di avere visto, spesso addirittura toccato Gesù di nuovo vivo, convive con il soqquadro, con il disordine nei particolari, con una sorta di obbligato "disordine emotivo".

Solo un erudito da tavolino; solo chi non sappia che cosa possa essere un'esperienza religiosa sconvolgente come questa; solo chi non comprenda quanta gioia possa esplodere dopo tanta disperazione; solo costui potrebbe scambiare la "confusione" delle testimonianze per prova di scarsa credibilità storica.

Singolare, e interessante, il commento non di un biblista, ma di una psicanalista francese, Françoise Dolto: «Nei racconti evangelici di risurrezione domina una corrente di gioia che tutti vogliono far partecipare a tutti gli altri. Ciascuno, uomo o donna, si mette subito per strada per avvertire, per comunicare, per gridare che Gesù non è più morto ma è di nuovo vivo. Si avverte, leggendo, come un correre esultante, istintivo, di qua e di là». Così, proprio nella discordanza dei resoconti sembra di constatare - al contrario delle apparenze superficiali - un tocco "segreto" di veridicità.

Ricordiamo Barth: «I racconti delle apparizioni appaiono sconnessi e disarticolati come per effetto di un terremoto». Quell'esplosione di luce, di certezza insperata, di gioia che è stata la risurrezione ha messo tutto sottosopra. Il terremoto emotivo ha incrinato la compattezza che la narrazione aveva potuto serbare sino a qui, quando cede davanti all'inesprimibile. E non usiamo a caso questo termine. Non dimentichiamo, in effetti, che pure la natura stessa della vita del Risorto - fuori da ogni condizione normale, da ogni forma di esperienza consueta - aiuta a spiegare ciò che in queste testimonianze c'è di meno netto, di meno coerente, di più oscillante.

Proprio in questa incertezza, in questa "confusione", gli evangelisti mostrano ciò che sono: gente semplice, pragmatica, capace di muoversi bene solo sul piano della vita quotidiana. Particolarmente esitanti e in difficoltà, invece, quando si tratta di avanzare nel campo sconosciuto di ciò che supera l'esperienza, addirittura nel terreno inesplorato tra tempo ed eternità. La testimonianza dei vangeli, anche per questo, è il contrario esatto - checché si sia detto e si dica - della fabulazione, della costruzione di miti fantastici.

Comunque, vale sempre la domanda già tante volte avanzata: se quei racconti fossero frutto di invenzione, perché non ci si sarebbe preoccupati di armonizzarli per renderli credibili? Come osserva John A.T. Robinson: «Le divergenze nelle narrazioni pasquali sono proprio del genere di quelle che dovremmo attenderci in resoconti autentici. Resoconti bene architettati sarebbero assai più armonizzati, assai più privi di contraddizioni».

Ribadisce Albert Plummer, altro biblista di vaglia: «Malgrado le apparenze, la difficoltà di armonizzare questi racconti è proprio un motivo di sicurezza della loro veracità».

Per continuare con le citazioni, sarà bene ricordare al proposito l'opinione di Heinz Zahrnt: «Ogni storico sa che, se ha davanti a sé più racconti eguali riguardanti uno stesso evento, gli è lecito nutrire la massima diffidenza. In tal caso, infatti, deve tenere conto del fatto che gli autori, molto probabilmente, si sono messi d'accordo o si sono copiati tra loro. Se, al contrario, i racconti sono diversi e divergenti l'uno dall'altro, ciò può essere una testimonianza diretta della reciproca indipendenza degli autori e una testimonianza indiretta della verità, della realtà di ciò che essi raccontano».

Insomma, per sintetizzare con Joachim Jeremias: «Proprio nella varietà delle persone, delle circostanze, dei luoghi, si riflette il ricordo genuino delle ore di Pasqua e di quelle che seguirono».

La mancanza di aggiustamenti per coordinare tutto sin nei particolari rivela la mancanza di preoccupazioni apologetiche. Gli evangelisti sono così sicuri del fatto loro, trattando di risurrezione, che non hanno affatto l'affanno di "provare" quello che dicono. Abbiamo visto che il testo originario di Marco sembra che si limitasse addirittura all'affermazione del giovane «vestito di bianco». Un semplice: «È risorto, non è più qui».

Il padre Lagrange parla di «una estrema sobrietà, per non dire povertà dei racconti pasquali. La catechesi primitiva sembra essersi limitata all'affermazione del fatto e alla presentazione di alcuni testimoni».

Per quel vecchio, prestigioso direttore della *Ecole biblique* di Gerusalemme, la causa di un simile atteggiamento così poco "apologetico" sarebbe proprio quanto abbiamo cercato di dire. E, cioè, «la coscienza di un possesso tranquillo e incontrastato quanto alla sostanza dell'avvenimento: "Gesù è di nuovo vivo"».

VIII.
Quel sepolcro vuoto

Siamo partiti di slancio, dando subito (dopo due capitoli iniziali di "istruzioni per l'uso") uno sguardo d'insieme ai problemi posti da questa ultima "tappa" del Mistero pasquale, la terza dopo la passione e morte.

Abbiamo visto subito, dunque, il "filo rosso" femminile che – inspiegabilmente – lega tra loro tutti i racconti pasquali, di tutti gli evangelisti. E abbiamo esaminato quali ragioni si oppongano alle ipotesi che una risurrezione come quella attribuita a Gesù sia derivata o dal mito pagano o dall'attesa messianica ebraica. Si è cercato di spiegare, poi, perché i resoconti dei quattro evangelisti, a partire dalla scoperta della tomba vuota, appaiano «sconnessi e disarticolati come per effetto di un terremoto», per usare l'espressione di Karl Barth.

Ci siamo gettati senza indugi, dunque, dentro il racconto, come già facemmo con l'inizio stesso di questa nostra indagine, dove il primo "colpo di sonda" di *Patì sotto Ponzio Pilato?* lo demmo sui problemi posti dalla morte di Giuda. Ma, ora, sarà opportuna una pausa per riflettere sulla decisiva importanza e sulla natura particolare, nel "sistema" cristiano, dei versetti che ci hanno occupato e che ci occuperanno lungo tutto il libro.

Per rifarci ancora una volta a Karl Barth, è talmente significativa (anche se scontata, per un cristiano) una sua affermazione, che c'è parso opportuno riportarla come una sorta di "motto generale" di questo libro, accanto alle parole con le quali il governatore romano Porcio Festo presentò al re Agrippa il caso di un prigioniero ebreo, ma di cittadinanza romana, chiamato Paolo-Saulo di Tarso.

Dice, dunque, il celebre teologo svizzero: «Possiamo essere protestanti o cattolici, ortodossi o riformati, di destra o di sinistra. Ma, se vogliamo che la nostra fede abbia fondamento, dobbiamo avere visto e udito gli angeli presso il sepolcro spalancato e vuoto».

Cerchiamo dunque di esaminare con qualche ampiezza il perché di questa situazione.

Nella primavera dell'anno 56 (questa la datazione più tarda, ormai indiscussa), Paolo scrive una lettera ai cristiani di Corinto, il grande e turbolento porto cosmopolita a cavallo di due mari. Nella comunità fondata di recente, forse dallo stesso Apostolo, la mentalità ellenistica continua a recalcitrare davanti all'annuncio della risurrezione di Gesù (e di un simile rifiuto vedemmo ampiamente le ragioni in un capitolo precedente).

Per richiamare i fratelli a quel fondamento indispensabile, Paolo ripete loro la formula di fede che egli, ricorda testualmente, «ha trasmesso prima di ogni altra cosa» ma che, precisa, «anch'egli ha ricevuto» dalla predicazione cristiana primitiva. Senza la fede espressa in questa formula, anche i Corinzi, come ogni altro battezzato, avrebbero «creduto invano».

Questo brano - contenuto nel capitolo 15 della Prima lettera agli abitanti di Corinto - è di importanza fondamentale. Non a caso già lo citammo e lo citeremo: né, per una simile insistenza, abbiamo bisogno di giustificarci... Qui, infatti, per la prima volta, ci è riferito come era annunciata la risurrezione di Gesù circa 25 anni dopo l'evento.

Anzi: ci è riferito come la si predicava già da tempo. È infatti Paolo stesso che avverte i suoi destinatari di avere ricevuto dalla tradizione precedente la formula che egli ripete. Secondo molti studiosi, in questo modo ci avviciniamo così, addirittura, a soli 10-15 anni dopo il fatto sconvolgente che vi è annunciato.

Dopo averne dato brani nei capitoli precedenti, sentiamo ora nella sua interezza questa reliquia, venerabile per il credente ma anche preziosissima per lo storico che tenti di ricostruire le origini del cristianesimo. Così, dunque, Paolo riferisce la formula ormai fissata, che diamo divisa in versetti come dovette essere in origine per facilitarne l'apprendimento a memoria o per cantarla, se davvero, come sostengono molti biblisti, era un inno liturgico: *«Cristo morì per i nostri peccati / secondo le Scritture, / fu sepolto ed è risuscitato il terzo giorno / secondo le Scritture, / apparve a Cefa / e quindi ai Dodici. / In seguito apparve a più di cinquecento fratelli in una sola volta: / la maggior parte di essi vive ancora, mentre altri sono morti. / Inoltre apparve a Giacomo, / e quindi a tutti gli apostoli. / Ultimo fra tutti apparve anche a me, come a un aborto»* (1 Cor, 15,3-8).

È, questo, un Credo già intoccabile che i predicatori dovevano imparare e che insegnavano a loro volta ai neofiti, prima ancora di ogni catechesi e istruzione: «Vi ho trasmesso, dunque, anzitutto (*en prótois*, "nelle prime cose", come dice il testo greco)». Su questa urgenza ritorneremo in seguito.

Qui, ci interessa soprattutto quanto l'Apostolo fa seguire a questo *kérygma*, a questo (etimologicamente) "annuncio dell'araldo". Egli avverte i Corinzi dell'importanza decisiva del messaggio pasquale: «Se Cristo non è risorto, allora è vana la nostra predicazione ed è vana anche la vostra fede». «Se Cristo non è risorto», ripete subito dopo, «è vana la vostra fede e voi siete ancora nei vostri peccati». Anzi, aggiunge, «anche quelli che sono morti in Cristo sono perduti. Se poi, noi, abbiamo avuto speranza in Cristo soltanto in questa vita, siamo da compiangere più di tutti gli uomini» (1 Cor, 15,18 s.).

Così è, dunque, nell'economia del cristianesimo: è su questi racconti di risurrezione che tutto sta o cade.

Scrive Heinz Zahrnt: «Nel Credo, così come è ancora oggi recitato dai cristiani, sono nominati altri avvenimenti che esulano dal campo dell'esperienza storica. Ad esempio, la nascita da una vergine o la discesa agli inferi. Ma questi fatti non hanno la stessa importanza della risurrezione. Quei fatti "prodigiosi" sono nominati soltanto in pochi passi del Nuovo Testamento: Paolo, per esempio, non li cita. Al contrario, non c'è parte del Nuovo Testamento che non sia risonante della testimonianza della risurrezione».

Non è certo un caso se gli antichi predicatori del vangelo non annunciavano affatto, per prima cosa, dei programmi socio-politici o delle edificanti saggezze o le indicazioni morali del *rabbi* Gesù. No: essi annunciavano, prima di ogni altra cosa, che quel Gesù di Nazareth, che era stato «annoverato tra i malfattori» e come tale ucciso, alla fine si era «levato dai morti». Integrando sempre e subito questa affermazione – «Gesù di Nazareth è risorto» – con l'altra: «E noi ne siamo testimoni».

Nel proseguire, dunque, in questa nostra inchiesta, dobbiamo esserne ben consapevoli: senza la Pasqua, la Chiesa non sarebbe che un club, una "associazione di amici del maestro Gesù", alla pari di tanti gruppi e circoli nati attorno alla memoria di un grande della cultura, della scienza, della politica. Ammiratori, *fans*, che sul loro beniamino organizzano convegni e pubblicano bollettini. Se Gesù non è risorto, non si può più *credere* in lui come Salvatore: si può solo, al più, *venerarlo* come maestro. Si può *rievocarlo*, ma non *invocarlo*. Si può *parlare di lui*, ma non *parlare a lui*. Si può *ricordarlo*, ma non *ascoltarlo*.

Se non è risorto, sono i cristiani a far vivere lui. Non è lui a fare vivere loro. Di molti altri, di centinaia di sventurati suoi contemporanei, è possibile dire: «Patì sotto Ponzio Pilato, fu crocifisso, morì e fu sepolto». Perché, però, sia quel che la fede crede, è necessario che si possa anche aggiungere: «Ma, dopo tre giorni, risuscitò dai morti».

Comunque, va pur detto che questa affermazione decisiva non è soggetta ad alcuna verifica "scientifica". Qui, nessuna scoperta archeologica di nessun futuro potrà mai dare la prova che il corpo di quel condannato a morte si è decomposto in qualche fossa comune; o che, al contrario, la tomba del notabile Giuseppe d'Arimatea è rimasta per sempre scoperchiata, vuota di un Occupante rialzatosi in piedi. Qui, è necessario fidarsi di coloro che dicono di averlo visto risorto, ritornato in vita. Bisogna dare credito ad altri uomini, a un gruppo di testimoni privilegiati: la comunità cristiana; la Chiesa, in una parola.

Si vede, anche in questo modo, che la fede non può nascere né vivere "solitaria", "isolata": per la sua fondazione stessa deve appoggiarsi a una comunità, senza la cui testimonianza non c'è né annuncio, né certezza di risurrezione. E se non c'è risurrezione non c'è cristianesimo.

Come già abbiamo cercato di fare negli "assaggi" precedenti (e come tenteremo di fare nei capitoli che seguono) vaglieremo i testi "pasquali" del Nuovo Testamento quanto più oggettivamente ci sarà possibile.

Terremo, comunque, sempre presente quanto già dicemmo nel capitolo introduttivo, ma che converrà ripetere: i racconti di risurrezione sono parte inscindibile del racconto che inizia con la passione. Abbiamo visto quale resistenza storica mostrino, all'indagine, i resoconti che gli evangelisti ci danno di quel tragico venerdì. Ebbene, va ripetuto: i resoconti della Pasqua e dei giorni successivi sono certamente stati vergati dagli stessi autori, con lo stesso stile, nello stesso spirito. Se, dunque, il ricercatore riesce a riconoscere verità storica attorno alla croce, perché rifiuterebbe credito *a priori* a ciò che è narrato dagli stessi documenti attorno al sepolcro vuoto?

Certo: occorre essere consapevoli che, a differenza della passione e morte, la risurrezione è pensabile solo se si accetta di entrare in una prospettiva mentale dove un evento del genere sia almeno ipotizzabile. Non a caso le negazioni di quel risorgere dai morti sono antiche quanto il cristianesimo stesso. Che un uomo ritorni alla vita uscendo dalla galleria della morte è contrario a ogni verosimiglianza umana. Non sappiamo nemmeno che significhi davvero il termine "risorgere". Possiamo spingerci al massimo a comprendere che sia una "rianimazione"; non che sia una "risurrezione", per la quale ci manca ogni termine di confronto, non esiste possibile esperienza.

Dice, con tono di sfida, un autore contemporaneo che si è molto dato da fare per mostrare ai cristiani che, per dirla con Paolo, «vana è la loro speranza»: «I "cinquecento fratelli" cui si rinvia come a testimoni nella Prima ai Corinti dicono che Gesù è risuscitato; ma 500 milioni di persone dicono che i morti non risorgono. Chi ha ragione?».

Domanda retorica: è chiaro che hanno ragione i 500 milioni. Hanno ragione, certo. A meno che... A meno che non si entri nella prospettiva (che è la sola degna del "libero pensatore", se davvero è libero da pregiudizi e apriorismi) dove si è aperti all'imprevisto, alla sorpresa; dove, dunque, non si esclude in modo previo nessuna possibilità. Questa compresa.

Proprio perché è il cuore stesso della fede ed è, per il credente, risposta definitiva ai problemi ultimi della condizione umana, il grido "Gesù è risorto!" è l'aspetto del cristianesimo più inaccettabile per la ragione che si rinchiude nei suoi confini. Qui siamo non solo al limite, ma ampiamente al di là dell'esperienza. I primi cristiani stessi ne erano, del resto, ben consapevoli: l'annuncio del Dio ucciso e ritornato in vita è, per Paolo, «scandalo e follia». Un simile annuncio è enigma impenetrabile per chi sia convinto che tra cielo e terra non ci sia altro se non ciò che dicono le nostre tanto orgogliose quanto spesso anguste filosofie.

Per aprirsi a tutto quanto il vangelo, ma in modo particolarissimo a questo suo culmine, è indispensabile «sapere intendere la storia come il campo in cui può agire e manifestarsi, accanto all'uomo, Dio innanzitutto» (Pannenberg). Il credente è chiamato a rovesciare la prospettiva umana, che gli farebbe stimare i racconti di Pasqua come un mito inaccettabile: qui, più che mai, si è chiamati alla scommessa di giudicare non la storia di Gesù secondo il "mondo"; ma di giudicare questo stesso "mondo" secondo Gesù.

Ha scritto John A.T. Robinson, il celebre teologo ed esegeta britannico: «Sia ben chiaro a tutti che credere nella risurrezione è in primo luogo una decisione di fede. Si esprime, in quella fede, la convinzione che Gesù "vive", che egli non appartiene al morto passato della storia, ma che è una realtà presente».

Bisogna dunque essere consapevoli di muoversi su un terreno inconfrontabile con qualunque altro: credente, cristiano non è solo colui che, attraverso un laborioso ragionare sugli indizi, giunge a riconoscere che questa risurrezione, malgrado tutto, è accettabile come evento storico. Credente, cristiano è – innanzitutto – colui che, in quell'evento "vero", sa anche scorgere una realtà che lo coinvolge personalmente.

La risurrezione è *anche* un fatto del passato da ricostruire e da accettare; ma è poi un fatto da vivere ogni giorno. Quell'uscita dal sepolcro nel quale il cristiano crede non riguarda il Risorto soltanto: riguarda anche noi, qui e ora. Come è stato detto: «Che Gesù viva davvero è una convinzione che può, che deve, certo, trovare fondamento nella testimonianza del passato; ma quel fondamento deve trovarlo anche nella testimonianza data oggi dai credenti in quel fatto».

Chi vuol dirsi cristiano è pertanto chiamato di continuo a un difficile equilibrio. Davanti ai racconti della risurrezione deve raggiungerne il *significato*; senza però dimenticare mai che gli evangelisti ci invitano a ricavare questo significato da ciò che per loro è senza discussioni né incertezze un *evento* che non solo appartiene alla storia, ma che spezza questa in due, tra un "prima" e un "dopo".

Ebbene, da qualche decennio anche degli studiosi cristiani cercano di stiracchiare dalla loro parte gli autori del Nuovo Testamento: questi – ci dicono simili teologi e biblisti – parlando della Pasqua non sono interessati alla storia; non si preoccupano di ciò che realmente è successo. Come scrive Heinz Zahrnt, il protestante che già citammo sopra: «Volere dimostrare storicamente la risurrezione significherebbe contraddire l'intenzione di tutte le testimonianze del Nuovo Testamento».

È un'affermazione oggi tanto ripetuta – anche, soprattutto, in ambiente cristiano – quanto inattendibile; anzi, per dirla con franchezza, del tutto falsa. Sin dalla primissima testimonianza, quella della Prima ai Corinzi con cui iniziammo questo capitolo, cogliamo chiarissima l'intenzione della predicazione primitiva non di divulgare un mito o di risvegliare un sentimento, quanto d'insistere su un fatto, rinviando alla sua verifica presso testimoni «la maggior parte dei quali vive ancora» (1 Cor, 15,6).

In una discussione con Karl Barth, lo stesso Rudolf Bultmann – del quale vedremo più sotto la consueta, aprioristica negazione – dovette ammettere che quel brano di Paolo non ha altra spiegazione se non (per dirla testualmente con questo biblista, principe dei "demitizzatori") «in un tentativo innegabile di far credere la risurrezione un fatto storico oggettivo». In un capitolo precedente dicemmo come sia addirittura probabile che la comunità primitiva tenesse una lista aggiornata di quei cinquecento testimoni, rinviando ad essi gli scettici, i dubbiosi, i negatori.

Coloro che vorrebbero convincerci di un disinteresse dei primi cristiani per il fatto-risurrezione, e che vorrebbero farci concentrare solo sul significato, sul simbolo, sul mito, sono poi gli stessi che giudicano un'aggiunta leggendaria l'episodio di cui parla Matteo (27,62-66) e sul quale sarà bene rinfrescarci i ricordi: «Il giorno dopo, che era Parasceve, si riunirono presso Pilato i sommi sacerdoti e i farisei dicendo: "Signore, ci siamo ricordati che quell'impostore disse mentre era vivo: Dopo tre giorni risorgerò. Ordina dunque che sia vigilato il sepolcro sino al terzo giorno, perché non vengano i suoi discepoli, lo rubino e poi dicano al popolo: È risuscitato dai morti. Così, quest'ultima impostura sarebbe peggiore della prima!". Pilato disse loro: "Avete la vostra guardia, andate e assicuratevi come credete". Ed essi andarono, assicurarono il sepolcro, sigillando la pietra e mettendovi la guardia».

Questo episodio della guardia, dunque, sarebbe stato inventato dai redattori evangelici per dare credibilità ai racconti sulla tomba trovata vuota a causa non di un furto, ma di un intervento divino.

Lasciamo stare, per ora, il dibattito sulla storicità dell'episodio: vi torneremo sopra in seguito, con appositi capitoli, esaminando anche questi versetti alla luce di quanto ricerca e ragionamento possono dirci. Ammettiamo, anzi, per pura ipotesi, che davvero di invenzione si tratti: ebbene, se così fosse, sarebbe stata inserita da chi ha manipolato i vangeli proprio per dare garanzie storiche, per assicurare che il fatto della risurrezione era realmente avvenuto. E non a caso se ne parla soltanto nel vangelo "per gli ebrei", quello di Matteo (gli altri tre testi, qui, tacciono). È proprio agli israeliti che occorreva dare delle prove precise, visto che – come dirà ancora Matteo, in 28,15 – «la diceria (*del furto da parte dei discepoli*) si è divulgata tra i giudei, sino ai giorni nostri».

È dunque contraddittorio sostenere, da un lato, che il Nuovo Testamento non sarebbe affatto interessato alla storicità di quanto avvenne a Pasqua; e, dall'altro lato, sostenere che la comunità primitiva avrebbe fabbricato "prove" abusive, come la guardia al sepolcro, pur di dimostrare la storicità di quei fatti.

Anche in questo caso, tuttavia, sembra fatica sprecata rilevare e denunciare le contraddizioni. Ciò che conta, per certi studiosi, non sono i testi, ma la teoria. Quella teoria che il protestante Bultmann enuncia con queste parole testuali: «*Se la risurrezione fosse storica, la fede diverrebbe superflua*».

Non sono solo i "non credenti" – lo abbiamo visto a fondo nel libro precedente – a negare storicità al Nuovo Testamento, compresa quella sua base fondamentale che è il ritorno di Gesù dai morti. Sappiamo bene come in molti di questi cristiani che si sono uniti alla polemica anticristiana, che nega il sepolcro vuoto, agisca il bisogno di adeguarsi al Credo protestantico, secondo il quale la fede è fede solo se è staccata, anzi se è del tutto indipendente, dalle "opere" umane, ricerca storica compresa.

Il credere cristiano sarebbe meritorio soltanto se si tiene lontano dalla ragione e da ogni "prova", a cominciare da quella del sepolcro vuoto. Nel bultmanniano «se la risurrezione fosse storica, la fede diverrebbe superflua» c'è la prospettiva che spinse Lutero a definire «prostituta del diavolo» quella ragione che invece il cattolicesimo sempre valorizzò, considerandola un dono di Dio da impiegare sino in fondo. Sino all'estremo, cioè, di cui parlò Pascal, grande scienziato e al contempo grande apologeta: «L'ultimo passo della ragione è riconoscere il Mistero; è accettare, ragionevolmente, che molte cose superano la ragione stessa».

Ai pregiudizi confessionali si aggiunge, in molti biblisti contemporanei, pur di formazione e convinzioni cristiane, la persuasione sociologica che l'uomo "moderno" non potrebbe accettare l'idea di una risurrezione corporale.

In realtà, sia i cristiani di Corinto («... come possono dire alcuni di voi che non esiste risurrezione dei morti?» 1 Cor, 15,12), che i pagani sull'Areopago di Atene («... ma quando sentirono parlare di risurrezione dei morti, alcuni lo deridevano, altri dissero: "Su questo ti sentiremo un'altra volta"», At, 17,32), corinzi e ateniesi, dunque, "moderni" non erano; eppure, neanche essi accettavano «l'idea di una risurrezione corporale». Questa ossessione – tipica degli odierni ambienti religiosi – per un mitico "uomo d'oggi" che non potrebbe più accettare le verità della fede in quanto ormai "adulto" e "critico", non ha riscontro nella realtà oggettiva. La quale, semmai, dimostra la verità della *boutade* di un Chesterton: «Il guaio dei nostri contemporanei non è che non credano più a niente: il loro guaio è che credono a tutto». L'abbandono della fede non ha portato di certo le masse alla ragione ma alla superstizione; non all'ateismo ma all'idolatria.

È comunque significativo come certa esegesi cristiana, afflitta dall'ossessione di essere "comprensibile" per il mitico "uomo contemporaneo", abbia modificato in profondo il linguaggio tradizionale. Così, invece dell'imbarazzante termine di "risurrezione", preferisce non esporsi troppo, restando nel vago col parlare di «evento pasquale» o – ancor più ambiguamente – di un "messaggio pasquale". Uno studioso, anch'egli cristiano, come W. Marxsen, esemplare dell'atteggiamento di altri colleghi, raccomanda di non parlare più, neppure nel Credo, di "risorto", ma del meno impegnativo "vivente" (visto che "vivi" si può essere in molti modi: anche solo nella memoria degli ammiratori; ed è proprio questo che intendono molti).

Per dirla ancora con Bultmann: «Ciò che è decisivo non è che Gesù sia risuscitato, ma che *per te* sia il Risorto. Il crocifisso è di nuovo vivo se tu lo vedi tale attraverso gli occhi della fede».

Così, la tomba vuota, la guardia al sepolcro, le apparizioni, non sarebbero che il rivestimento mitico di una verità che è solo interiore. L'appeso alla croce, continua Bultmann, «lo si incontra vivo nel *kérygma*, nella predicazione degli apostoli e da nessun'altra parte». Ciò che per questi venti secoli i cristiani hanno creduto, per il pastore protestante Bultmann «non è un avvenimento storico, ma esistenziale. È il modo di accedere a una fede per la quale i primi cristiani credettero che Gesù doveva avere vinto la morte, in qualche maniera. "Gesù è risuscitato" non vuole dire che questo: "Gesù crocifisso chiama oggi alla fede". Il fatto di predicarla e di accettarla è, in pratica, il suo ritorno dai morti».

Pur senza arrivare – nella maggior parte dei casi, almeno – a questi eccessi "da luterano" o "da calvinista", anche non pochi cattolici "spiritualizzano" oggi la risurrezione, tendono a darne una interpretazione più *soggettiva* che *oggettiva*. Uno tra tutti, ecco l'esegeta domenicano Marie-Emile Boismard: «Lo storico non può dire nulla sulla realtà delle apparizioni. Se in Luca, ad esempio, si danno episodi concreti destinati a provare che Gesù aveva un corpo reale, sensibile, palpabile, fatto di carne e di ossa, questo deriva da una apologetica relativamente tardiva».

Naturale che uno studioso come Ronald G. Smith ne tragga le conseguenze logiche: «Anche nella possibile eventualità che si trovino un giorno in Palestina le ossa di Gesù, il significato della Risurrezione come avvenimento spirituale e come fondamento della fede ne risulterebbe inalterato». Un simbolo, infatti, non sa che farsene della realtà.

Ripetiamo che queste poche citazioni – scelte quasi a caso tra le mille possibili – vengono da opere di credenti, spesso pastori protestanti o sacerdoti cattolici. Ed è proprio a queste categorie che, in occasione della Pasqua del 1976, il quotidiano francese *Le Monde* rivolse una domanda: «Che ne sarebbe della vostra fede se il piccone di un archeologo, in qualche luogo dell'antica Palestina, dissotterrasse lo scheletro di Gesù di Nazareth?».

Nel prossimo capitolo vedremo un campionario di risposte a questa domanda provocatoria: cosa che ci permetterà di continuare la nostra riflessione.

IX.
Le ossa del crocifisso

Chiudevamo il capitolo precedente ricordando la Pasqua del 1976, uno dei più plumbei tra gli "anni oscuri" in cui entrò la cristianità occidentale negli ultimi decenni del XX secolo. Fu in quell'occasione che *Le Monde* rivolse una domanda a prestigiosi esponenti delle Chiese cristiane, cattolici ma anche protestanti e ortodossi: «Che ne sarebbe della vostra fede, se il piccone di un archeologo, in qualche luogo dell'antica Palestina, dissotterrasse lo scheletro di Gesù di Nazareth?».

Ecco un campionario di risposte, che la dicono lunga su quel clima sconcertante – di "spiritualizzazione", di "smaterializzazione" dell'evento Risurrezione – di cui abbiamo cominciato a parlare la volta scorsa.

François Quéré: «Questo non mi turberebbe affatto. La mia fede non dipende da una tomba vuota o piena. Il ritrovamento di un po' di ossa non mi farebbe sprofondare nel dubbio».

Marc Oraison, prete cattolico, nonché medico e psicanalista: «La scoperta dello scheletro di Gesù rafforzerebbe la mia credenza, perché distruggerebbe il mito della rianimazione di un cadavere. La presenza delle ossa del Nazareno mi rafforzerebbe nella fede, che, per essere tale, deve essere del tutto indimostrabile».

Georges Crespy, docente alla Facoltà di teologia protestante di Montpellier: «Questo non impedirebbe di credere nella Risurrezione. Anzi, un simile ritrovamento sbloccherebbe probabilmente la fede, obbligandola a non fidarsi più del visibile».

Ma un oscuro parroco, un non-professore, un povero cristiano abituato a respirare non l'aria artificiosa delle biblioteche ma quella della trincea pastorale, a contatto con i semplici fedeli, ha osato rispondere nella stessa inchiesta: «Le ossa di Gesù? Se me le vedessi davanti mi sentirei irrimediabilmente ferito. Credo proprio che con questo mi avrebbero dimostrato che la mia fede non era che una illusione». E Jean Guitton, il cattolico accademico di Francia, colui che per tutta la sua lunghissima vita ha riflettuto sulla possibilità per l'uomo d'oggi di continuare a credere: «Se avvenisse davvero un ritrovamento di questo tipo, lascerei scritto nel mio testamento: "*Ho ingannato e mi sono ingannato*"».

In effetti, stando a qualche biblista e teologo contemporaneo, sarebbe possibile credere in Gesù come Messia, anzi come Figlio di Dio – sarebbe possibile, in una parola, "conservare la fede" – pur ipotizzando che il suo corpo sia marcito in un sepolcro o in qualche fossa comune. Le ossa di Gesù potrebbero giacere da qualche parte in Palestina, senza che per questo sia impossibile credere alla "risurrezione": o, almeno, come dicono, «al significato di salvezza contenuto nella fiducia che Dio ha approvato quell'uomo».

Sarebbe possibile, dunque, continuare a dirsi "cristiani"? Ma, questo, ci pare solo secondo le teorie, gli schemi, le fisime (o, magari, la tentazione di *épater le bourgeois*, di mostrarsi non conformisti) dei moderni sapienti, secondo quel sempre ricorrente orrore "gnostico" per la carne e la vita concreta, su cui ritorneremo. Ma, se vogliamo attenerci al buon senso e ai testi, vediamo subito che questo modo di pensare non è affatto quello del Nuovo Testamento. Se davvero ci teniamo a condividere la fede degli evangelisti, di san Paolo, di tutta intera la comunità primitiva dei credenti, dobbiamo convertirci al concreto, massiccio "materialismo" della Risurrezione.

È proprio la fedeltà al Nuovo Testamento che ci impone di non seguire le ipotesi "spiritualiste", per le quali il corpo non avrebbe importanza, ciò che vale davvero essendo lo spirito, il "significato", il "simbolo".

Dobbiamo opporci a questo, così come il protestante Karl Barth si oppose al suo collega e confratello protestante Rudolf Bultmann e a tutti i teologi "demitizzatori", esclamando che «rifiutare la risurrezione corporea di Gesù dai morti è, per un cristiano, rifiutare Dio stesso così come si è rivelato».

Dobbiamo opporci, come il cattolico Jean Daniélou: «La dottrina di Bultmann e di altri teologi ed esegeti, secondo la quale la risurrezione della carne è un mito che significa soltanto il rinnovamento interiore operato dalla fede, è molto vicina alle concezioni gnostiche combattute da san Paolo». La "gnosi", infatti, tende a rifiutare il corpo, considerato come qualcosa di negativo se non di vergognoso; in ogni caso un mero rivestimento – purtroppo, provvisoriamente necessario, e al quale rassegnarsi – dello spirito, il solo che meriti attenzione.

Il cristianesimo, invece, ha sempre guardato all'uomo tutto intero, composto inestricabile di materia e di spirito, di corpo e di anima. *Caro, cardo est salutis*, la carne è il cardine della salvezza, per dirla con Tertulliano, l'apologeta del cristianesimo primitivo, che alludeva proprio – con quella formula – alla risurrezione di Gesù. Molti secoli dopo, il grande teologo italo-tedesco del Novecento, Romano Guardini, annotava, riflettendo sulle apparizioni del Risorto: «Solo il cristianesimo ha osato mettere il corpo nelle profondità più nascoste di Dio». In effetti, come ha osservato Robert Sublon, teologo protestante e uno tra gli interrogati dall'inchiesta di *Le Monde:* «La risurrezione *materiale* del Cristo dà senso alla fede nell'incarnazione, significando l'importanza del corpo per il giudeo-cristiano. La mentalità ebraica non poteva neanche immaginare una vita senza corpo».

La contrapposizione tra spirito e materia, nella medesima persona, è (come abbiamo visto) sconosciuta all'ebraismo ed è invece tipica della cultura ellenistica e, in genere, pagana. È dunque del tutto coerente che le descrizioni evangeliche delle "cristofanie", delle apparizioni del Risorto, siano in questa linea di "totalità", di "completezza" giudaiche, senza schizofrenie e contrapposizioni "gnostiche".

Soltanto chi non conosca i testi (o li rimuova se in contrasto con le sue teorie, come fanno tanti, che pure quei versetti in greco li conoscono sin troppo) può dire che il Nuovo Testamento non sarebbe interessato alla "materialità" delle esperienze pasquali. È vero il contrario. Tanto che, per definire ciò che ci è raccontato dagli evangelisti, il termine "apparizioni" appare improprio. In effetti, fa pensare a un fenomeno che non colpisca altro senso se non la vista. E, invece, il Risorto è descritto dai vangeli mentre condivide in ogni aspetto la vita dei suoi amici, come prima della morte in croce.

È una condivisione che incomincia dal cibo: proprio il cibarsi sembra essere una costante delle "apparizioni" (dove le virgolette sono più che mai d'obbligo).

«Avete qui qualcosa da mangiare?», chiede il Risorto, riapparso per la prima volta davanti alla sua comunità. E lo chiede proprio perché «per tanta gioia e stupore rimanevano ancora increduli». Allora, «gli offrirono un po' di pesce arrostito. Ed egli lo prese e lo mangiò in loro presenza» (Lc, 24,41-43).

Ad Emmaus, siede con i due discepoli alla mensa ed è proprio lì, mentre spezza il pane, che lo riconoscono.

Apparendo presso il lago di Tiberiade, chiede ancora una volta da mangiare, anzi prepara egli stesso un pasto per gli apostoli che tornano dalla pesca: «Come dunque furono discesi a terra, vedono un fuoco acceso di brace con sopra del pesce e del pane. Gesù dice loro: "Portatemi alcuni pesci di quelli che avete preso ora". (...) Gesù allora dice loro: "Venite e mangiate"». Più avanti, l'evangelista (che è anche testimone del fatto) ci conferma che pure il Signore partecipò alla mensa: «Quando ebbero mangiato...» (Gv, 21,9-10; 12; 15).

L'insistenza sul cibo è tale, che questo aspetto "materiale" entra addirittura nel *kérygma*, nella predicazione ufficiale della Chiesa. Dice Pietro, annunciando la fede a Cesarea: «Dio lo ha risuscitato il terzo giorno e volle che apparisse non a tutto il popolo, ma a testimoni prescelti da Dio, a noi che abbiamo *mangiato e bevuto con lui* dopo la sua risurrezione dai morti» (At, 10,41). Dunque, l'essere stati "a mensa con lui" è, per il capo stesso degli apostoli, uno dei requisiti per essere garanti attendibili della verità della Risurrezione.

Il corpo (anzi, la parte che lo spiritualismo, gnostico o no, di ogni tempo giudica più disgustosa: il ventre) la fa da protagonista in questi racconti pasquali.

C'è, tra l'altro, una proposta di prova tangibile fatta dal Risorto stesso a quelli che, già allora, rifiutavano lo scandaloso "materialismo" di quell'evento e, scrive Luca (24,37), «credevano di vedere un fantasma»: «Ma egli disse: "Perché siete turbati e perché sorgono dubbi nel vostro cuore? Guardate le mie mani e i miei piedi: sono proprio io! *Toccatemi* e guardate; un fantasma non ha *carne e ossa* come vedete che io ho"» (Lc, 24,38 ss.).

Quel "toccatemi" è, nell'originale, l'imperativo del verbo greco *pselafáo* che significa, letteralmente, "tasto, palpo": qualcosa, dunque, di estremamente "materiale", di estremamente "non spiritualistico".

Anche all'incredulo Tommaso giungerà la celebre esortazione a "tastarlo": «Metti qui il tuo dito e guarda le mie mani! Dammi la tua mano e mettila nel mio costato; e non volere essere incredulo, ma abbi fede» (Gv, 20,27).

Lo stesso "spirituale" Giovanni, all'inizio della Prima lettera che porta il suo nome, userà lo stesso verbo di Luca, "palpare", in polemica con quegli gnostici antichi – e che oggi sembrano ritornati – che volevano volatilizzare la realtà materiale della risurrezione: «Ciò che era sin da principio, ciò che noi abbiamo udito, ciò che noi abbiamo veduto con i nostri occhi, ciò che noi abbiamo contemplato e ciò che le nostre mani hanno *toccato* (*epseláfesan*), ossia il Verbo della vita (...), quello che abbiamo veduto e udito, noi lo annunziamo anche a voi, perché anche voi siate in comunione con noi...» (1 Gv, 1,1 ss.).

Dunque, l'oggetto della testimonianza di Pasqua non riguarda affatto una frase del tipo: "in qualche modo quel Crocifisso è ancora vivo". No: la testimonianza del Nuovo Testamento va, concorde, senza esitazioni, sulla realtà anche *fisica* del corpo del risuscitato. E, dunque, su un sepolcro rimasto vuoto per sempre.

In questo clima, crediamo sia difficile sbagliare, azzardando la possibile replica di discepoli e apostoli alla domanda di *Le Monde* sulle reazioni a un'impossibile scoperta delle ossa del loro Cristo. «Non è solo la tomba vuota», crediamo avrebbero risposto, «che ci ha riportati alla fede. È stato, soprattutto, lo stare a mensa con lui. Sulla nostra esperienza, siamo certi che non è apparso lo spirito di un morto, ma che è risorto un corpo, una persona nella sua interezza. Se, dunque, qualcuno (per assurdo) ci mostrasse i resti di quel corpo che noi abbiamo toccato, faremmo fagotto e – amareggiati e delusi come già fummo in quei terribili venerdì e sabato prima del mattino di Pasqua – ritorneremmo ai nostri vecchi mestieri, più redditizi, meno scomodi, meno pericolosi».

Coloro che oggi giudicano "irrilevante per la fede" che il cadavere sia uscito dal sepolcro e che dicono di non essere minimamente turbati, nel loro credere, se lì si fosse decomposto, hanno mai osservato – oltretutto – l'insistenza della predicazione primitiva su "il corpo che non vide la corruzione"?

È interessante riflettere, a questo proposito, sull'annuncio di Paolo un sabato, nella sinagoga di Antiochia di Pisidia, «dopo la lettura della Legge e dei Profeti». Una citazione che può sembrare un po' lunga, ma che è essenziale, mostrando come il *kérygma* primitivo considerasse centrale proprio quell'aspetto che alcuni vorrebbero presentarci come irrilevante.

Sentiamo, dunque, l'Apostolo delle genti nel suo rivolgersi ai confratelli ebrei: «E noi vi annunciamo la buona novella che la promessa fatta ai padri si è compiuta, poiché Dio l'ha attuata per noi, loro figli, risuscitando Gesù, come anche sta scritto nel salmo secondo: "Mio figlio sei tu, oggi ti ho generato". E che Dio lo ha risuscitato dai morti, *in modo che mai più abbia a tornare alla corruzione*, è quanto ha dichiarato: "Darò a voi le cose sante promesse a Davide, quelle sicure". Per questo anche in altro luogo dice: "*Non permetterai che il suo santo subisca la corruzione*". Ora Davide, dopo avere eseguito il volere di Dio nella sua generazione, morì e fu unito ai suoi padri e *subì la corruzione.* Ma colui che Dio ha risuscitato *non ha subito la corruzione.*» (At, 13,32-37).

Questa insistenza paolina sulla carne incorrotta del Crocifisso è nella linea di tutta la predicazione primitiva, a cominciare dal primo discorso missionario pubblico in assoluto, quello di Pietro a Gerusalemme, nel giorno di Pentecoste, subito dopo la discesa dello Spirito: «Poiché (Davide) era profeta e sapeva che Dio gli aveva giurato solennemente di far sedere sul suo trono un suo discendente, previde la risurrezione di Cristo e ne parlò: "Questi non fu abbandonato negli inferi, *né la sua carne vide corruzione*". Questo Gesù Dio lo ha risuscitato e noi tutti ne siamo testimoni...» (At, 2,30 ss.).

In questa insistenza sulla "non corruzione" del corpo del Messia, in questo continuo ritornare sul fatto che il Crocifisso è uscito dal sepolcro non soltanto in spirito e che la sua carne non vi è imputridita, c'è forse l'influenza dell'antica profezia ebraica? I "dettagli" così concreti, a cominciare dai pasti – destinati a provare che Gesù non era ritornato dalla morte come fantasma, ma come corpo sensibile, palpabile, fatto di carne ed ossa – derivano forse dalla "necessità apologetica", come sostiene accanto a "increduli" e protestanti liberali, anche un esegeta cattolico come il domenicano padre Boismard?

A questo tipo di sospetti abbiamo già dato qualche risposta in un capitolo precedente e vi ritorneremo di certo sopra, dando nuove precisazioni, nello sviluppo del nostro discorso. Ma qui, per il momento, non ci interessa la verità storica, la credibilità cronistica di ciò che la comunità apostolica afferma sulla risurrezione. Qui, è in discussione ciò che la stessa comunità crede e vuol farci credere sulla "qualità" di quella Risurrezione, sulla sua modalità, sulla sua natura.

Ebbene: i vangeli, il Nuovo Testamento tutto intero, vogliono convincerci (insistendo ora sul cibo, ora sulla carne che non ha conosciuto la corruzione, ora sul "toccare" e "palpare") che l'esperienza pasquale – protratta peraltro per ben quaranta giorni e terminata, guarda caso, «mentre si trovava a tavola con essi», At, 1,4 – non è stata affatto soggettiva, interiore, spirituale. Ma, al contrario, ben "palpabile".

È dunque su questa risurrezione, la sola attestata dalla Scrittura e opposta alle teorie di certa attuale esegesi (che, in realtà, sembra più una filosofia, se non un'ideologia, che maneggia i testi biblici per sostenere la sua tesi) è su questa risurrezione "tangibile" che ci confrontiamo in queste pagine, per vedere di saggiarne la consistenza anche storica.

E lo facciamo consapevoli, certo, che tutta la fede è mistero; e che il più misterioso dei misteri è questo centro, è questa base che il greco del Nuovo Testamento chiama *anástasis*, cioè, letteralmente: "il levarsi" (dai morti). Ma consapevoli anche che non è affatto blasfemo lo sforzarsi di giungere sino alle soglie di quel Mistero. Cioè, sino a dove la ragione esaurisce le sue possibilità e inizia il "salto" della fede.

Blasfemo, semmai, sarebbe il credente che rifiutasse ciò di cui i testi della Chiesa nascente vogliono convincerci; il rifiutare, dunque, non solo la verità, ma anche la *fisicità* dell'Incontro di Pasqua. Blasfemo sarebbe tentare di imporre i nostri schemi, i nostri limiti a un Dio che è *semper major*, sempre più grande di quanto i nostri intelletti possano concepire.

Crediamo, comunque, che nessun credente abbia mai perso il sonno, né tanto meno la fede, per quei problemi che invece (stando a certi teologi) impedirebbero che l'uomo moderno accetti il concetto "ingenuamente materialista" di risurrezione, così come era creduto "in epoche pre-scientifiche". Il problema, ad esempio (tanto per citarne uno tratto da uno studio recente) di come il corpo glorioso del Risorto potesse assumere e assimilare fisiologicamente gli alimenti di cui è detto nutrirsi.

No: non sono dei problemi di digestione del Risorto che hanno impedito la fede di tante generazioni precedenti; come non la impediscono ora a quel mitico "uomo contemporaneo", che è spesso tanto diverso dall'*identikit* tracciato da "esperti". Come il solito Rudolf Bultmann, che la buttò addirittura in politica, sostenendo che «il togliere la Risurrezione di Gesù dalla soggettività, per insistere sul carattere oggettivo delle apparizioni», sarebbe nientemeno che «da conservatori».

"Conservatori" sarebbero allora tutti gli autori del Nuovo Testamento, che non sono affatto d'accordo con la lettura di questi esperti tedeschi. Quanto a noi, non ci preme rispettare le teorie degli accademici ma il modo – per quanto enigmatico sia – con cui Dio stesso ha scelto di incarnarsi e di risorgere. E, se proprio si vuol mettere anche questo sul piano politico, con tipica deformazione moderna, ci pare non "conservatrice" ma "rivoluzionaria" – e in modo dirompente – la fede di tutte le generazioni cristiane, secondo la quale «nulla è impossibile a Dio».

Proprio su simili problemi – riferendone sulle pagine di *Inchiesta sul cristianesimo* – parlammo una volta con Hans Küng. Anche per questo teologo (che ha pure precise conoscenze di biblista) lo sforzo maggiore sembra consistere nel ridurre al massimo, nella storia di Gesù, il "miracoloso", inteso – in quella prospettiva illuministica a lui non estranea – come «tutto ciò che la scienza di oggi non ha spiegato».

Gli chiesi, tra l'altro: «Perché – data per scontata quella fede in Dio, e nel Dio cristiano, che malgrado tutto lei riconferma – perché questo voler porgli dei limiti che noi stessi abbiamo stabiliti? Non è ancora una volta il tentativo di racchiudere l'onnipotenza divina nelle gabbie rassicuranti delle nostre teologie? Perché questo volere "demitizzare" a ogni costo il miracolo, che è poi "lo scandalo e la follia per la sapienza del mondo" che mirabilmente contrassegna il Dio biblico? Perché tanto darsi da fare per dimostrare meri "simboli" i miracoli narrati nei vangeli, a cominciare da quello su cui tutta la fede si basa, la Risurrezione fisica? Tutto deve davvero sfumare in complicate distinzioni e precauzioni che lascino il lettore privo delle sue certezze precedenti, ma al contempo senza nuovi e sicuri punti di appiglio?».

Forse per la stanchezza, forse per il tedio di domande come queste mie, che dovevano sembrargli ingenue, anacronistiche, non abbastanza "raffinate" (il suo decalogo di teologo porta al secondo punto: «Nessuna premiazione della fede semplice»), forse per altro; sta di fatto che la risposta del professor Küng suonò infastidita: «Dio è il primo a rispettare le sue leggi; per essere credibile non ha bisogno di argomenti ridicoli».

«Ridicola, dunque» ripresi «anche la fede di tutti i secoli cristiani nella Risurrezione e Ascensione *fisiche* del Cristo?». Il prete tagliò corto: «Chi vuole conservare il miracoloso nella Scrittura deve portare validi argomenti per provarlo».

La risposta non mi dissolse, ma mi rafforzò i sospetti di "illuminismo"; magari di "ellenismo"; e ciò proprio all'opposto delle dichiarazioni di Küng, uno tra i tanti alfieri attuali della "de-ellenizzazione" del cristianesimo a favore della riscoperta delle radici ebraiche.

In effetti, è per i greci che il mondo è sottomesso a una legge, a un Fato cui neppure Zeus può sfuggire. È solo per il pensiero ebraico che Dio non è prigioniero del *Logos* pagano, questa "ragione del mondo", contro la quale né uomo né divinità possono nulla. Per il pensiero ellenico, un Dio come quello ebraico è "pazzo"; un aggettivo che accetterà anche Paolo, aggiungendo però subito che «la follia di Dio è più sapiente della ragione degli uomini». È proprio il *Logos*, la "legge" senza scampo del mondo greco, che ha portato a quell'idolo che è il cosiddetto "pensiero scientifico" dell'illuminismo e del positivismo. Quello che ci soffoca in un mondo implacabilmente senza speranza, perché ogni "sorpresa" è dichiarata impossibile; rendendoci così prigionieri di "leggi" fisiche e chimiche che sono come sbarre alla finestra di una galera.

Che anche Küng fosse vittima dell'antica trappola greca? Cercai di dirglielo, con prudenza, ben conoscendo – per esperienza – le reazioni allarmanti di certi "alfieri del dialogo" quando non si dà loro ragione. Mi andò bene, perché me la cavai con un'accusa di "Medioevo", cioè di "oscurantismo clericale". Sbottò, in effetti: «Quelli che fanno domande come le sue, studino, si aggiornino, imparino quel che dice la scienza moderna: le leggi dell'universo non possono essere interrotte neppure per un istante, pena il crollo di tutto il sistema». La prigione, appunto.

In quel momento pensai – e con gratitudine – a quell'antica preghiera ebraica, una delle più straordinarie della storia religiosa degli uomini, che dice: «Ti ringrazio o Dio, perché Tu vuoi anche ciò che è proibito». Ciò che è proibito dai nostri schemi, dai nostri limiti scambiati per "leggi intoccabili della Scienza"; con la maiuscola, s'intende.

Ma il professore di "teologia ecumenica" all'Università di Tubinga continuò: «Quanto alla Risurrezione, posso credere nella vita eterna di Gesù e mia senza vedere una tomba vuota». Ma insomma – sbottai a mia volta – è esistita una tomba di Giuseppe di Arimatea o di chiunque altro? E se c'è stata una tomba (come egli stesso, Küng, inclina a credere, pur tra i mille *distinguo* consueti), se c'è stata, davvero non fa alcuna differenza per la fede che il corpo del Crocifisso si sia levato da lì per sempre o che per sempre vi sia marcito?

Le mie domande – ero il primo a rendermene conto – tendevano troppo al "semplice", non erano abbastanza da "studioso aggiornato" e infatti non meritarono risposta esplicita, ma soltanto un: «Io lavoro per rendere comprensibile il messaggio cristiano all'uomo contemporaneo».

È quanto, nei nostri limiti, cerchiamo di fare anche noi. Consapevoli però che è proprio la fedeltà alla Scrittura che esige da noi lo sforzo per riannunciare la Risurrezione (e nel suo senso "pieno", anche "corporeo") all'uomo di ogni generazione. Anche di queste nostre, cosiddette post-moderne.

x.
La causa e l'effetto

Insomma, che cosa è successo? Ritorniamo – ancora e sempre – alla sola domanda che in queste pagine ci interessi. Che cosa ha provocato la fede incrollabile nella risurrezione di Gesù, testardamente asserita *usque ad effusionem sanguinis*, sino al martirio cruento (Pascal: «Credo solo ai testimoni che si fanno uccidere») dalla comunità primitiva, spettatrice della vita e della morte di Gesù?

In due capitoli precedenti, abbiamo visto come né il mito pagano né la profezia ebraica servano a capire l'origine di quella fede irremovibile. Per stare alla dimensione ebraica, abbiamo constatato come ci sia anzi, qui, la radicale frattura tra una tradizione religiosa già allora antica di molti secoli, con le sue attese per l'èra messianica, e l'annuncio cristiano di Pasqua.

Tutto, per chi conosca l'antico Israele, sembra rendere incomprensibile come dei pii ebrei, inseriti fedelmente nella loro religione, abbiano potuto giungere a proclamare la risurrezione del predicatore vagante finito in così malo modo. Gesù non è proclamato soltanto risorto, ma risorto in quanto Messia; anzi (e neppure questo era in alcun modo atteso per l'Unto di Israele, cozzando contro il rigido monoteismo), come Messia partecipe della stessa natura divina.

Sin dalla Prima lettera paolina ai Corinzi, si annuncia un «Cristo morto per i nostri peccati» (15,3). Non dimentichiamo, tra l'altro, il vangelo di Marco: «Erano là seduti alcuni scribi che pensavano in cuor loro: "Perché costui parla così? Bestemmia! Chi può rimettere i peccati se non Dio solo?"» (2,7).

Il fatto è che subito, sin dalle prime testimonianze, quel "maledetto da Dio" come – per gli ebrei – è ogni «appeso al legno» è proclamato in pubblico, scandalosamente, alla pari di quel Jahvè adorato come l'Unico, l'Indicibile, l'Irrappresentabile; addirittura l'Innominabile, per timore di mancargli di rispetto proferendone il nome.

La divinizzazione di un uomo – cioè, il massimo dei sacrilegi, l'abominazione suprema per Israele – è inspiegabilmente compiuta da un gruppo di israeliti devoti senza neppure il conforto e l'appoggio delle profezie della Scrittura: le quali (come abbiamo visto e come vedremo) svolgono una funzione contraria a quanto abitualmente si sostiene. Non "creatrici" di storia, bensì base possibile – da ricostruire però *post factum* – di eventi inattesi e imprevisti cui cercare di dare una giustificazione, appoggiandosi proprio a vaticini ai quali prestare una lettura sino ad allora inedita.

Questo autentico scandalo è inaudito nei duemila anni precedenti di tradizione ebraica. Come sarà inedito, del resto, nei duemila anni che seguiranno: né mai prima né mai dopo, uomini formati alla scuola d'Israele hanno compiuto una "operazione" come quella avvenuta attorno al predicatore di Nazareth. Questo "scandalo", dunque, rinvia, come ad unica spiegazione possibile, a qualcosa di misterioso, di traumatico, di sconvolgente, avvenuto dopo il fallimento della morte in croce. Non solo nel mondo delle cose, ma anche in quello degli uomini, non unicamente nella scienza fisica, ma anche nella storia, esiste un legame necessario tra *causa* ed *effetto*: questo deve avere all'origine una ragione proporzionata.

A quell'"effetto" inaudito e inspiegabile, costituito dalla proclamazione del grido uscito improvviso da Israele e che subito annuncia risurrezione ed esaltazione di Gesù (Lettera di Paolo ai Filippesi, anche questa poco dopo il 50, dove si riporta, tra l'altro, un inno liturgico già precedentemente composto a gloria del Nazareno: «... per questo Dio lo ha esaltato e gli ha dato il nome che è al di sopra di ogni altro nome, perché nel nome di Gesù ogni ginocchio si pieghi nei cieli, sulla terra e sotto terra; e ogni lingua proclami che Gesù Cristo è il Signore, a gloria di Dio Padre...» 2,9 ss.), a quell'"effetto" esplosivo, dunque, deve corrispondere un "detonatore" adeguato.

È quello che la fede – con molta più logica e coerenza di ogni altra ipotesi demitizzatrice – scorge nel ritorno reale, irrefutabile di un uomo del quale si era constatata la morte, che si era deposto nel sepolcro e che vince, con quella sua presenza, ogni istintivo moto di rifiuto, di negazione di una realtà tanto contraria alle attese. Quelle dei suoi stessi apostoli e discepoli comprese.

Un ex morto che mangia e che beve e che, al contempo, può raggiungere i suoi, anche se le porte di casa sono sprangate. Soltanto un bagliore accecante, un'esperienza dalla forza tale da indurre chi ne è stato protagonista ad affrontare il martirio piuttosto che rinnegarla (ricordiamo il Pascal appena citato) può spiegare la convinzione che il condannato a morte da Pilato è vivo, che è il Cristo, che è addirittura alla pari con Dio.

Come osserva René Latourelle, docente di teologia fondamentale all'Università Gregoriana, «la fede su cui tutta la Chiesa si basa non è un missile senza rampa di lancio; non è un satellite artificiale posto in orbita senza l'ausilio di un razzo vettore».

Dicono che lo storico non può "provare" che Gesù sia risorto. Ammesso che sia vero (qualcosa, al proposito, già abbiamo detto e diremo) è però certamente vero che lo storico può risalire dalla constatazione dell'effetto – la nascita di ciò che fu chiamato "cristianesimo" – a ciò che deve averlo provocato. Lo storico può "provare" l'incredibile costanza nell'affermare una realtà non solo "impossibile", ma anche sacrilega e blasfema; e, questo, da parte di una piccola comunità che uno studioso ha definito, con cruda ma realistica verità sociologica, «un gruppetto demoralizzato e sgomento di provinciali tanto religiosi quanto ininfluenti, ignoranti e poco battaglieri».

Proprio perché è in grado di constatarla, lo storico, questa incrollabile convinzione deve anche spiegarla. Come nacque, insomma, la fede che è giunta viva sino a noi, mentre imperi e regni e civiltà potenti sono scomparsi? come nacque, dal Golgotha della vergogna estrema e dal sepolcro prestato per pietà? perché il cristianesimo sorse, vigoroso ed entusiasta, ripieno di gioia contagiosa, «proprio quando tutto lasciava pensare che Gesù avesse fallito completamente»?

La domanda è posta – tra molti altri studiosi di buon senso – da Etienne Trocmé, che continua: «Oltretutto, quel crocifisso non lasciava dietro di sé né scritti, né gruppi organizzati e neppure un messaggio che si potesse trasmettere, visto che il suo paradossale evangelo perdeva radicalmente credito per l'irreparabile sconfitta subita dal suo stesso annunciatore».

Ma sì. Occorre ripeterlo senza stancarsi: se lo "scienziato" non può constatare che Gesù è ritornato alla vita, la "scienza" – quella storica, almeno – può constatare le conseguenze di una simile convinzione. Non è un caso se la storia di Gesù, contenuta nei vangeli, è subito seguita dagli Atti degli Apostoli, cioè dalla prima storia della Chiesa: che è la storia degli "effetti" provocati dalla certezza nella Risurrezione; che è la storia di una incredibile ripresa da un fallimento che sembrava irreparabile. Una ripresa che finirà per contagiare di certezza l'intero spazio dell'impero romano, quando ogni attività missionaria sembrava non solo paralizzata, ma screditata per sempre. Quando gli stessi amici intimi di quel pretenzioso profeta lo avevano tradito, abbandonato, erano fuggiti lontano da lui e dal suo tragico destino.

Nessuno sembrava disposto a raccogliere la fiaccola di una presunta "Buona Novella", diventata risibile perché spenta dal terribile *In crucem ibis!* di Pilato e dalle beffe (nonché dalla repressione implacabile) della Nomenklatura d'Israele.

Lo straordinario recupero, anzi l'esplosione di fiducia incrollabile e di attivismo testimoniati dagli Atti, può avere soltanto una "atomica dello spirito" alla sua origine. Una sorta di *big bang* misterioso, tale da provocare conseguenze che anche oggi, venti secoli dopo, sono ben lontane dall'essere estinte. «Il cielo e la terra passeranno, ma le mie parole non passeranno», aveva detto quel *Rabbi*. Ma se la storia ha mostrato e mostra la verità di quelle parole, è solo perché sono state legate al nome di un morto che è proclamato risorto.

Per dirla con Jean Guitton, che ha passato la sua vita quasi centenaria a riflettere, in fondo, solo su questo enigma: «Tra la vita di Gesù e la nascita del cristianesimo, *il y a un trou*, c'è un buco. Come riempirlo se non dando credito a quanto testimoniano i vangeli?»

È lecito tentare di colmare quel buco così profondo con qualche scricchiolio notturno, con un rumore che si crede di avere sentito? Eppure, proprio questa irrazionalità per eccellenza è sostenuta, tra gli altri, da uno di coloro che furono considerati come "maestri della Ragione". In effetti, trascriviamo testualmente da Ernest Renan: «Nello stesso tempo (*a partire dalla visita delle donne al sepolcro, la domenica mattina*, ndr) nella comunità cristiana si diffusero le voci più strane. Il grido: "È risorto!" corse tra i discepoli come il fulmine. L'amore fece trovare a quel grido un credito facile ovunque. Che cosa era successo? (...). In quali condizioni l'entusiasmo, sempre credulo, fece sorgere l'insieme dei racconti con i quali si cercò di stabilire la fede nella risurrezione?».

La risposta a queste formidabili domande – forse le più decisive nella storia – sarebbe molto semplice, per il nostro Maestro della Ragione. Sentiamo, infatti, lo stesso Renan: «Le città orientali sono mute dopo il tramonto del sole. Anche nei cuori il silenzio era profondo. I più piccoli rumori che per caso si sentissero venivano interpretati nel senso dell'attesa di tutti. Di solito, l'attesa crea il suo oggetto. In quelle ore decisive, una corrente d'aria, una finestra che scricchiola, un casuale mormorio, fissarono per secoli la credenza dei popoli. E quando nell'aria si sentì un alito, essi credettero di udire dei suoni. Alcuni dissero di avere distinto la parola *shalòm*: salute, pace...».

Dunque è così: per migliaia d'anni, in miliardi di cuori, su milioni di chilometri quadrati, la storia cambiò per sempre e fu spezzata in due (*prima* di Cristo, *dopo* di Cristo...) per una finestra che sbatté in qualche tugurio di Gerusalemme, nella primavera dell'anno 30...

Che sia a questi "specialisti" (e si tenga presente che Renan non è neppure oggi isolato: lo vedremo), che sia dunque a questi "esperti" che Gesù pensava quando, inveendo proprio contro degli "scribi", cioè degli intellettuali, dei professori, esclamava: «Guide cieche, che filtrate il moscerino e ingoiate il cammello!» (Mt, 23,24)?

Povero Saulo di Tarso, povero Paolo! «Cinque volte dai Giudei ho ricevuto i 39 colpi; tre volte sono stato battuto con le verghe; una volta sono stato lapidato; tre volte ho fatto naufragio; ho trascorso un giorno e una notte in balìa delle onde. Viaggi innumerevoli, pericoli di fiumi, pericoli di briganti, pericoli dai miei connazionali, pericoli dai pagani, pericoli nelle città, pericoli nel deserto, pericoli sul mare, pericoli da parte di falsi fratelli. Fatica e travaglio, veglie senza numero, fame e sete, frequenti digiuni, freddo e nudità. E, oltre a tutto questo, il mio assillo quotidiano, la preoccupazione per tutte le Chiese...» (2 Cor 11,24-28).

Ma sì, povero e ingenuo Paolo! Poveri e ingenui tutti i cristiani che in tutti i secoli, in tutti i continenti, hanno sperato, gioito, sofferto, sono infine morti consolati da una immensa Speranza: e tutto questo a causa di un banale equivoco; a causa di un *petit hasard*, per un casuale cigolio nella notte di un'antica città orientale.

Comunque, se i Renan si accontentano di poco per cercare di liberarsi da una presenza incomoda, non sono però isolati, come anticipavamo: in effetti, l'ipotesi delle "allucinazioni" è sostenuta da molti anche oggi, seppur in modo più sofisticato di quanto non fosse fatto dai razionalisti ottocenteschi. Anzi, la spiegazione basata su illusorie "visioni", senza alcun oggetto concreto, è forse anche ai nostri giorni la più diffusa.

Eppure, a far cadere questa possibilità di spiegare la nascita della fede nel Risorto, basterebbe una elementare conoscenza della mentalità ebraica.

Innanzitutto, già abbiamo visto come nessun giudeo aspettasse la risurrezione del Messia: non c'era dunque l'attesa di un simile fatto, checché ne pensi Renan («*l'attesa crea il suo oggetto*»), soprattutto dopo quello che era successo.

In ogni caso, per nessun ebreo una "risurrezione" senza corpo, soltanto spirituale – come sarebbe stata quella determinata da visioni e allucinazioni – aveva alcun significato. Anzi, era addirittura impensabile. Per eventualmente convincersi di un simile fatto, un ebreo aveva bisogno di "toccare" un corpo: è anche per questo che i vangeli (lo abbiamo visto) riferiscono al Redivivo la fame e la sete della vita materiale. Coloro che – a partire dalla polemica anticristiana dell'antichità pagana, sino alle demitizzazioni dei teologi odierni – pongono all'origine della fede una convinzione interiore, un equivoco psicologico, una visione, un fantasma, non sanno (o, più probabilmente, vogliono dimenticare) che un ebreo non è un greco, per il quale la sola immortalità è quella dell'anima, liberata finalmente dagli impacci del corpo.

Un ebreo autentico è l'apostolo Tommaso: «Gli dissero allora gli altri discepoli: "Abbiamo visto il Signore!". Ma egli disse loro: "Se non vedo nelle sue mani il segno dei chiodi e non metto il dito nel posto dei chiodi e non metto la mia mano nel suo costato, non crederò"» (Gv, 20,25).

Ma, se alla conoscenza della psicologia semita si aggiungesse pure un pizzico di consapevolezza della psicologia dell'uomo, di ogni tempo, etnìa e cultura? I molti che danno un'interpretazione "interiore" della risurrezione («Gesù è risorto, ma solo nella mente e nel cuore dei suoi discepoli: è l'amore che lo ha risuscitato») si appellano al fenomeno conosciuto da psicologi e psichiatri come "allucinazione visiva".

È un'esperienza nota nella patologia, religiosa e no: protagoniste ne sono persone che, a seguito di disturbi della psiche e/o di circostanze che provocano forti emozioni, proiettano *fuori* ciò che hanno *dentro*, senza più potere distinguere tra mondo interiore ed esteriore, tra sensazione soggettiva e realtà oggettiva. Gesù fu ancora vivo, dunque, per chi aveva dentro un desiderio, che si fece poi convinzione...

Ma, anche qui, qualcosa d'importante non funziona: in effetti, lo studio psichiatrico di questi fenomeni rivela che nessuna "visione", nessuna "allucinazione" di questo tipo è mai accompagnata dal dubbio su ciò che soggettivamente si crede di avere scorto e vissuto. Il visionario, l'allucinato non esitano mai: e proprio in questa mancanza d'incertezza, in questa convinzione incrollabile è il segno più vistoso del loro stato patologico.

Ora: tutti e quattro gli evangelisti attribuiscono molti e forti dubbi e incertezze ai protagonisti delle presunte "visioni" pasquali. Quasi a precorrere le diffidenze dei razionalisti, i testi del Nuovo Testamento affermano che non solo Tommaso ma tutti gli altri, Pietro compreso, hanno dubitato della realtà delle apparizioni.

È facile, certo, la replica: «Questo clima di incertezza è stato attribuito agli apostoli come tocco di ulteriore verosimiglianza da parte degli astuti redattori evangelici. Anche simili dubbi sono, come ha detto un critico sintetizzando l'opinione di molti, "invenzioni apologetiche per rafforzare la fiducia dei lettori nella verità dei racconti"».

«*Singulière apologétique!*» replicava già alcuni decenni fa un biblista, Paul Ladeuze, che continuava: «Davvero una strana apologetica, questa, che avrebbe fornito agli avversari, nei secoli, nuove armi».

Infatti, in quegli stessi evangeli in cui le "colonne della fede" stesse, gli apostoli, sono rappresentati perplessi e dubbiosi, talvolta sino alla testardaggine, nel rifiutare chi dice di avere "visto", sta scritto: «Rispose Gesù: "In verità vi dico: se avrete fede e non dubiterete..."» (Mt, 21,21).

E a Tommaso, proprio perché ha dubitato, non credendo subito alla risurrezione tocca il rimprovero: «Perché mi hai veduto, hai creduto: beati quelli che, pur non avendo visto, crederanno!». È lo stesso biasimo del Risorto ai due discepoli sulla strada di Emmaus: «Stolti e tardi di cuore nel credere alle parole dei profeti!» (Lc, 24,25).

C'è, qui, una delle tante "discontinuità", una delle molte, inspiegabili contraddizioni con le esigenze della Chiesa nascente. I racconti sulle esitazioni dei discepoli devono necessariamente rispecchiare una realtà storica. I redattori evangelici, cioè, non potevano introdurli per rendere più verosimili le apparizioni, se non al costo devastante di mostrare gli apostoli stessi, le "colonne della fede", andare contro il comando di Gesù, sino al punto di meritarne i rimproveri. Nella prospettiva del Maestro, in quella sua dimensione di fede voluta come priva di esitazione, la tomba vuota, unita al ricordo delle sue parole e alla rilettura delle profezie, sarebbero dovute bastare a credere nella risurrezione.

In effetti, unico tra tutti, Giovanni, «il discepolo che Gesù amava», subito «vide e credette» (Gv, 20,8), mentre gli altri, Pietro compreso, «non avevano ancora inteso la Scrittura, che egli cioè doveva risuscitare dai morti» (ivi, 9). Persino Maria Maddalena, pur prima e privilegiata testimone, invece che da una fede di risurrezione è invasa, come prima reazione, dalla certezza di un furto: «Hanno portato via il Signore dal sepolcro e non sappiamo dove l'hanno posto!» (Gv, 20,2).

Che gli evangelisti non potessero seguire la strada della "*singulière apologétique*" di cui sono sospettati, lo dimostra il fatto che da Celso, a Voltaire, a Renan, sino ai nostri giorni si farà del sarcasmo proprio su questi dubbi dei discepoli: «Vorrebbero da noi la fede che essi stessi non hanno avuto!». «Che intimità era mai la loro col Maestro se, dopo essere vissuti tanto con lui, neanche lo riconoscono quando appare?».

Non basta con questa storia delle allucinazioni? Si continua (è inevitabile, in qualche modo è doveroso: il dubbio – lo sappiamo – deve avere i suoi diritti, nel "sistema" cristiano), si continua, dunque, a insistere? E allora noi (è altrettanto doveroso) insistiamo nel ragionare.

Così, tra i tanti possibili, occupiamoci di Charles Guignebert, che cerca di convincerci che all'origine della credenza ci sia una serie di visioni a catena, iniziate nella mente di Pietro, alterato da un eccesso di amore per un uomo che «era troppo grande perché lo si potesse credere morto per sempre». Guignebert è in effetti colui che chiude la sua storia di Gesù, tradotta da noi nelle edizioni Einaudi, scrivendo: «Fu l'entusiasmo a generare il cristianesimo; ma l'entusiasmo dei discepoli, non quello di Gesù».

Eppure, questo cattedratico razionalista e incredulo sa bene di avere dei problemi. Di uno, onestamente, fa parte al lettore: «Perché», si chiede infatti, «l'esaltazione dei discepoli si spense dopo avere dato vita al massimo a una decina di visioni? Le molte sètte visionarie di ogni tempo sono ben più feconde. Le allucinazioni non si spengono così presto».

In effetti, dopo l'Ascensione, cioè quaranta giorni dopo la Pasqua, la sola apparizione del Risorto di cui si narra è quella – ma ormai di altra natura rispetto a quelle pasquali – riservata a Paolo sulla via di Damasco. Quando Pietro è in carcere, in imminente pericolo di vita, visto che il re Erode Agrippa intende ucciderlo «perché questo era gradito ai Giudei», per liberarlo non gli appare il Maestro, bensì «un angelo del Signore» (At, 12,7).

Ma, tornando alla visione di Paolo: proprio a proposito di questo episodio misterioso, occorrerebbe anche chiedersi come la teoria di Guignebert del "contagio psichico" spieghi il fatto che quel "contagio" colpisca (e a distanza di almeno tre anni dalla scomparsa alla vista di Gesù) un uomo che non solo non faceva parte della comunità di presunti allucinati, ma che era anzi «fremente minaccia e strage contro i discepoli del Signore» (At, 9,1).

Ma certo: Paolo, per tanti che gli hanno anche dedicato poco benevoli trattati dal taglio psichiatrico, Paolo è il maniaco tutto chiuso nel suo mondo artificioso. Eppure, proprio questo presunto "fanatico", considerato incapace di distinguere tra allucinazione e realtà, sembra ben lucido e onesto se, rievocando per i cristiani di Corinto la sua sconvolgente esperienza nei pressi di Damasco, si premura di precisare per due volte in versetti successivi: «Se con il corpo o fuori del corpo non lo so, lo sa Dio» (2 Cor, 12,2-3). Una prudenza nel precisare che non rientra per niente – checché ne vogliano i Guignebert – nel «quadro psichico del tipico allucinato».

Ma su questa strada occorre continuare. Qui, in effetti, ci stiamo interrogando sul tema decisivo per eccellenza: il passaggio dalla croce e dal sepolcro al cristianesimo, la nascita stessa della fede e i modi con cui colmare *le trou*, il buco che separa il morto Gesù dal risorto Cristo.

XI.
Una coperta troppo corta

«Questo profeta, che al massimo aveva suscitato una curiosità venata di simpatia tra i proletari di Galilea, fu uno di quei pretendenti al titolo messianico che Israele vedeva di tanto in tanto spuntare tra le sue fila. Il suo fallimento è stato totale. Egli si è dunque ingannato. La verosimiglianza, la logica, richiedevano che il suo nome e la sua opera cadessero nell'oblio, al pari di tanti altri che in Israele avevano creduto di essere qualcuno...».

Con questa citazione proprio di Charles Guignebert iniziavamo, nelle nostre *Ipotesi su Gesù*, il capitolo dedicato a quello stesso tema che, con più ampiezza, abbiamo rimesso ora sotto inchiesta. Il tema decisivo, cioè, del passaggio dalla sconfitta di Gesù alla proclamazione del glorioso, vittorioso Cristo; l'enigma dell'effetto esplosivo (il cristianesimo) e della causa, del tutto inadeguata, se davvero con il venerdì sera tutto non fu che silenzio e pianto, interrotti solo da allucinazioni che, più che spiegare, renderebbero ancor più incomprensibile il "caso". Il quale è assolutamente unico (e non poteva essere diversamente, per le ragioni che già abbiamo spiegato) nella storia di Israele, sia prima che dopo il Nazareno.

L'osservazione di Guignebert è, dunque, del tutto fondata: «La verosimiglianza, la logica, richiedevano che il suo nome e la sua opera cadessero nell'oblio...». Ma sono proprio ragioni come queste che rendono inverosimile la tesi sua e di tanti altri, che vogliono spiegare l'incomprensibile fede pasquale dei discepoli avviliti e delusi, escludendo a priori, in nome del razionalismo, quella misteriosa ma reale "esplosione" che i credenti indicano nella risurrezione.

Per dirla non certo con un autore confessionale, ma con il marxista e ateo cecoslovacco Machovec: «Come mai i seguaci di Gesù, e in particolare il gruppo di Pietro, furono capaci di superare la terribile delusione, lo scandalo della croce, approdando anzi – e subito – a un'offensiva vittoriosa? Come mai un profeta le cui predizioni non si erano avverate è potuto diventare il punto di partenza della più grande religione del mondo? Intere generazioni di storici si sono poste queste domande e continueranno a porsele...»

Sono domande tanto insolubili che alcuni – e non si può negare loro onesta coerenza – hanno preferito abbandonare le vie stesse della storia. Così, hanno finito addirittura per ipotizzare che, all'origine della fede, non ci sia un uomo inspiegabilmente divinizzato – e tra timorati ebrei, poi! – ma un mito di liberazione e di salvezza al quale, poco a poco, si sarebbe dato un nome e una storia. Ma si finisce però, anche così, con una simile "ipotesi mitologica", in un'altra palude simile a quella cui conduce l'"ipotesi critica" e dalla quale è impossibile uscire con la sola ragione.

Comunque sia, in quelle nostre *Ipotesi* che citavamo, prendevamo Paul-Louis Couchoud come esempio più brillante e divulgativo della scuola "mitologica" (che tra l'altro annoverava – o annovera, se ancora ne esiste qualcuno – gli "studiosi" di scuola marxista, a cominciare da Friedrich Engels). Citavamo, dunque, quel Couchoud che, dinanzi ai colleghi a lui contemporanei, critici razionalisti alla Guignebert, così argomentava: «Chiunque tenterà di chiarire le origini cristiane dovrà prendere una grande decisione. Gesù è un problema. Il cristianesimo è l'altro. Lo studioso non potrà risolvere l'uno dei due problemi se non rendendo l'altro insolubile. Se egli si attacca al problema di Gesù, dovrà percorrere le vie dei biblisti razionalisti. Dunque, dipingerà – con maggiore o minore quantità di colori – un agitatore messianico, un *rabbi* del tempo degli ultimi Erodi. Gli attribuirà lineamenti verosimili per poterlo integrare nella storia. Se egli è un abile critico, farà un ritratto plausibile, tale da meritare l'applauso».

«Tuttavia», continua lo studioso francese, «il cristianesimo si leverà come un fatto inesplicabile. Come mai l'oscuro maestro si è mutato in Figlio di Dio, oggetto inesauribile del culto e della teologia cristiana? Qui ci troviamo fuori dalle strade aperte dalla storia. Mancano le analogie. Il cristianesimo è un'incredibile assurdità e il più bizzarro dei miracoli».

Poiché il miracolo, qui, occorre comunque tirarlo in ballo («Nella storia di Israele non c'è e non potrà mai esserci alcun posto per l'adorazione di un uomo; e chi affermasse il contrario uscirebbe dalla ragione per rifugiarsi nel prodigioso», per dirla ancora con Couchoud), tanto vale accettarlo. Ma meglio accettare, allora, quello dei vangeli, che proprio qui, nel cuore e nella base della fede, si rivelano – a sorpresa – come il solo rifugio per chi davvero ragioni.

Ipotizzare, come fanno i cristiani, il "miracolo Risurrezione", esige dalla ragione *minor sacrificio* che tentare di spiegare per altre vie – magari quelle dei rumori notturni e delle "visioni" di donne isteriche – l'incredibile sicurezza recuperata subito da una comunità a proposito della quale lo stesso Guignebert scrive testualmente: «La crocifissione miseranda e, secondo il sentimento ebraico, scandalosa, aveva gettato i discepoli dall'entusiasmo alla prostrazione più profonda».

Per stare ancora a Guignebert, terminavamo il capitolo precedente osservando che, talvolta, persino in tanta sicurezza, un dubbio si insinua, ed è così forte da uscire allo scoperto. In effetti, dopo essersi allineato alla teoria del «contagio psichico» iniziato nella mente di Pietro (e non nel cuore della Maddalena, come vorrebbero tanti altri suoi colleghi: le donne, si sa...), Guignebert si chiede: «Perché l'esaltazione dei discepoli si spense dopo avere dato vita al massimo a una decina di visioni? Le molte sètte visionarie di ogni tempo sono ben più feconde. Le allucinazioni non si spengono così presto». E terminavamo il capitolo segnalando questo "dubbio", che è tra quelli che non trovano risposta plausibile.

Ma c'è qualcuno che, accomunato ai Guignebert da difficoltà che spuntano da ogni parte, preferisce la via più comoda dell'eliminarle, espellendo dai testi, senza tanti complimenti, quel che non quadra con la teoria.

È questo il caso, tra i tanti, di quell'altro maestro della critica razionalista (pur essendo, ai suoi tempi, docente alla facoltà teologica dei protestanti, a Strasburgo) col quale ogni tanto – qui e in

Patì sotto Ponzio Pilato? – ci è capitato di incontrarci, Maurice Goguel. Anche per lui, naturalmente, la fede in un Gesù risorto nasce (testualmente) «dall'idea che la malvagità degli uomini aveva potuto sì far morire Gesù, ma che Dio lo aveva liberato dalla morte».

A differenza, però, di tanti suoi colleghi, Goguel non si nasconde che sarebbe il massimo, per chi conosca anche solo un poco il mondo semitico, voler far credere che degli ebrei di quell'epoca potessero concepire l'esistenza di un'anima, di uno spirito, separati dal corpo. Non cade in questa ingenuità, il professor Goguel, ma solo per affermare che allo "spirito" di Gesù è stato attribuito un corpo in un secondo tempo. «Questa fede», scrive tra l'altro, «fu tanto viva da proiettarsi all'esterno e materializzarsi in visioni di carattere estatico». In realtà, anche così resta da spiegare tutto: e, cioè, come quei pii giudei abbiano potuto giungere al "secondo tempo", quello in cui le visioni avrebbero assunto aspetto "materiale", visto che il "primo tempo" non era neppure concepibile per loro.

Lo studioso ignora però questa difficoltà e passa oltre. Incappando subito in quell'altro problema che già ben conosciamo e che anch'egli confessa non essere facilmente risolvibile. Si tratta dello stato d'animo di prostrazione e di delusione dei discepoli: stato d'animo che rendeva del tutto problematico se non impossibile, sul piano psicologico, un clima favorevole alle famose "visioni estatiche". Ecco allora che, per salvare la sua teoria, se la prende con i fatti: dunque, ricorre al consueto, ma troppo facile espediente di dichiarare «mera interpolazione leggendaria» tutto ciò che i vangeli dicono sulla fuga, il tradimento, il crollo morale e psicologico, il vacillare se non il dissolversi della fede di amici, discepoli, apostoli stessi.

Tra quanto Goguel elimina, lavorando di ascia, c'è anche il triplice rinnegamento di Pietro, che dichiara "tendenzioso". A che cosa avrebbe "teso" ("tendenzioso": da "tendere"...) l'invenzione di un simile episodio, davvero non si vede: se non, proprio al contrario di quanto Goguel vuol far credere. A mettere, cioè, masochisticamente in difficoltà quella stessa comunità che l'avrebbe inventato.

In molti luoghi del libro sulla passione e morte abbiamo visto con ampiezza come il comportamento degli apostoli e discepoli in quelle tragiche ore sarebbe stato semmai da nascondere, non certo da "inventare"!

C'è, qui, uno dei maggiori esempi di quella "discontinuità" che fa pensare a colpo sicuro ad elementi storici e (purtroppo per gli evangelisti) non celabili, in quanto svoltisi in pubblico: una dolorosa necessità per la comunità, che doveva ammettere che anche i suoi venerati capi stessi erano venuti meno non solo alla fede in quel loro Gesù come Messia, ma pure alla fedeltà dovuta in Israele a ogni maestro.

Se non si riesce a capire a che cosa avrebbero "teso" gli evangelisti, è ben chiaro invece a che "tendano" i critici alla Goguel: mostrare che l'abbattimento dei discepoli per lo scacco subìto da quel Nazareno non si era verificato, che era comunque meno grave di quel che non si creda; e che, dunque, la subitanea, totale "ripresa" dopo il tragico venerdì aveva potuto verificarsi, sulla base di allucinazioni, plausibili in un gruppo di discepoli che non aveva perduto la fiducia, ma la conservava a dispetto della conclusione disastrosa della storia.

Insomma, è il procedimento che conosciamo: sopprimere i fatti, prendersela – contro ogni verosimiglianza – con i testi evangelici, pur di salvare la propria teoria, la tesi preconfezionata. Teorie e tesi che qualcuno ha paragonato a quegli scomodi piumoni sui letti dell'Europa nordica, a quelle irragionevoli trapunte: troppo corte per coprire insieme piedi e spalle, qualcosa di importante resta sempre fuori...

Resta fuori, tra l'altro, un problema cui già altre volte accennammo, ma che proprio qui – nel punto preciso delle origini stesse della fede – rivela tutta la sua insolubilità.

In effetti, per scontrarsi con questo problema non occorre neppure accettare le nuove ipotesi (che pure appaiono credibili, come documentammo in *Patì...*, seppure con le dovute prudenze) di un Jean Carmignac e di altri, tra cui A.T. Robinson e Claude Tresmontant e, in Italia, di Paolo Sacchi.

Le ipotesi, cioè, che, postulando una prima e definitiva redazione dei Sinottici in una lingua semitica (aramaico o ebraico), condurrebbero a concludere che i vangeli furono non solo annunciati, ma addirittura scritti prima ancora che il loro messaggio lasciasse Israele, allorché – per ragioni ovvie di apostolato – fu necessario passare al greco, lingua franca di tutto il bacino del Mediterraneo. Vangeli, dunque, risalenti (e nella stessa stesura che noi oggi leggiamo) addirittura al 50 o giù di lì.

Non occorre neppure accettare la sconvolgente ipotesi lanciata prima dal docente del Pontificio Istituto Biblico, José O'Callaghan, e che poi – seppure tra polemiche – ha guadagnato l'assenso di altri studiosi: la presenza, cioè, in una grotta di Qumràn (sigillata certamente prima dell'anno 68) di un frammento di papiro con alcune parole del vangelo di Marco.

Se l'identificazione fosse fondata (vi abbiamo dedicato un lungo capitolo, cui rinviamo, nel libro sulla Passione) avremmo una ulteriore conferma di una realtà che peraltro, anche senza queste nuove "scoperte", è ormai pacificamente accettata dalla stragrande maggioranza degli studiosi attuali, quale che sia il loro orientamento ideologico o confessionale. La realtà, cioè, di un Gesù proclamato risorto – in pubblico e in Israele, anzi a Gerusalemme stessa – pochissimo tempo dopo la morte. Quando, dunque, coloro stessi che lo avevano inviato al supplizio non solo erano vivi, ma avevano conservato tutto il loro potere.

Con certezza storica ormai indiscutibile, sappiamo che il primo annuncio, il primo *kérygma* («Gesù è il Signore perché è risorto»), risuonò sulle piazze di Giudea e di Galilea addirittura mentre Ponzio Pilato – deposto nel 36 – era ancora Procuratore della Giudea. Mentre, soprattutto, era ancora in carica il Sinedrio ebraico guidato dal Sommo Sacerdote Caifa. La famiglia del suocero Anna controllò quella istituzione addirittura sino alla caduta del Tempio e alla distruzione di Gerusalemme, nell'anno 70. Nell'anno 62, il quinto figlio di quella sorta di "padrino" mafioso (contro lui e la sua famiglia di sadducei collaborazionisti con i romani è durissimo anche il Talmud, nato negli ambienti della comunità nemica, e sopravvissuta alla catastrofe, quella dei farisei), il quinto figlio, dunque, asceso al posto di Sommo Sacerdote e chiamato anch'egli Anna – o Anania o Anano, secondo le varie fonti – fece uccidere, come conferma Giuseppe Flavio, Giacomo il Minore, vescovo della comunità cristiana di Gerusalemme.

Ecco dunque il problema di tutti coloro che parlano di un «contagio psichico», di illusioni, di fenomeni mistici, di un equivoco (voluto o involontario che sia) alle origini della fede pasquale: come sostenere che quegli ingenui o allucinati – o disonesti o falsari che fossero – abbiano potuto esporre le loro elucubrazioni deliranti su un condannato a morte secondo tutti i crismi legali? E questo avrebbero potuto fare sotto il naso e accanto alle orecchie di coloro che lo avevano inviato al patibolo?

Non dimentichiamo, tra l'altro, che in una società teocratica – come era Israele, pur sotto la dominazione dei romani, che tolleravano il più possibile, da accorti politici, le usanze e credenze di fede – la colpa religiosa era anche un reato penale. A una bestemmia (il tragico precedente di Gesù lo aveva ben riconfermato) si rispondeva, infatti, con la pena di morte, non con discussioni accademiche. Matteo: «Allora il sommo sacerdote si stracciò le vesti gridando: "Ha bestemmiato! Perché abbiamo ancora bisogno di testimoni? Ecco, ora avete udito la bestemmia, che ve ne pare?". E quelli risposero: "È reo di morte!"» (26,65a).

Ebbene, era bestemmia allo stesso modo, se non peggiore, annunciare che quel blasfemo Galileo, giustiziato secondo quanto la legge ebraica prescriveva, era vivo, era stato assunto presso Dio, era Dio egli stesso. Stefano, il primo martire cristiano, è lapidato proprio per avere predicato questo. Giacomo fa la stessa fine, Paolo e gli altri apostoli, Pietro incluso, rischiano di farla.

Eppure, dal punto di vista del Sinedrio (e dell'autorità romana, stando pure alla quale era reato annunciare che il condannato dal Procuratore, conformemente – almeno sul piano formale – alla legge imperiale, non solo era innocente ma era il vero «re dei Giudei»), per il Sinedrio, dunque, il mezzo per finirla subito con quella commedia non era la repressione sanguinosa. Meglio, molto meglio sarebbe stato seppellire quei "nazareni", come erano con spregio chiamati, sotto il ridicolo. Bastava, ad esempio, mostrare il cadavere del presunto Risorto. Era stato rubato dai discepoli e non si sarebbe più saputo come ritrovarlo?

Qui si apre il problema del furto di cui i discepoli, stando ai vangeli, sono accusati dal Sinedrio: «Così, questa diceria si è divulgata tra i Giudei sino ad oggi» (Mt, 28,15). Ma simile questione è ovviamente troppo importante perché non contiamo di dedicarvi un apposito capitolo.

Lasciando dunque da parte, per ora, la possibilità per giudei o romani di mostrare o meno quel cadavere – o quanto ne era restato – basterà dire che anche molti ipercritici moderni non credono alla possibilità del furto da parte dei discepoli. Maurice Goguel è tra questi: per lui, il corpo non è stato sottratto.

Ma, allora, come continuare a far muovere impunemente quelli che per lui altro non sono che dei visionari, degli allucinati, per le vie della capitale stessa della Giudea, sede della suprema autorità ebraica?

Ecco allora Goguel (ma il suo metodo è di tanti) che, dopo avere soppresso – dichiarandoli interpolati – i particolari della Passione e della Morte che non si accordano con la sua teoria, passa a sopprimere i racconti della sepoltura. Niente sepolcro di Giuseppe d'Arimatea, ovviamente. Anzi, niente sepolcro del tutto: meglio pensare a quella fossa comune che è il rifugio di tanti altri esegeti, che cercano di fare quadrare le loro teorie con i renitenti versetti evangelici.

Di questo tema "fossa comune" abbiamo più volte parlato al momento debito, affrontando i racconti della morte. Non ci ripetiamo, dunque; né abbiamo intenzione di anticipare quanto occorrerà aggiungere, più avanti, a ciò che già è stato detto.

In estrema sintesi, comunque: non solo l'ipotesi dell'anonimo carnaio non appare credibile; ma il fatto stesso che una simile ipotesi sia avanzata mostra quanto sia imbarazzante, anche per gli specialisti più disinvolti, la certezza che gli annunciatori della risurrezione non potevano essere lasciati indisturbati dal Sinedrio. Né, meno che mai, dalle autorità imperiali di occupazione.

Qualcuno ha scelto, allora, un'altra strada, anch'essa comoda – certamente troppo – per aggirare l'ostacolo. Ecco infatti le molte ricostruzioni che spostano tutte e solo in Galilea le "visioni" dello pseudo-risorto, le "allucinazioni" che starebbero alla base della fede della comunità primitiva. Allontanandosi di alcune decine di chilometri da Gerusalemme, si spera di eliminare la difficoltà minacciosa del Supremo Consiglio di Israele, critico delle affermazioni di Pasqua ben più implacabile di tutti i critici moderni e dei loro metodi "scientifici".

Un simile spostamento geografico non risolve ovviamente nulla: ovunque siano avvenute le presunte "visioni" (anche nei vangeli, del resto, molti incontri con il Risorto sono localizzati in Galilea), è attestata con certezza la presenza di una comunità cristiana a Gerusalemme. E questo da subito, come ben ricordano gli Atti degli Apostoli, e come testimoniano quei martirii e quelle persecuzioni cui accennavamo.

Ma torniamo a Maurice Goguel, cui dedichiamo tanta attenzione non solo perché esponente tra i più autorevoli e influenti (anche tra i non addetti ai lavori: i suoi libri sono tuttora ristampati e diffusi, e non soltanto in Francia), della moderna critica cosiddetta "indipendente"; ma anche perché il suo modo di fornire ricostruzioni dei fatti evangelici – modo pur corazzato di citazioni eruditissime – è esemplare di come ragionino tanti.

In una *prima* fase, dunque, ci furono delle "visioni" di tipo allucinatorio.

Queste, poi, in una *seconda* fase, vennero "materializzate": dal fantasma al corpo risorto, visto che gli ebrei non si accontentavano dello "spirito" di una persona per dirla nuovamente viva.

Si arrivò infine alla *terza* fase, quella della fissazione dei ricordi in testi scritti che – attraverso oscuri passaggi successivi – sarebbero diventati i vangeli che conosciamo e che solo un ingenuo potrebbe leggere e accettare così come stanno. Come si giunse a ciò? Risponde lo stesso Goguel, con queste parole, ovviamente testuali: «D'istinto, dovendo scegliere tra le apparizioni di cui si favoleggiava, si diede la preferenza ai racconti di apparizioni *collettive*, che si prestavano meno che le apparizioni *individuali* al sospetto di essere sogni o illusioni».

È però un peccato – davvero un peccato! – che anche questa volta i testi del Nuovo Testamento si rifiutino ostinatamente di adattarsi alla teoria, allo schema professorale. Come mai, tanto per rifarci a un primo esempio (ma è del resto, come sappiamo, quello decisivo), sia Marco che Giovanni – esponenti di due diverse tradizioni – riferiscono che la prima apparizione è stata riservata a Maria Maddalena, che non solo è donna, ma è anche detta, esplicitamente, essere *sola*? Eppure, è lo stesso Goguel che, contro la sua stessa tesi, definisce questa "visione" come «la più importante dal punto di vista psicologico, perché è quella che ha scatenato tutte le seguenti». Eppure, non è affatto *collettiva*, è *individuale*...

Ma le cose non quadrano neanche stando all'elenco di apparizioni dato da Paolo, in quella testimonianza fondamentale del XV capitolo della Prima lettera ai Corinzi alla quale già, e più volte, dedicammo spazio.

Dice Paolo: Colui che «fu sepolto ed è risuscitato il terzo giorno, secondo le Scritture», prima di tutto «apparve a Cefa» (da solo!) e «quindi ai Dodici». In seguito, è vero, «apparve a più di cinquecento fratelli in una sola volta», ma, subito dopo, si aggiunge: «apparve a Giacomo...». Infine: «Ultimo tra tutti apparve anche a me, come a un aborto...». Questa sulla via di Damasco è essa pure, malgrado l'umiltà di Saulo, una delle "visioni" fondanti, dalle conseguenze decisive per il cristianesimo nascente. Qui, attorno al futuro apostolo, c'è un gruppo, ma, guarda caso, Luca preferisce escluderlo per dedicarsi a uno solo: «Gli uomini che facevano il cammino con lui si erano fermati ammutoliti, sentendo la voce ma non vedendo nessuno...» (At, 9,7).

Quando poi ci sono davvero accenni ad apparizioni collettive, si è davvero sicuri, come pensa un Goguel, che queste si prestassero meglio a coprire l'illusione o l'inganno? In realtà, il Nuovo Testamento – letto con attenzione e senza pregiudizi – sembra pensare il contrario. Infatti, queste cristofanie collettive, giudicate presunti mezzi di maggiore garanzia di storicità e, dunque, di verità, sembrano invitare, al contrario, al sospettoso controllo. Torniamo ancora una volta alla solita, fondamentale testimonianza di 1 Cor, 15, dove Paolo mescola cristofanie individuali e collettive e dove scrive, lo abbiamo appena ricordato, «in seguito apparve a più di 500 fratelli in una sola volta»; aggiungendo subito: «la maggior parte di essi vive ancora, mentre alcuni sono morti». Un'espressione che – come già ci capitò di osservare – non è messa a caso: è un invito a verificare, interrogando i testimoni. I quali (vedemmo anche questo) non furono affatto intesi dalla Chiesa primitiva come una massa anonima, dunque facile preda di illusioni, ma costituirono una sorta di "collegio di testimoni", probabilmente con tanto di elenchi nominativi aggiornati.

Non è certo questo il comportamento di chi voglia imbrogliare le carte, affogando tutto nell'indistinto, dove può vigoreggiare il mito, la leggenda.

Ma si osservi anche che il racconto di questa apparizione ai cinquecento – la più affollata di cui abbiamo notizia, dunque quella "collettiva" per eccellenza – è precedente alla stesura dei vangeli. Eppure, i redattori di questi ultimi la lasciarono fuori, non vi si riferirono in alcun modo, preferendo tramandarci il resoconto di incontri del Risorto con singoli o con piccoli gruppi!

E si potrebbe continuare. Ma sarebbe quasi da maramaldi, davanti a certi schemi, che mostrano il pregiudizio non appena ci si accosti ai testi "veri" e non a quelli "desiderati". E sarebbe anche inutile per il lettore cui basti questo, per ora, per giudicare se sia o no troppo corta la coperta per cercare di spiegare l'inspiegabile: che è, poi, il passaggio dalla disperazione del venerdì sera alla gioia e all'energia indomabile della domenica mattina.

XII.

«Vide e credette»

Malgrado venti secoli di appassionata lettura credente e due di occhiuta, spesso sospettosa, lettura "storico-critica", si ha l'impressione - che è poi certezza, fondata sull'esperienza quotidiana dell'indagatore - che le parole greche del Nuovo Testamento siano ancora lontane dall'avere rivelato tutta la loro profondità e tutti i loro segreti. Si ha l'impressione, cioè, che, dietro quelle antiche espressioni, ci siano ancora molte cose da capire e da portare alla luce. Così che, agli scavi archeologici, può e deve accompagnarsi lo scavo sempre più approfondito dentro testi la cui inesauribilità è tra gli aspetti che più inducono a convincersi di un Mistero che vi stia dietro.

In questo capitolo, e in quelli seguenti, ci confronteremo con uno di quei casi in cui, probabilmente, la comprensione sinora avuta di certe espressioni va mutata, aprendo nuove prospettive. E questo proprio nel cuore della fede, proprio al suo inizio stesso, il mattino di Pasqua.

La fede in Gesù come il Cristo atteso da Israele nasce infatti, per tutti, con le apparizioni del Risorto. Per tutti, tranne che per uno: per il discepolo prediletto, per colui che «il Maestro amava», per il giovane Giovanni. È costui stesso che, nel suo vangelo, ci racconta come, entrato con Pietro nel sepolcro "vuoto" (ma che, poi, evidentemente, vuoto del tutto non era, visto che vi era abbastanza da indurre alla fede), «*vide e credette*» (Gv 20,8): *Eîden kaì epísteusen*, nell'originale greco. Un'espressione sintetica, lapidaria, che segna un momento solenne: è in quell'istante, in effetti, che nasce la fede, che nasce il cristianesimo stesso.

Ma perché Giovanni «*credette*», a differenza di Pietro che pure, prima di lui e poi accanto a lui, vide le stesse cose e restò perplesso, senza «ancora avere compreso la Scrittura, che egli cioè doveva risuscitare dai morti», come aggiunge Giovanni stesso (20,9) e come conferma Luca, 24,12 («(Pietro) tornò a casa pieno di stupore per l'accaduto»)? Perché a Giovanni basta ciò che ha scorto, appena entrato nel sepolcro, mentre a Simone, che pure è capo del collegio apostolico, occorre una speciale iniziativa del Risorto stesso, per stare a Luca nella finale del resoconto dei discepoli sulla via di Emmaus: «Davvero il Signore è risorto ed è apparso a Simone» (Lc, 24,34)?

È una domanda di straordinaria importanza perché, lo dicevamo, dalla sua risposta dipende il momento stesso della nascita della fede. Eppure, è sorprendente constatare come si sia sorvolato proprio su questo versetto decisivo.

Ci si accontenta, così, di spiegazioni che in realtà non spiegano nulla come (citiamo un solo esempio, tra i più recenti e diffusi) la nota che a quel «*vide e credette*» appone la traduzione ecumenica della Bibbia: «Il discepolo vede nella tomba vuota e nelle bende piegate con cura il segno che lo conduce a riconoscere, nella fede, la risurrezione di Gesù».

Siamo ben lontani da una spiegazione soddisfacente: la "tomba vuota" è tutt'altro che un segno inequivocabile, tant'è vero che non è bastata a far intuire la verità alle donne, le quali, «entrate (nel sepolcro) non trovarono il corpo del Signore. Mentre erano *incerte per questo*...» (Lc, 24,4). La sola scomparsa del cadavere autorizzava tutte le supposizioni, a cominciare dal furto, come pensa – piangendo, e per stare allo stesso Giovanni – Maria di Magdala (20,11 ss.).

Non è poi ammissibile l'altro elemento della presunta spiegazione: le «bende piegate con cura» come «segno» della Risurrezione, evidentemente sul presupposto, da parte dell'autore della nota, che un ladro avrebbe lasciato tutto in disordine e non avrebbe perso tempo a mettere ordine. Non è ammissibile, innanzitutto, perché proprio le "bende" (come dice, con scarsa precisione, la nota) erano, stando alla traduzione della Cei – che è il testo utilizzato per l'edizione italiana della traduzione ecumenica, di cui si sono riprodotti solo i commenti – quelle "bende", dunque, erano gettate «per terra», come Giovanni ripete per due volte (20,5-7). In apparente ordine («piegato in un luogo a parte», Gv, 20,7, per dirla con la stessa traduzione) era semmai «il sudario che gli era stato posto sul capo» (*ibid.*).

Dunque, la tomba presentava un aspetto insieme ordinato e disordinato. Sia la sparizione del cadavere sia l'aspetto delle vesti funerarie sembravano lanciare un messaggio ambiguo, aperto a tutte le interpretazioni. Tale, comunque, da non giustificare affatto quel «*vide e credette*».

Oltretutto, dal contesto sembra chiaro che quel "credette" non risale al fatto che la tomba fosse vuota, ma piuttosto al fatto che c'era là dentro – in quell'alba della prima domenica della storia – "qualcosa" che indusse di colpo Giovanni a credere. Divenendo, se così possiamo dire, il primo cristiano. Che cos'era quel "qualcosa"? È possibile, scrutando i testi, riuscire a intravedere quali siano stati quei "segni" tanto inconfutabili?

Occorre riconoscere (come già abbiamo fatto e faremo) che l'annuncio primitivo del cristianesimo, quale ci appare dal Nuovo Testamento, sembra quasi dimenticare la tomba. Il fatto che sia restata vuota non entra nel Credo e tutta la prima predicazione insiste, come prova di verità, unicamente sulle apparizioni.

Solo nel vangelo di Luca vi è l'episodio narrato anche da Giovanni, ma vi si cita soltanto Pietro: «Pietro corse al sepolcro e, chinatosi, vide solo le bende. E tornò a casa pieno di stupore per l'accaduto» (Lc, 24,12).

La tradizione cui Luca ispira il suo vangelo è quella che ha raccolto da Paolo: in essa, evidentemente, l'episodio era raccontato in modo abbreviato, non citando Giovanni (probabilmente perché ancora troppo giovane al momento dei fatti e, dunque, non abbastanza autorevole), ma confermando quanto nel quarto vangelo è detto, a proposito degli effetti di perplessità e non di fede procurati su Pietro dalla visita al sepolcro.

Si noti, tra l'altro, nel brano di Luca appena citato, quel "chinatosi", che è esattamente il "chinatosi" di Giovanni, che lo riferisce a se stesso, ma che ha lo stesso valore: quello, cioè, di una sorta di "frammento" di ricordo diretto, restato nel racconto fatto dagli stessi protagonisti. È un altro dei tanti segnali, sparsi per tutto il vangelo, che rinviano – all'improvviso e senza alcun sospetto di premeditazione – a una testimonianza diretta e oculare, a un elemento cronachistico.

Ma è tra i segnali di verità, anche perché rispecchia una realtà che l'archeologia ha confermato: come tutte quelle dei notabili d'Israele, anche la tomba di Giuseppe d'Arimatea era scavata nella roccia e la sua apertura era più bassa della statura di un uomo. Così che, per entrarvi o anche solo per guardarvi dentro, occorreva "chinarsi": proprio come dicono il vangelo di Luca e quello di Giovanni.

Tra l'altro, tra le tracce e gli indizi di nascosto accordo tra i vangeli, c'è un "segnale" nello stesso capitolo 24 di Luca dove, al versetto 12, per brevità o per il motivo che dicevamo (l'età di Giovanni, in un mondo dove aveva valore solo la testimonianza di uomini maturi) non si parla che di Pietro accorso al sepolcro. Ma ecco che, poco sotto, i due discepoli che se ne vanno verso Emmaus e parlano con lo Sconosciuto, dicono: «Alcuni dei nostri sono andati alla tomba e hanno trovato le cose proprio come le donne avevano detto, ma lui non l'hanno trovato!» (Lc, 24,24). I verbi al plurale («alcuni dei nostri» è il soggetto) non possono spiegarsi con il solo Pietro di cui lo stesso evangelista aveva parlato e sembrano confermare che accanto a lui c'era qualcun altro, visto che non vi è cenno di altre visite al sepolcro da parte di uomini (delle donne gli evangelisti parlano sempre a parte, e distinguendo con chiarezza).

Comunque sia, soltanto quando Giovanni – dopo che i Sinottici avevano già scritto, secondo il parere comune degli studiosi – redasse il suo vangelo, dell'episodio fu data la versione "completa"; e fu data dall'evangelista-apostolo stesso, che dice di avervi partecipato in prima persona.

La riportiamo qui, quella versione giovannea, come al solito nella traduzione della Conferenza Episcopale Italiana.

C'è, innanzitutto, l'antefatto, che non è possibile trascurare e che quindi richiamiamo al lettore, anche se la nostra analisi si eserciterà su quanto segue: «*Nel giorno dopo il sabato, Maria di Magdala si recò al sepolcro di buon mattino, quand'era ancora buio, e vide che la pietra era stata ribaltata dal sepolcro. Corse allora e andò da Simon Pietro e dall'altro discepolo, quello che Gesù amava, e disse loro: "Hanno portato via il Signore dal sepolcro e non sappiamo dove l'hanno posto!"*» (Gv, 20,1 ss.).

Ed ecco subito di seguito il passo che ci interessa esaminare, perché in esso è contenuto l'enigma troppo spesso trascurato (che cosa vide Giovanni?): «*Uscì allora Simon Pietro insieme all'altro discepolo e si recarono al sepolcro. Correvano insieme tutti e due, ma l'altro discepolo corse più veloce di Pietro e giunse per primo al sepolcro. Chinatosi, vide le bende per terra, ma non entrò. Giunse intanto anche Simon Pietro che lo seguiva ed entrò nel sepolcro e vide le bende per terra, e il sudario, che gli era stato posto sul capo, non per terra con le bende, ma piegato in un luogo a parte. Allora entrò anche l'altro discepolo che era giunto per primo al sepolcro e vide e credette*» (Gv, 20,3-8).

Così, dunque, la Bibbia "ufficiale" dei cattolici italiani; la quale però qui (alla pari, del resto, di tutte o quasi le altre traduzioni, sia in Italia, che nel mondo intero) sarebbe imprecisa, equivocando a tal punto sulla lettera e lo spirito dell'evangelista da rendere incomprensibile le ragioni di quel «*vide e credette*» che termina in modo folgorante la prima visita a ciò che diventa da quel momento il Santo Sepolcro.

La dimostrazione (se davvero è tale) che qui i traduttori cadrebbero in gravi abbagli, è proposta da un prete diocesano laziale, un "dilettante", don Antonio Persili, anziano parroco a Tivoli. Sin da seminarista, racconta, fu ossessionato da quel *eîden kaì epísteusen:* che cosa vide Giovanni per credere? Insoddisfatto dalle spiegazioni tradizionali (e non a torto, come vedremo) don Persili per decenni si è arrovellato, cercando se per caso, sotto quelle poche parole greche, Giovanni avesse dato indicazioni su ciò che c'era davvero là dentro.

Convinto, a un certo momento, di avere avuto l'intuizione giusta, l'approfondì sempre di più, decidendosi finalmente nel 1988 ad esporre in un libro i risultati delle sue ricerche.

Il volume, dal titolo *Sulle tracce del Cristo risorto* (sottotitolo: *Con Pietro e Giovanni testimoni oculari*), non trovò un editore e, quindi, don Persili lo pubblicò a sue spese. Un esemplare fu inviato dall'autore anche al sottoscritto che, riservandosi di esaminarlo un giorno o l'altro, lo depose sui suoi scaffali. Tra migliaia di altri libri, giacque dimenticato il libretto, dall'apparenza modesta, del vecchio parroco di Tivoli (scambiato a prima vista anche da chi scrive, occorre pur confessarlo, per uno dei tanti apologeti *naïfs* che inviano in continuazione a studiosi e giornalisti le loro presunte, quasi sempre inservibili, "dimostrazioni scientifiche" della verità dei vangeli).

Avendo recuperato il testo dimenticato quando si trattò di scrivere questo libro e avendolo studiato con attenzione, eccoci a proporre alcune sue ipotesi come attendibili. In ogni caso, seriamente documentate da uno che, come questo sacerdote, dimostra di maneggiare molto bene il greco del Nuovo Testamento e di avere studiato e ricostruito come pochissimi altri le tecniche, gli usi, i costumi funerari nell'Israele antico. Un aspetto, questo, essenziale per cercare di capire che cosa "vide" Giovanni e, in generale, per saggiare la storicità dei racconti di passione, morte, risurrezione; e aspetto, invece, a tal punto trascurato che, nell'immensa bibliografia biblica, sembra proprio che manchi un'opera specifica approfondita che lo affronti. Don Persili lo ha fatto, con risultati che sembrano convincenti.

Intendiamoci: la diffidenza degli specialisti "accademici" per i "dilettanti" non è sempre ingiustificata, visto che questi ultimi spesso procedono senza le doverose cautele e, in genere, vogliono provare troppo. Anzi, mentre tentazione del professore è il minimizzare, tentazione del dilettante è l'esagerare. Don Persili non sembra sfuggire, per alcuni aspetti, a questa regola, credendo di potere, grazie alle sue ricerche, «dimostrare in modo inequivocabile la storicità della Risurrezione».

Ma se un risultato simile fosse davvero possibile, la fede si dissolverebbe nella ragione umana e, dunque, non avrebbe più all'origine la misteriosa e gratuita iniziativa divina. Il massimo cui può giungere l'indagatore dei vangeli è mostrare non che i versetti del Nuovo Testamento sono *veri* (se così fosse, tutti dovrebbero accettarli e la fede non sarebbe più tale, anche perché le mancherebbe la libertà, l'aspetto di "scommessa"), ma che sono *verosimili*. Così che accettarli sia *ragionevole* (anche se non *razionale*, perché la ragione, pur importante – anzi, componente essenziale, assieme alla volontà, dell'atto di fede – non può esaurire la fede stessa senza dissolverla, poiché la metterebbe in pieno potere dell'uomo e toglierebbe a Dio la sua iniziativa prioritaria e indispensabile).

Oltre a pretendere troppo dagli sforzi degli uomini, l'ottimamente intenzionato don Persili, nella seconda parte del suo studio, si sforza di mostrare che i racconti di passione, morte, sepoltura, risurrezione, come egli li ha ricostruiti, confermerebbero la verità – che per lui è indiscutibile – della Sindone di Torino. La quale, a sua volta, confermerebbe la verità dei racconti evangelici di risurrezione.

Pur con tutto il nostro interesse, il nostro rispetto – anzi, la nostra venerazione – per quella Immagine (che gli esami, gravemente sospetti, al radiocarbonio, hanno reso ancora più misteriosa, ben lungi dal dissolverne l'enigma), siamo convinti che essa non possa servire da argomento probante, *erga omnes*, almeno in una ricerca come la nostra.

Va però detto che le benemerite, appassionate ricerche sindonologiche – ricerche "multidisciplinari" per eccellenza, poiché coinvolgono le scienze umanistiche e le scienze naturali – hanno contribuito non poco ad approfondire aspetti preziosi per chiarire il quadro storico del Mistero Pasquale narrato dai vangeli. Don Persili, lo dicevamo, proprio grazie all'interesse per la Sindone, mostra di essere divenuto un vero esperto nelle tradizioni funerarie ebraiche. Ed è questa sua competenza che gli permette di ricostruire come Gesù sia stato deposto nel sepolcro.

Per lo "scavo" storico nei personaggi di Giuseppe d'Arimatea e di Nicodemo (il primo, come si sa, è ricordato da tutti gli evangelisti, il secondo solo da Giovanni) rinviamo ai capitoli che abbiamo dedicato loro in *Patì sotto Ponzio Pilato?* Qui ci interessa aggiungere quei particolari sul loro pietoso lavoro di sepoltura del Suppliziato che possano servire almeno a intuire "che cosa" sia avvenuto nel sepolcro e quali tracce la risurrezione abbia lasciato.

Seguendo la ricostruzione, attenta ai testi e alle fonti, del Persili, la preparazione del corpo fu accurata e completa, non affrettata e provvisoria come abitualmente si dice.

Mancava il tempo, mentre incombeva l'inizio del sabato, quando ogni lavoro doveva cessare? In realtà i due uomini, entrambi grandi notabili in Israele, dovevano disporre di molti servi che certamente portarono con sé e che i due coordinarono efficacemente perché le cose si svolgessero al meglio.

Quanto alle ore disponibili, dovettero essere di più di quanto si pensi. Se Gesù morì, stando ai Sinottici, all'ora nona (le tre del pomeriggio), stando alle stesse fonti le operazioni per la sepoltura iniziarono più tardi, quando era ormai «venuta la sera» (Mt, 27,57; Mc, 15,42) e occorreva non attardarsi per evitare di essere sorpresi dall'inizio del sabato. Ma questo, come sembrano ignorare molti, non cominciava col tramonto del disco solare: stando ai rabbini, quando in cielo appariva la prima stella si era ancora al venerdì, alla seconda si era tra il venerdì e il sabato e solo alla terza stella cominciava il giorno sacro del riposo.

Le tristi operazioni iniziarono con l'acquisto del "lenzuolo" da parte dell'Arimateo, stando al racconto di Marco (15,46). In realtà, la traduzione della Cei («egli, allora, comprato un lenzuolo...») non sembra accettabile. La parola *sindón* può anche, in senso secondario e particolare, significare "lenzuolo" (al pari di "vela", "vessillo", ecc.), ma in senso primario e generico significa "tessuto di lino", "tela". Non esistevano lenzuoli funerari da comprare, magari in apposite botteghe: i morti erano sepolti dagli ebrei con le loro vesti. Ciò che Giuseppe d'Arimatea comprò – o, meglio, quasi certamente fece comprare da qualche suo servo – fu un rotolo di tela di alcuni metri, di cui si servì per ritagliare i pezzi necessari per ricoprire, avvolgere, legare il corpo di Gesù, completamente nudo (tranne, forse, uno straccio alle reni: omaggio romano alla pudicizia ebraica) poiché le sue vesti, come per ogni condannato a morte, erano finite ai soldati.

Dal rotolo di tela fu ricavato subito il lenzuolo in cui il Crocifisso fu avvolto, come specificano tutti e tre i Sinottici, mentre Giovanni dà questo per scontato e passa alla fase successiva: «e avvolsero (il corpo) in bende...» (19,40).

L'avvolgimento previo nella tela (la "sindone") era necessario per due motivi: innanzitutto, per evitare di toccare direttamente il cadavere e non incorrere così in una grave impurità; in secondo luogo, per una prescrizione della Legge, che imponeva di non lasciare disperdere il sangue dalle ferite di chi fosse morto in modo traumatico. Si sa che, per l'ebraismo, il sangue rappresenta l'uomo stesso: andava dunque in qualche modo "salvato", tanto che si imponeva di seppellire con il morto anche le zolle di terra su cui qualche goccia fosse caduta.

Anche alla luce di ciò, si noti, in questi racconti di sepoltura, un segno ulteriore di credibilità storica *a silentio*: non si dice, cioè, che il cadavere di Gesù sia stato lavato, come era invece d'uso – anzi obbligatorio, stando ai rabbini – in Israele. Persili: «Giuseppe d'Arimatea e Nicodemo non hanno lavato e unto con l'olio il corpo di Gesù, ma lo hanno avvolto semplicemente in una tela non perché non avevano tempo a disposizione; non perché non avevano l'acqua, che avrebbero potuto procurarsi con facilità; neanche perché pensavano di procedere solo a una sepoltura provvisoria; e, di certo, nemmeno perché non amavano e non rispettavano abbastanza Gesù. Se non l'hanno fatto, è perché obbedivano a una precisa prescrizione della Legge, che imponeva di seppellire il defunto per morte violenta con il suo "sangue di vita", senza detergerlo. E solo degli esperti della Legge, come quei due, potevano conoscere questa particolare prescrizione». Dunque, non solo in ciò che fecero, ma anche in ciò che *non* fecero si nasconde un segnale di attendibilità storica.

Riservandoci comunque di ritornare, nei prossimi capitoli, su molti particolari che esigono ulteriore spiegazione e approfondimento (non dimenticando, però, che qui nostro scopo principale è cercare di capire quel «*vide e credette*» di Giovanni), ecco la sintesi della ricostruzione data da Antonio Persili: «Il corpo di Gesù fu preparato per la sepoltura nel seguente modo. Prima fu avvolto in una grande tela (la *sindón*) con il duplice scopo di non toccare il cadavere con le mani nude e di non disperdere il sangue. Quindi, si passò alla seconda operazione di avvolgere e legare il corpo con le fasce (*othónia*) versando nel frattempo, all'interno e all'esterno di esse, profumi. I Sinottici, non avendo parlato dell'intervento di Nicodemo con i suoi aromi, non ne descrivono l'impiego, anche perché non avevano intenzione di dire per filo e per segno come era stato preparato il corpo di Gesù per la sepoltura; mentre Giovanni, usando il verbo *entafiázo*, che significa esattamente "preparare un cadavere per la sepoltura" e non semplicemente "seppellire", descrive con precisione come essa di fatto avvenne. Questa operazione di avvolgimento e di legamento fu preceduta e seguita dall'applicazione di due "sudari": il primo all'interno della sindone, dove svolgeva la funzione di mentoniera; il secondo all'esterno, per completare l'avvolgimento e il legamento, come vedremo meglio. E il tutto fu fatto al di fuori del sepolcro, sulla pietra da unzione che faceva parte del complesso sepolcrale di proprietà di Giuseppe».

Quando tutto fu finito, il corpo fu trasportato all'interno, sul banco scavato nella roccia. Poi, per dirla con Matteo, «fu rotolata una grande pietra sulla porta del sepolcro» (27,60). Dopo il silenzio del sabato (questo giorno inquietante e misterioso forse più di ogni altro: quello in cui il Padre si "nasconde" a tal punto che il Figlio giace inanimato in una tomba), verrà la sorpresa sbalorditiva del "terzo giorno". È ciò che esamineremo, con molte altre cose, nel prossimo capitolo.

XIII.
Tra sindone, sudario, fasce

Perché Giovanni – l'apostolo e l'evangelista – fu il primo che credette nella risurrezione di Gesù? Che cosa "vide" per avere "creduto" (come dichiara al versetto 8 del capitolo 20 del suo vangelo), dopo essere entrato nel sepolcro, al seguito di Pietro, in quell'"ottavo giorno" che divenne la prima domenica della storia?

Abbiamo impostato il problema nel precedente capitolo. Adesso, affrontiamo subito il testo di Giovanni nella traduzione datane dalla Bibbia della Cei, affiancandovi la versione e la relativa interpretazione di Antonio Persili, il sacerdote che ha dedicato gli studi di una intera vita a cercare di decifrare il perché di quella fede subitanea.

Giovanni, 20,5, traduzione della Conferenza Episcopale Italiana: «Chinatosi, (Giovanni) vide *le bende per terra*, ma non entrò».

Traduzione di Antonio Persili: «Chinatosi, (Giovanni) scorge *le fasce distese*, ma non entrò».

Come si vede, l'edizione ufficiale cattolica ha «le bende per terra»; quella del nostro studioso traduce «le fasce distese». Il punto è decisivo per lo stesso evangelista, che in ciascuno degli altri due versetti che seguono (il 6 e il 7) parla di quelle che per la Cei sarebbero «bende per terra», mentre per Persili sono sempre e solo «fasce distese». Che cosa ha voluto comunicarci Giovanni, ripetendo tre volte in tre versetti successivi quel suo *keímena tà othónia,* quel *linteamina posita* come traduce la *Vulgata* latina?

Per capire dobbiamo rifarci, come sappiamo, alla "tecnica" di sepoltura messa in atto per Gesù, secondo le leggi e i costumi ebraici, da Giuseppe d'Arimatea, dal suo pietoso aiutante, Nicodemo e, certamente, dai loro servi. Come ricordavamo nel capitolo precedente, Persili coordina (con un'abilità nella quale non sembra però di scorgere forzature) i cenni che al proposito ci danno i Sinottici con quelli di Giovanni, mettendo in rilievo che il corpo del Crocifisso *deve* essere stato interamente avvolto in una grande tela - la *sindón* - non solo per evitare il contatto dei vivi con un cadavere di per sé impuro, ma anche per obbedire al precetto di non disperdere il sangue di chi fosse morto con ferite sul corpo.

Dallo stesso rotolo di tela da cui fu ricavata quella "sindone", l'Arimateo - o qualche suo servo - tagliarono *tà othónia*: che non sarebbero "bende", ma "fasce". "Bende", in effetti, erano quelle che legavano il cadavere di Lazzaro e per indicare le quali lo stesso Giovanni usa un diverso sostantivo (11,44). Le *othónia* - le quali, lo ripetiamo, tornano qui in tre versetti - erano più alte: delle grosse "fasce", con le quali fu avvolto tutto il corpo di Gesù, escludendo solo la testa. Su quest'ultima, alla "sindone", che già la copriva, fu sovrapposto il "sudario".

Come giunge Persili a questa ricostruzione? Innanzitutto, facendo osservare come sia scritto che Giovanni, «chinatosi vide le fasce»: se vide solo esse e non il lenzuolo, è evidentemente perché quest'ultimo era tutto coperto dalla fasciatura (ad esclusione del capo; ma l'Apostolo, stando al di fuori, vedeva la parte dov'erano stati i piedi).

Ma, poi, non va dimenticato che poco prima lo stesso evangelista aveva parlato di quelle stesse *othónia*: «Essi presero allora il corpo di Gesù e lo avvolsero in bende insieme con oli aromatici, come è usanza seppellire per i Giudei» (Gv, 19,40). Gli «oli aromatici» sono la «mistura di mirra e di aloe di circa cento libbre» portata da Nicodemo. Erano ben 32 chili e 700 grammi, in forma liquida, di cui una parte fu versata sulla pietra sepolcrale sino a preparare un "letto" di profumi, un'altra parte servì per ungere le pareti interne della tomba (ecco perché una simile quantità, che è sembrata inverosimile a tanti critici) e il rimanente fu versato sulla sindone.

Le "fasce" messe tutto attorno al corpo di Gesù, sino a coprire interamente il lenzuolo, avevano anche la funzione di impedire quella troppo rapida evaporazione del liquido aromatico che si sarebbe verificata se la sindone fosse stata a contatto con l'aria. Si noti che questa sembra essere stata la funzione anche del sudario sul capo. Se c'era già la sindone che lo avvolgeva, perché quel pezzo ulteriore di tela? Una ragione precisa l'aveva: proteggere la soluzione di mirra e di aloe da una evaporazione eccessivamente veloce.

"Fasce", dunque, non "bende": una copertura completa sino al collo. E, soprattutto, non «*per terra*» (Cei) bensì «*distese*» (Persili). Il testo greco, in effetti, dice che le *othónia* erano *keímena*. C'è qui, dunque, il participio del verbo *keĩmai*, che corrisponde al latino *jacere*, giacere. Come spiega un vocabolario classico di greco, quello del Bonazzi, *keĩmai* «significa giacere, essere disteso, seduto, steso, orizzontale; si dice di una cosa bassa in opposizione ad una elevata, eretta, come per esempio il mare calmo rispetto al mare agitato».

Ne deriva, dunque, Persili: «Il significato che Giovanni vuol dare a questo verbo è far risaltare che prima le fasce erano rialzate ("come un mare agitato"), perché all'interno c'era il corpo; dopo la Risurrezione, invece, le fasce erano abbassate, distese ("come un mare calmo"), giacendo nel medesimo posto in cui si trovavano quando contenevano il cadavere di Gesù. È arbitrario farle giacere per terra, come vuole la versione ufficiale. La *Vulgata* traduce con il participio *posita*, che rende bene l'idea delle fasce distese e vuote, perché il verbo *ponere* significa appunto "mettere giù". Perciò le due parole *keímena tà othónia* si devono tradurre come "le fasce distese", ma intatte, non manomesse, non disciolte (...) Esse costituiscono la prima traccia della Risurrezione: era infatti assolutamente impossibile che il corpo di Gesù fosse uscito dalle fasce, semplicemente rianimato, o che fosse stato asportato, sia da amici che da nemici, senza svolgere quelle fasce o, comunque, senza manometterle in qualche maniera».

Continua il nostro autore: «Questa traccia sarebbe stata sufficiente per credere nella Risurrezione, ma nel sepolcro v'era una traccia ancora più straordinaria, che Pietro ebbe la ventura di vedere per primo: la posizione del sudario. Se è importante, per capire la fede immediata di Giovanni, la posizione delle fasce, lo è ancora di più la posizione del sudario, quello che stava al contatto del corpo. È una posizione così sorprendente che all'evangelista è necessario un intero versetto di venti parole per descriverlo».

Prima di quel versetto, il settimo, c'è ovviamente il sesto che, nella versione Cei, dice: «Giunse intanto Simon Pietro che lo seguiva ed entrò nel sepolcro e vide le bende per terra». Qui la sola mutazione da apportare, come sappiamo, sarebbe «le fasce distese» al posto di «le bende per terra».

Ma ci sarebbe da aggiungere che sia la *Vulgata* latina che l'attuale versione cattolica italiana traducono sempre con "vedere" i tre diversi verbi greci impiegati in questi versetti da Giovanni. Si perde così una sfumatura importante, con la quale l'evangelista sembra avere voluto indicare una progressione: dal primo *constatare* con perplessità, al *contemplare* successivo e poi al *vedere pienamente*, così da comprendere e da credere.

Non è una osservazione marginale, perché anche in questa scelta attenta di verbi solo apparentemente sinonimi Giovanni conferma quale attenzione richieda al lettore perché colga il significato preciso di ogni parola. Che nulla nei vangeli sia "casuale" è possibile scoprirlo anche in queste "finezze" che stanno dietro al testo originale e che spesso non è possibile apprezzare nelle traduzioni, che hanno reso i tre verbi usati da Giovanni in questi versetti (*blépei*, *theórei*, *eíden)* tutti con un "vide".

Ma veniamo al versetto 7 che continua la descrizione di ciò che si trovò davanti Pietro: «e il sudario, che gli era stato posto sul capo, non per terra con le bende, ma piegato in un luogo a parte». Così la versione Cei. Stando, invece, alla traduzione proposta da Persili: «e il sudario, che era sul capo di lui, non con le fasce disteso, ma al contrario avvolto in una posizione unica».

Innanzitutto, va ricordato che il termine "sudario" ha assunto per noi – e proprio sotto l'influsso delle parole evangeliche – un significato funerario, mentre invece altro non era che un pezzo di tela, un fazzoletto (più grande dei nostri attuali) usato per detergere il sudore. Come dice, del resto, la parola stessa.

Ricordarlo è importante, perché molti hanno fatto e fanno confusione tra la "sindone" di cui parlano i Sinottici e il "sudario" di Giovanni, magari al punto di identificarli, credendo fossero entrambi "abiti funerari". In realtà, quel "sudario" era un pezzo – probabilmente con un lato dai 60 agli 80 centimetri – che Giuseppe d'Arimatea tagliò, o fece tagliare, da quel rotolo di tela da cui già aveva tratto la *sindón* e le *othónia*, il lenzuolo e le fasce.

Sul perché di questa copertura ulteriore, col sudario, sul capo già rivestito dalla *sindón* abbiamo detto più sopra: una protezione del liquido aromatico versato in quantità da Nicodemo e dai suoi servi. Né è da escludere l'altro motivo addotto da Persili: non lasciare in disordine le piegature del lenzuolo, visto che tutto il resto del corpo era ordinatamente fasciato. E sia l'Arimateo che Nicodemo, ricchi e autorevoli notabili, non erano certo persone da amare lavori approssimativi, soprattutto per un uomo che avevano amato. Forse non è da escludere neppure che le ferite al volto e al capo (la corona di spine, tra l'altro, fonte di una abbondante emorragia) inzuppassero di sangue il lenzuolo.

Se Giovanni specifica che era proprio «quel sudario che gli era stato posto sul capo» è probabilmente, dice Persili, per «mettere in guardia il lettore dal credere che si stia parlando dell'altro sudario, che si trovava all'interno della grande tela, come mentoniera, e che perciò non era visibile. Giovanni, insomma, precisa che Pietro ha visto il sudario che stava all'esterno, sul capo di Gesù, e non quello che stava all'interno, intorno al capo di Gesù». La mentoniera, in effetti, faceva parte pietosa dell'uso funebre per impedire la vista disdicevole della bocca spalancata a causa del cedimento, nel defunto, dei muscoli della mandibola. Un chiarimento al lettore antico era dunque necessario da parte dell'evangelista: Gesù era stato sepolto rispettandone anche in questo la dignità.

Proseguiamo: quel "sudario", quel fazzoletto, «non (era) per terra con le bende» (Gv 20,7): così vorrebbe la traduzione Cei. E qui ritornano, dunque (per la terza e ultima volta), le *othónia keímena*. Persili: «In realtà, il vangelo vuol dire che il sudario non era appiattito sulla pietra sepolcrale. I geometri dell'antica Grecia usavano l'espressione *keímenon schéma* nel senso di "figura in piano, orizzontale". L'evangelista vuol dire la stessa cosa: le fasce erano distese in piano, si trovavano in posizione orizzontale, mentre il sudario era in una posizione rialzata». Da qui, la traduzione proposta dal nostro studioso: «non con le fasce disteso». Il sudario, s'intende, è il soggetto.

Segue subito dopo – in questo stesso cruciale, decisivo versetto 7 – un *allà chorís entetyligménon*, che la Cei traduce con un «ma piegato a parte». Sentiamo ancora il nostro sacerdote biblista: «L'infelice traduzione distrugge la mirabile traccia che l'evangelista ha rilevato con grande cura e ha descritto con laconicità e chiarezza. Infatti, questa traduzione contiene tre errori che stravolgono la testimonianza di Giovanni».

Secondo don Persili, dunque, «prima di tutto, il participio *entetyligménon* è stato tradotto, arbitrariamente, con il participio italiano "piegato" invece che con "avvolto". Il verbo *entylísso* corrisponde ai verbi "avvolgo, involgo, ravvolgo". Ne è conferma il fatto che deriva dal sostantivo *entýlē* che corrisponde a "coperta, accappatoio", oggetti che servono per avvolgere e non per piegare».

Ma c'è poi quel *chorís*, che è un avverbio: «È vero che, in italiano, significa innanzitutto "separatamente, a parte, in disparte". Ma è anche vero che, in senso traslato, può significare "differentemente, al contrario". Può assumere due sensi: quello locale e quello modale, traslato. Qui si vuol dare all'avverbio *chorís* il significato traslato, perché la logica della testimonianza consiste nell'opporre la posizione assunta dalle fasce (*distese*) a quella, diversa, assunta dal sudario (*avvolto*)».

Terzo errore – o fraintendimento che sia – della traduzione ecclesiale italiana sarebbe il non avere compreso (per motivazioni filologiche che qui sarebbe troppo complesso esporre) i rapporti tra l'avversativo *allá* ("ma") e l'avverbio *chorís*.

«Concludendo», scrive Persili, «la frase si deve tradurre in modo da rendere l'idea che il sudario per il capo si trovava in una *posizione* diversa da quella delle fasce per il corpo e non in un *luogo* diverso. Pietro contempla le fasce distese sulla pietra sepolcrale e, sulla stessa pietra, contempla anche il sudario che, al contrario delle fasce, che sono distese, è in posizione di avvolgimento, anche se non avvolge più nulla».

Pertanto, la traduzione corretta sarebbe, invece che il «ma piegato a parte» della Cei: «Ma al contrario avvolto».

Però, per completare questo versetto 7, ci sono tre altre brevi parole greche le quali sarebbero state fraintese più ancora delle altre. Quelle parole sono *eis éna tópon*: stando alla Cei – e, bisogna pur dire, stando al senso immediato per chiunque sappia anche solo un po' di greco – il loro significato sembra evidente. E, cioè: "in un luogo". È con questi tre termini che la traduzione dei vescovi italiani può costruire la frase «in un luogo a parte».

Poiché, però, questo non sembra dare significato sufficiente, le interpretazioni si sono sprecate: pensiamo di poterle risparmiare al lettore, arrivando subito alla proposta di Persili. Proposta certamente inedita, magari "scandalosa" per qualche esperto, ma che in realtà non sembra avere contro motivazioni filologiche serie. Se poi, davvero, si trattasse della traduzione "giusta", si illuminerebbe in modo plausibile e definitivo il senso di quell'enigmatico "vide e credette".

Lasciamo dunque ancora la parola a Persili, il quale propone innanzitutto di intendere la parola greca *tópos* non come "luogo", ma come "posizione". Non si tratta di un arbitrio, poiché questo significato è dato anche, tra gli altri, da quel vocabolario di Lorenzo Rocci che ha accompagnato generazioni di studenti liceali (il sottoscritto compreso...) e che è ancora oggi tra i più completi e attendibili.

«Ma quale è questa posizione del sudario», continua il nostro parroco biblista, «posizione così importante da dedicargli l'intero versetto 7? Pietro (nel racconto, s'intende, che da lui dovette raccogliere Giovanni che scrive l'evangelo) la precisa con un tocco da artista per mezzo di una preposizione, *eis* (in italiano, "in") e di un aggettivo numerale, *éna* (è l'accusativo accordato con l'accusativo del sostantivo *tópos*, e significa "uno"). Abbiamo visto che questo aggettivo numerale *éna* non può avere il significato di *prótos* e che perciò non si può tradurre che il sudario stava "nella medesima posizione"; che non si può neanche sostenere che il sudario si trovava in un altro luogo, diverso dalla pietra sepolcrale; infine, che non si può neppure affermare che il sudario stava in un luogo indeterminato, perché tale affermazione sarebbe inutile, pleonastica e addirittura assurda. Dobbiamo perciò concludere che l'espressione *eis éna* deve avere un altro significato, che renda viva e precisa la testimonianza di Pietro. Il numerale *eis*, come si legge nel vocabolario del Bonazzi, può essere usato con il significato di "unico"».

Interrompendo un momento la citazione, aggiungiamo ciò che al Persili sembra essere sfuggito e che rafforza invece notevolmente la sua interpretazione. In effetti (come abbiamo constatato noi stessi, mentre vagliavamo questa proposta di traduzione) la voce *eis* – firmata dall'autorevole Ethelbert Stauffer, docente di Nuovo Testamento all'Università di Bonn – nei 15 volumi dell'insuperato *Grande Lessico del Nuovo Testamento* ("il Kittel", per gli addetti al lavori) inizia così: «Nel Nuovo Testamento, *eis* è usato solo raramente come numerale. Per lo più significa *solo, unico, incomparabile,* oppure *dotato di validità unica...*». Cioè, esattamente come propone Persili, del quale riprendiamo adesso la citazione: «*Unico* è il significato che Pietro ha voluto dare a *éna*. Il sudario, il grande fazzoletto che avvolge il capo, al contrario delle bende, era avvolto in una posizione UNICA, nel senso di singolare, eccezionale, irripetibile. Infatti, mentre avrebbe dovuto essere disteso sulla pietra sepolcrale con le fasce, era invece rialzato e avvolto. La posizione del sudario appare *unica* per eccellenza agli occhi di Pietro e di Giovanni, perché è una sfida alla forza di gravità».

Per capire meglio, bisogna ricordare (stando al nostro autore, che ha però dalla sua il Nuovo Testamento: il corpo del Risorto è "materiale", sì, e si fa per questo "toccare" e mangia e beve, ma al contempo entra nella sala dove sono i discepoli a porte chiuse, passando dunque attraverso la materia), bisogna dunque ricordare che «Gesù non solo non uscì dal sepolcro (il ribaltamento della pietra all'entrata non fu che un "segno"), ma che non uscì neanche dalle tele perché, dall'interno di esse, entrò direttamente nella dimensione dell'eternità. Così che il suo non fu uno spostamento da un luogo all'altro, ma il passaggio misterioso da uno stato all'altro, dal tempo all'eterno».

Pur rispettando l'enigma, ciò poté avvenire con una sorta di lampo di luce e di calore: un riflesso "sensibile" del Mistero, che dovette prosciugare di colpo gli aromi che impregnavano le tele. Scomparso il corpo, le fasce che lo avevano avvolto, più pesanti, si abbassarono sulla sindone che esse coprivano e assunsero quella posizione "distesa" che abbiamo visto. Il sudario per il capo, più leggero e più piccolo, per così dire "inamidato" per l'istantaneo essiccarsi dei profumi liquidi, restò – per usare le parole stesse del Nuovo Testamento – «al contrario» (rispetto alle fasce) «avvolto», come quando cingeva la testa del defunto, apparendo così ai due apostoli «in una posizione unica».

È questa situazione straordinaria che giustifica il "credette" di Giovanni dopo che "vide"? Di certo, la mancanza di ogni segno di effrazione e di manomissione nelle tele, dalle quali nessuno poteva essere uscito o essere stato estratto, e quella posizione "incomparabile" del sudario, ancora alzato, ma sul vuoto del lenzuolo sottostante distesosi sulla pietra del sepolcro; di certo, dunque, tutto questo giustificherebbe l'immediato comprendere di Giovanni e il suo arrendersi - per primo nella storia - alla realtà di una risurrezione che aveva lasciato tracce mute ma così eloquenti.

Per ulteriore chiarezza ripetiamo infine nella loro interezza i versetti dal 5 al 7 del capitolo 20 di Giovanni nella traduzione di Antonio Persili: «*(Giovanni) chinatosi, scorge le fasce distese, ma non entrò. Giunge intanto anche Simon Pietro che lo seguiva ed entra nel sepolcro e contempla le fasce distese e il sudario, che era sul capo di lui, non disteso con le fasce, ma al contrario avvolto in una posizione unica*».

Riportando questo testo, così importante per la fede, per offrirlo alla riflessione dei lettori, ci proponiamo di aggiungere al proposito alcune altre considerazioni nel corso del capitolo che segue.

XIV.
Il segno di Giona

«I farisei e i sadducei si avvicinarono per metterlo alla prova e gli chiesero che mostrasse loro un segno dal cielo. Ma egli rispose: "Quando si fa sera, voi dite: Bel tempo, perché il cielo rosseggia; e al mattino: Oggi burrasca, perché il cielo è rosso cupo. Sapete dunque interpretare l'aspetto del cielo e non sapete distinguere i segni del tempo? Una generazione perversa e adultera cerca un segno, *ma nessun segno le sarà dato se non il segno di Giona*". E, lasciatili, se ne andò». Così Matteo (16,1-4).

È una risposta secca e perentoria, seguita da quell'inappellabile «lasciatili, se ne andò». Risposta, oltretutto, chiarissima per gli ebrei, cui era ben noto il libro di Giona. Ad ogni buon conto, è Gesù stesso che aveva esplicitato, stando a un passo precedente dello stesso evangelista: «Una generazione perversa e adultera pretende un segno! *Ma nessun segno le sarà dato, se non il segno di Giona profeta.* Come infatti Giona rimase tre giorni e tre notti nel ventre del pesce, così il Figlio dell'uomo resterà tre giorni e tre notti nel cuore della terra...» (Mt, 12,39 s.).

Leggendo i vangeli, quasi sempre si pensa che questo "segno" più volte annunciato, e che avrebbe dato la prova della verità della pretesa messianica di Gesù, sia costituito dalle apparizioni dopo la Risurrezione. Ma, in realtà, non sembra essere così: il Risorto non appare che ai discepoli, agli amici, mentre nessuna traccia esiste di apparizioni a quegli avversari – «farisei e sadducei», come dice il vangelo, per indicare non quelle due classi soltanto, ma tutto l'*establishment* di Israele, quello che gli si oppone durante la predicazione e che alla fine riuscirà a mandarlo a morte – di apparizioni a quegli avversari, dunque, cui è annunciata la "prova", il "segno di Giona", l'argomento irrefutabile.

Deve trattarsi di un fatto sensibile, visibile, constatabile, non smentibile, che provi *a tutti*, non solo a quelli della sua cerchia, la realtà della Risurrezione.

Escluse le apparizioni (cui i non-amici non avranno diritto), non può trattarsi neanche della tomba vuota, perché questa non rappresenta un argomento univoco, credibile di per sé. Come già più volte ricordammo, la semplice scomparsa del cadavere autorizzava tutte le supposizioni, a cominciare dal furto, come pensa piangendo Maria di Magdala.

Il solo "segno di Giona" possibile, il fatto cogente *etiam erga inimicos*, l'unico di cui sia traccia nel vangelo, sembra essere – e stiamo ancora a Matteo che, significativamente, è il solo che introduca l'episodio della guardia al sepolcro – la testimonianza dei soldati: «Alcuni della guardia giunsero in città e annunziarono ai sommi sacerdoti quanto era accaduto» (Mt, 28,11).

Che cosa riferirono quei militari? Evidentemente, ciò che racconta lo stesso evangelista e che i guardiani avevano constatato: «Ed ecco che vi fu un gran terremoto: un angelo del Signore, sceso dal cielo, si accostò, rotolò la pietra e si pose a sedere su di essa. Il suo aspetto era come la folgore e il suo vestito bianco come la neve». Tanto che «per lo spavento che ebbero di lui le guardie tremarono tramortite» (Mt, 28,2 ss.). Siamo abituati a pensare che, subito ripresisi, quegli uomini non abbiano pensato ad altro che a fuggire, a raggiungere luoghi abitati, a dare affannosa relazione dello straordinario accaduto.

È davvero strano che siano su questa falsariga anche tante ricostruzioni compiute da studiosi attentissimi quanto autorevoli delle parole evangeliche. È strano, perché così si discostano dal chiaro racconto dell'evangelista Matteo. Secondo il quale, donne e guardie sono protagonisti insieme, nello stesso tempo, della medesima, sconvolgente esperienza. E solo dopo averla vissuta mescolati tra loro – tutti e tutte – le donne se ne vanno («Abbandonato il sepolcro in fretta, con timore e gioia grande, corsero a dare l'annunzio ai suoi discepoli», Mt, 28,8); e se ne vanno, poi, anche i soldati. Ma non tutti. Perché, come dice l'evangelista con una precisazione che non sembra quasi mai notata: «*Alcuni* della guardia giunsero in città e annunziarono ai sommi sacerdoti quanto era accaduto». *Tínes*, in greco: solo «alcuni», dunque; e «mentre esse (*le donne, cioè*) erano per via», come precisa l'inizio dello stesso versetto (28,11).

Vediamo con ordine, allora, lo schema della prima parte di questo ventottesimo capitolo di Matteo, che è poi anche l'ultimo del suo vangelo. All'alba, «Maria di Magdala e l'altra Maria andarono a visitare il sepolcro». Vi sono già giunte davanti, quando si verificano i fatti straordinari: il «gran terremoto», «l'angelo del Signore che, sceso dal cielo, si accostò, rotolò la pietra e si pose a sedere su di essa». Prosegue subito il testo: «Per lo spavento che ebbero di lui, le guardie restarono tramortite».

Ed ecco che quei militari sono lasciati da parte, in attesa che rinvengano dal tramortimento, così che Matteo continua immediatamente: «Ma l'angelo disse alle donne» (a conferma del fatto che esse già erano lì): «Non abbiate paura, voi!», dove quel "voi" non è richiesto dalla sintassi greca; è comprensibile solo se l'angelo intende rivolgersi alle donne, per tranquillizzare proprio loro, intendendo così chiaramente che gli "altri", i soldati, fanno bene a provare un poco di salutare paura. Continua l'angelo: «So che cercate Gesù il crocifisso. Non è qui. È risorto, come aveva detto». Seguono poi altre parole, anch'esse, spesso, poco notate eppure assai importanti (e non a caso vi ritorneremo sopra più avanti, in questo stesso capitolo): «Venite a vedere il luogo dove era deposto».

A questo punto è necessario pensare a una pausa, anche se il discorso che Matteo attribuisce all'angelo continua senza stacco, tra le stesse virgolette. Non è ipotizzabile, infatti, che all'invito di quella straordinaria creatura celeste non segua l'effettuazione concreta, con l'ingresso delle due nella tomba per vedere «il luogo dove era deposto». Le donne entrano, dunque. A rapida visita terminata, segue l'esortazione, la missione, basata proprio su quanto visto nel sepolcro: «Presto, andate a dire ai suoi discepoli: è risuscitato dai morti, e ora vi precede in Galilea. Là lo vedrete. Ecco, io ve l'ho detto». Segue la corsa verso la città, interrotta dall'incontro con Gesù stesso: *Chaírete*, salute a voi, *shalòm!*

Ed ecco, a questo punto, lo zoom dell'evangelista, che si risposta ad inquadrare di nuovo il gruppo dei soldati. I quali erano ancora lì, tutti; e anche quelli che poi se ne andarono non lo fecero subito, come fa capire Matteo con una indicazione temporale altrimenti incomprensibile o, almeno, del tutto superflua: «Mentre esse (*le donne*) erano per via, alcuni della guardia giunsero in città...».

Il tragitto dal sepolcro alla casa dove si erano rifugiati i discepoli del Crocifisso non doveva essere breve, probabilmente occorreva attraversare tutta la città se – come sembra apparire dagli Atti – quella casa era la stessa, sul Sion, dove era stata consumata l'ultima cena. Ora: il Golgotha è a nord di Gerusalemme, mentre il Sion è all'opposto, è a sud. Inoltre, il tempo fu allungato dall'incontro per strada con il Maestro. Assai più breve la strada da percorrere per i soldati: dal giardino di Giuseppe d'Arimatea al vicino tempio – passando per la scorciatoia della porta di Efraim – dove a quell'ora erano certamente radunati i "sommi sacerdoti" e tutti gli altri notabili religioso-politici, per la liturgia del mattino.

Dunque, Matteo sembra voler farci capire – a sapere leggere con attenzione – che, andatesene le donne e scomparso l'angelo, ci fu tempo sufficiente anche per quei soldati, che correranno poi in città, di soddisfare la loro curiosità ansiosa, andando essi pure a vedere, dentro il sepolcro, «il luogo dove era stato deposto».

Entrarono, e videro ciò che Pietro e Giovanni avrebbero visto fra poco, dopo essere stati avvertiti dalle donne. Constatarono, dunque, quel "qualcosa" per individuare il quale abbiamo dedicato i due capitoli precedenti a questo. Videro, cioè, nella traduzione di Antonio Persili, «*le fasce distese e il sudario, che era sul capo di lui, non disteso con le fasce, ma al contrario avvolto in una posizione unica*». Quel "qualcosa", insomma, visto il quale il discepolo che Gesù amava «credette».

C'era dunque lì, nella grotta, la "prova" della risurrezione, il "segno di Giona", il solo promesso da Gesù a chi avrebbe dubitato dell'evento prodigioso, malgrado il fatto irrefutabile? In effetti, solo il misterioso passaggio del corpo del Crocifisso dalla storia all'eternità, oltrepassando ogni legge fisica, poteva spiegare la posizione di quelle tele, dove lenzuolo e fasce si erano solo "appiattiti", come se il corpo ne fosse stato sfilato senza toccare nulla e dove il fazzoletto sul viso, il sudario, restava alzato, inamidato, con ancora i tratti del volto.

Non si dimentichi che anche nel vangelo di Marco, «un giovane, seduto sulla destra, vestito di una veste bianca», dice alle donne: «È risorto, non è qui. *Ecco il luogo dove l'avevano deposto*» (Mc, 16,5 s.). Lo stesso invito, dunque, a constatare quelle "tracce", quei "segni", quegli "indizi indiscutibili" rivolto dall'angelo di Matteo.

Che significato avrebbe avuto un simile invito in un momento tanto solenne, in cui tutto si svolge in fretta, se ciò che era rimasto nel sepolcro non fosse stato di interesse decisivo, se non fosse stato prova immediata ed evidente della Risurrezione? Che significato avrebbe potuto assumere la visita a una tomba vuota o dove fossero rimasti solo addobbi funerari in posizione casuale e ambigua, non tali comunque da far trarre l'immediata conclusione che un grande Mistero aveva appena avuto luogo lì?

Sul piano che ci interessa (quello della credibilità dei vangeli) possiamo trarre alcune considerazioni che ci sembrano non irrilevanti. Innanzitutto, si scopre un accordo profondo (anche se nascosto, come abbiamo visto tante altre volte e com'è nello stile del Nuovo Testamento) tra il quarto vangelo, con il suo «*vide e credette*», e la tradizione che si esprime nei Sinottici, con la conferma data da messaggeri celesti che, in quella tomba, c'era davvero abbastanza per "credere".

I critici radicali, esaminando i racconti di Risurrezione, ne hanno tante, forse troppe volte denunciato le discordanze, le contraddizioni, vere e presunte. Vale dunque la pena di mettere in rilievo un caso – che non è certo il solo – di concordia, di coerenza tra tradizioni diverse come quella sinottica e quella giovannea. Caso tanto più degno di attenzione in quanto non evidente a prima vista, a tal punto che – a quanto almeno ci risulta – ben pochi interpreti sembrano averlo notato.

E sarà da rimarcare, tra l'altro, un segno anche nei Sinottici di "cosa vista", una notazione che può risalire soltanto al racconto di un testimone diretto, alla pari del «chinatosi, vide...» che abbiamo rilevato in Giovanni (20,5) e che corrisponde a ciò che anche l'archeologia ci ha confermato: occorreva davvero "chinarsi" per entrare o per guardare dentro a una tomba ebraica. Ebbene, in quella stessa tomba, stando a Marco, il misterioso «giovane» stava «seduto *sulla destra*»: perché quel *en tôs dexiôs* se non vi fosse l'eco del racconto – chissà quante volte ripetuto – fatto dalle donne stesse? Perché, se non fosse il particolare di una visione indimenticabile?

Ma, forse, c'è qui anche un altro enigmatico segnale di accordo tra Marco e quanto racconta il quarto evangelo. Stando a questo, Giovanni, «chinatosi, vide le fasce distese, ma non entrò». Se da fuori vide le «fasce» e soltanto quelle (e solo dopo essere entrato scorse anche «il sudario che era sul capo di lui») è evidentemente perché il corpo di Gesù era sull'apposito ripiano orizzontale con i piedi rivolti verso l'entrata. Su quella lastra di marmo o di pietra il cadavere era stato posto sulla sinistra di chi guardasse e dunque restava sgombra dai teli solo la parte destra: proprio quella dove il misterioso giovane sedeva, stando al vangelo di Marco! È un ennesimo esempio delle ricchezze probabilmente ancora nascoste dietro particolari evangelici dall'apparenza casuale o pleonastica.

Per tornare al cuore del nostro discorso: a differenza di tanti che si sbrigano troppo in fretta del «vide e credette» giovanneo o del «segno di Giona», che per Matteo e Marco rappresenta quasi certamente ciò che è restato nella tomba con la posizione inspiegabile dei teli (anche di quel "segno" i soldati dovettero parlare ai capi ebraici, non solo del terremoto, della pietra rovesciata, degli angeli), a differenza di tanti, dunque, abbiamo dedicato spazio e attenzione a questo argomento. Ma questo abbiamo fatto anche per una esigenza che è oggi di particolare attualità. Oggi, cioè, quando tanti biblisti e teologi – prima protestanti e poi anche cattolici – insistono nel presentare la Risurrezione unicamente come "mistero di fede", quando tanti esperti dicono che, in ciò che avvenne a partire dall'alba della domenica, siamo completamente al di fuori della storia; e che, dunque, non solo è impossibile "provarne" la storicità, ma che sarebbe anche contrario alle intenzioni dello stesso vangelo volere considerare questi racconti come contenenti echi di cronaca vera.

Sarebbe impossibile (stando a quei biblisti) ovunque altrove, nei vangeli, ma in particolare qui: la Resurrezione *solo* come "mistero di fede", da accettare o da rifiutare, ben attenti a non scambiare dei «testi apologetici redatti da credenti per credenti» per cronache verosimili. Non, dunque, la Risurrezione che crea la fede; ma la fede che rende "vera" la Risurrezione.

In realtà la Risurrezione, come base di tutto l'edificio cristiano, non poteva sfuggire alla dinamica cristiana dell'*et-et*, del *questo* e *quello*: dunque è *anche* mistero di fede. Ed è certamente per rispetto di questo mistero che gli evangelisti sono così sobri e si astengono dal descrivercela. Non ci fu alcun testimone per questo evento, misterioso tra tutti. E i vangeli canonici (a differenza di quelli apocrifi) non si lasciano andare a nessun tentativo di descrivere ciò di cui manca testimonianza: è il segno massimo del loro proposito, seguìto sempre, di attenersi soltanto a ciò che è riferito in modo diretto e autorevole. Nessun testimone: dunque, nessun racconto. La fantasia (al contrario di quanto vuol farci credere certa critica) non ha per gli evangelisti alcun diritto di cittadinanza.

"Mistero di fede" ineffabile, dunque, la Risurrezione. E "mistero", certamente, il Gesù delle apparizioni postpasquali: alla "materialità" del suo corpo – che si fa toccare, che mangia e che beve – si aggiunge l'incomprensibile e l'inesplicabile del passaggio già avvenuto, per quel suo corpo stesso, dalla "fisica" alla "metafisica", dalla dimensione terrena a quella celeste, dal tempo all'eternità. È un corpo che esce dalle bende in cui era strettamente avvinto senza scompigliarle, anzi lasciando in esse ancora la sua impronta: il sudario – lo ricordiamo – «in una posizione unica», le fasce «distese». È un corpo che esce dalla caverna del sepolcro lasciando intatta al suo posto la grossa pietra che ne sbarrava l'apertura, come ci fa capire Matteo (28,2-3), alludendo al fatto che il macigno fu rotolato via dall'angelo solo dopo che il Crocifisso ne era già uscito. È un corpo che entra attraverso le porte chiuse (Gv, 20,19).

Ma, all'*et* indubbio del "Mistero di fede", si aggiunge l'*et* della storia: quel Mistero lascia anche, su questa terra, le tracce fisiche, constatabili, sensibili, irrefutabili che gli angeli invitano le donne a contemplare. E che devono avere visto pure i soldati, riferendone poi a chi di dovere. E che Giovanni vede anch'egli giungendo, subito, attraverso di esse, alla certezza irrefutabile che il Mistero si è compiuto, che la Risurrezione è avvenuta.

Per il credente, il Gesù glorioso di Pasqua è ancora *dentro* e, al contempo, è ormai *fuori* dalla storia. Ma quella sua gloria divina non ha dimenticato le esigenze nostre; di noi, ancora immersi nel tempo e con quella concupiscenza che ci obnubila di cui parla la Scrittura stessa. Dunque, ci ha lasciato qui sulla terra dei "segni": anzi, un "segno" proposto a tutti, non solo ai credenti. Quello – parola di Gesù stesso – "di Giona".

La tomba vuota non bastava; le apparizioni erano riservate ai soli discepoli. Il "segno" era costituito dalle tele rimaste nel sepolcro.

Tra quelle tele una, la maggiore, il lenzuolo – *sindón* – sarebbe rimasta tra noi e giacerebbe ancora nel Duomo di Torino. Come già dicevamo, ci sembra di non potere entrare – in questo nostro studio – nei problemi posti da quella Sindone. E confessavamo di esitare nel seguire qui le conclusioni drastiche di Antonio Persili. Ci sia permesso tuttavia osservare come non sia di certo ingiustificata la venerazione istintiva di tanti credenti, la lunga fatica di tanti altri per saggiarla con le scienze più disparate, da quelle umane a quelle fisiche.

In ogni caso, un "lenzuolo", *sindón*, fece parte del "segno" di Giona, fece parte di ciò – visto il quale – «il discepolo che Gesù amava vide e credette». Da qui lo straordinario interesse di credenti e non, per quell'"oggetto" di Torino che è al contempo reliquia e motivo di accanita ricerca scientifica. E che – come abbiamo visto nella nostra analisi dei testi evangelici – non è ai margini, ma è nel cuore stesso della fede. Non una "curiosità", ma la parte essenziale di una prova di verità della Risurrezione annunciata da Gesù stesso.

Anche per questo sarà bene interrogarsi in modo minuzioso su quella guardia al sepolcro della quale parla – lo sappiamo – il solo Matteo. Ed è anche questa singolarità una conferma dell'antica tradizione cristiana che, unanime, identifica l'autore del primo vangelo nel Levi che Gesù chiamò al suo seguito distogliendolo dalla professione di esattore delle imposte (Mt, 9,9). Si tratta della stessa tradizione la quale, come ad esempio in Origene, sostiene che «questo testo fu scritto per i fedeli venuti dal giudaismo». È Matteo stesso, infatti, che ci fa capire perché egli solo abbia ritenuto opportuno non trascurare l'episodio della guardia: «Questa diceria (*quella, cioè, suggerita dai "sommi sacer-*

doti": il cadavere rubato dai discepoli, ndr) si è divulgata fra i Giudei fino ad oggi » (28,15).

Tra l'altro, su quel *usque in hodiernum diem*, come traduce la *Vulgata* – «fino al giorno d'oggi» – sorvolano con disinvoltura anche gli specialisti cristiani che, ormai da tempo, sono convertiti, in maggioranza, alla tesi che vuole il vangelo di Matteo «composto negli anni 80-90». Così, tra l'altro, la nota introduttiva della TOB, la traduzione ecumenica che, bontà sua, aggiunge un pudico «forse un po' prima». In ogni caso, dopo il 70, quando Israele è distrutto, e con esso non scompare soltanto l'antica società giudaica, ma i luoghi stessi, a cominciare da Gerusalemme, sono sconvolti.

Ma dopo quella data non si riuscirebbe affatto a capire a chi potrebbe alludere il testo di Matteo, quando afferma che «questa diceria si è tramandata tra i Giudei fino ad oggi», visto che i "giudei" che non erano periti nel grande massacro erano stati deportati e venduti come schiavi ai quattro angoli dell'Impero!

Molti biblisti – anche buona parte degli odierni autori cattolici – affermano che l'episodio della guardia al sepolcro sarebbe stato aggiunto (e probabilmente inventato) per ragioni apologetiche, per polemica con l'ebraismo ufficiale che spiegava il sepolcro trovato vuoto con il furto da parte dei discepoli. Ma c'è, qui, una contraddizione: come sostenere una datazione così tarda di Matteo e sostenere al contempo l'invenzione polemica? Polemica con chi, infatti, visto che il rullo compressore romano sin dal 70 aveva fatto *tabula rasa* di Gerusalemme e della Palestina intera?

In realtà, sia l'episodio in sé, sia quel «fino ad oggi», non rinviano di certo a *dopo*, ma a *prima* del fatidico anno 70. Testimoniano della solidità e, dunque, dell'attendibilità della tradizione di cui parla l'ebreo Matteo, che scrive per gli ebrei; e ne scrive quando l'ebraismo era ancora installato nel tempio della Città Santa.

Al capitolo prossimo la continuazione del discorso su questa *koustodía*, su questa "guardia", composta di sbirri, forse, più che da soldati (ne vedremo le ragioni), cui fu affidata la testimonianza sconvolgente del «segno di Giona».

XV.
Il morto sia vigilato!

Nel 1930 fu pubblicato per la prima volta, su una rivista scientifica francese, il testo greco di una lapide in marmo alta 60 centimetri, larga 28, per uno spessore di 6. La lapide proveniva dalla collezione di un noto archeologo, W. Froehner, che alla sua morte, nel 1925, l'aveva lasciata al *Cabinet des Médailles* della Biblioteca Nazionale di Parigi. Nel catalogo dello studioso il reperto era inventariato così: «*Dalle de marbre envoyée de Nazareth en 1878*».

Il testo è inciso con accuratezza da uno scalpellino evidentemente professionista, ma è in un greco con imprecisioni tali che hanno fatto pensare alla maggioranza degli studiosi che si tratti di una non brillante traduzione dal latino. Il che non stupisce perché, come recitano le due prime parole, scolpite per titolo sulla lapide, si tratta di un *Diátagma Kaísaros*, cioè di un "rescritto", di una "ordinanza di Cesare": una disposizione imperiale, dunque, vergata a Roma, ovviamente nella lingua ufficiale.

Ecco il testo che segue quell'intestazione: «A me piace che le sepolture e le tombe restino inviolate in perpetuo per coloro che le hanno costruite al fine di rendere culto ai loro antenati o figli o membri della loro famiglia. Se capitasse, pertanto, che qualcuno denunci che un altro ha distrutto delle tombe o in qualunque maniera vi ha tolto quelli che vi erano sepolti o li ha per malizia trasportati in altro luogo e con ingiuria verso i morti o ha smosso la pietra che chiude le tombe od ogni altra pietra, ordino che quest'uomo sia processato, tanto per rispetto degli Dèi che per rispetto del culto dei mortali, perché sarà d'ora innanzi strettamente obbligatorio onorare coloro che sono sepolti. È assolutamente vietato a chiunque di venire a turbarli. In caso di infrazione a questa regola, desidero che il colpevole sia condannato alla pena di morte per violazione di sepoltura».

Basta scorrere simili righe per instaurare subito un collegamento con quella raccomandazione dei sinedriti agli sbirri che sta nel vangelo di Matteo e che ricordammo la volta scorsa: «Dichiarate: i suoi discepoli sono venuti di notte e l'hanno rubato mentre noi dormivamo...» (Mt, 28, 13). Collegamento tanto più naturale e istintivo visto il luogo di provenienza: Nazareth... E ripensando, poi, a quella informazione dell'evangelista: «Questa diceria (*del furto del cadavere*, ndr) si e divulgata fra i Giudei fino ad oggi».

In *Patì sotto Ponzio Pilato?* affrontammo anche il problema della possibilità di un rapporto all'imperatore Tiberio, circa i fatti concernenti Gesù, steso dal Procuratore che, a nome di Roma, aveva pronunciato la condanna a morte. Se quel rapporto ci fu (e vedemmo come l'ipotesi sia assai più plausibile di quanto non affermino – ma, spesso, senza avere ben capito le fonti antiche che ne parlano – molti studiosi moderni), se ci fu, dunque, quel rapporto non poteva non contenere cenni anche alla "diceria", alla versione ufficiale delle autorità ebraiche circa la sparizione del cadavere. Da qui, la possibile, severa replica del "Cesare" romano, che comminava addirittura la pena di morte per un comportamento, *l'actio sepulchri violati*, che, sino ad allora, nel diritto imperiale non era neppure contemplato dalla legge penale, essendo considerato una semplice "azione privata", punibile al massimo con un'ammenda pecuniaria.

È certamente anche questa severità inusitata che «ha fatto subito pensare che il rescritto fosse stato occasionato da un episodio straordinario che avesse indotto il governatore a chiedere il parere e l'intervento dell'imperatore», per dirla con le parole di uno studioso. Come appare in effetti dal testo, l'ordinanza è una risposta («A me piace...», *aréskei moi*, in greco, il *placet mihi* latino) a una precisa richiesta sul da farsi in un caso determinato.

Saremmo dunque di fronte a una prova nella pietra – e di straordinaria importanza – delle reazioni provocate non solo a Gerusalemme, ma anche a Roma, dal sepolcro rinvenuto senza più il cadavere del condannato da Ponzio Pilato? Una copia (o un riassunto) del rescritto imperiale sarebbe stata appesa non casualmente a Nazareth, come luogo di origine non solo di Gesù ma anche di qualcuno dei sospetti autori (discepoli o parenti) del trafugamento del cadavere?

L'ipotesi sembra sorretta innanzitutto dalla durezza del tutto insolita della disposizione: per i romani la pena di morte era legata in particolare a delitti che mettessero in pericolo la sicurezza dello Stato; e il caso di Gesù, come sappiamo, fu per loro essenzialmente questo: un delitto di tipo "politico". Il furto del suo cadavere avrebbe potuto configurarsi, dunque, come la continuazione di un complotto di movimenti sediziosi messianici.

Ma sembra confermata, quella ipotesi del collegamento con il "caso Cristo", anche dall'esame del testo. Si veda, ad esempio, quel «(se qualcuno) li ha per malizia trasportati (i cadaveri) in altro luogo». O, per tradurre ancor più letteralmente: «se li ha spostati altrove per dolo scellerato». Quando mai poteva verificarsi, in pratica, un simile caso? Chi potevano essere gli "scellerati" che potevano prendersi la briga di spostare dei cadaveri? Tutto ciò è sembrato a molti come la replica di Roma a un caso specifico, ben precisato: e, cioè, il trafugamento del corpo del giustiziato galileo ad opera di quegli "scellerati" che erano i suoi discepoli, desiderosi di creare, con quel "dolo", la favola della Risurrezione e così rinfocolare il fanatismo di coloro che, nel giovane *Rabbi* avevano visto nientemeno che il "re dei Giudei".

Si veda anche quel «(se qualcuno) ha smosso la pietra che chiude le tombe»: sarà forse la risposta legale al rovesciamento di quel masso sul quale il Sinedrio – testimone Matteo – aveva apposto i suoi sigilli il mattino del sabato? Ma si veda pure quel «tanto per rispetto degli Dei che per rispetto del culto dei mortali» che sposta la disposizione dall'ambito legale a quello cultuale, sembrando preoccuparsi delle conseguenze per Roma della rottura di quella pace religiosa cui l'occupante tanto teneva.

È comunque naturale che anche su questo reperto – come su tutti gli altri che hanno attinenza con la storia di Gesù: vedemmo più volte come l'"ambiguità", la possibilità di negare e di affermare sembri essere, qui, la regola costante e misteriosa – è naturale, dunque, che pure su questa lapide, i pareri siano fieramente divisi. Accanto a studiosi che in questa pietra scorgono una conferma tangibile, addirittura marmorea, della verità evangelica, ve ne sono altri che negano recisamente una simile possibilità.

Sembra essere nel torto chi scelga senza appello l'una o l'altra delle due possibilità: un "sì" o un "no" decisi. L'astensione dal giudizio sembra essere la giusta soluzione. In effetti, non è impossibile che questo rescritto sia stato determinato da ciò che era avvenuto a Gerusalemme con la morte di Gesù e l'annuncio della sua Risurrezione. Poiché – nel libro precedente – abbiamo mostrato la plausibilità dell'esistenza di un rapporto di Pilato a Tiberio, appare plausibile pure che tra le conseguenze di quel rapporto ufficiale ci sia stato il *Diátagma*, la disposizione imperiale.

Quanto all'analisi "tecnica" della lapide, osserva Emilio Gabba, uno studioso che ha esaminato con particolare attenzione il caso: «Argomentazioni basate sulla paleografia per fissarne la data non possono pervenire a risultati sicuri: si ritiene, tuttavia, che i caratteri epigrafici consentano una oscillazione tra il 50 a.C. e il 50 d.C. Il termine generico di "Cesare", con cui è designato l'imperatore, non ci fornisce un elemento decisivo, come prova il fatto che esso ha potuto essere invocato per le datazioni più varie».

Siamo, dunque, in piena ambiguità: ogni ipotesi è lecita. Quanto al luogo di origine osserva però Giuseppe Ricciotti: «L'iscrizione proviene proprio da Nazareth? Lo dice unicamente una breve annotazione del defunto collezionista Froehner, e ciò è troppo poco per fidarsi ciecamente. L'iscrizione sarà anche stata spedita in Europa da Nazareth, ma il vero posto del suo ritrovamento può essere stato benissimo altrove, giacché si sa per esperienza che i beduini palestinesi portano in giro di luogo in luogo gli *antika* capitati sotto la loro zappa, finché non trovano un compratore».

Insomma: ogni possibilità è aperta, ancora una volta il "sì" e il "no" del Dio «che ama il chiaroscuro» sono salvaguardati. Non sapremo mai se quel pezzo di marmo che dal 1878 è conservato a Parigi è o non è un'eco della raccomandazione che, a suon di denaro, le autorità ufficiali ebraiche avrebbero fatto, stando a Matteo, a quei guardiani del sepolcro. Ai quali, adesso, ritorniamo.

E osserviamo innanzitutto – vi accennammo alla fine del capitolo precedente – che è praticamente certo che si trattasse di gendarmi ebraici facenti parte della guardia del tempio agli ordini dei sacerdoti, non di soldati romani. Qui, sembra che vada corretta non solo la tradizione pittorica, che quasi sempre ha rappresentato quegli uomini – nelle infinite tele dedicate alla Risurrezione – in divise da legionari e con le insegne di Roma. Ma vanno corretti, pare, anche alcuni specialisti caduti nello stesso equivoco.

Ragioniamo sui testi, in effetti: quando «i sommi sacerdoti e i farisei», per dirla con l'espressione matteana, vanno da Pilato, gli dicono: «Ordina dunque che sia vigilato il sepolcro fino al terzo giorno» (Mt 27,64).

L'espressione non va intesa nel senso della richiesta di concessione di un distaccamento di legionari o di *auxiliaria* inquadrati nei reparti imperiali, ma nel senso di un'autorizzazione (obbligatoria, come risulta di certo, per questo tipo di interventi di uomini in armi) per muovere gli sbirri del tempio. Ed ecco la risposta di Pilato: «Avete una guardia», *échete koustodían*, dove quell'*échete* può essere sia un indicativo del verbo *écho* («Eccoli qui i soldati, li metto a vostra disposizione»), sia un imperativo dello stesso verbo («Avete voi la vostra guardia, servitevene»).

Che sia quest'ultimo il significato autentico, comincia a mostrarlo il versetto seguente di Matteo, il 66 del capitolo 27, che la traduzione ufficiale della Conferenza Episcopale Italiana traduce così: «Ed essi andarono e assicurarono il sepolcro, sigillando la pietra e mettendovi la guardia». C'è qui, chiaramente, l'atmosfera di una faccenda sbrigata "in famiglia", tra ebrei, dove chi comanda è il "Capitano del tempio" («mettendovi la guardia») e dove i romani si limitano a lasciar fare, dopo avere concesso l'indispensabile permesso. Una convinzione che è pienamente confermata da quanto succederà "dopo": in fuga dal sepolcro, quegli uomini si recano «ad annunziare ai sommi sacerdoti quanto era accaduto».

È, questa, cosa impensabile se quei "sommi sacerdoti" non fossero stati i loro capi. E impensabile sarebbe anche la consegna: «Dichiarate: i suoi discepoli sono venuti di notte e l'hanno rubato mentre noi dormivamo». Consiglio suicida, se si fosse trattato di militari romani, per i quali era prevista la condanna ad essere uccisi a bastonate davanti a tutta la truppa schierata per una gravissima mancanza come il dormire durante un servizio di guardia.

Assurdo poi quel che segue: «E, se mai la cosa verrà all'orecchio del governatore, noi lo persuaderemo e vi libereremo da ogni noia» (Mt, 28,14). Assurdo, cioè, ipotizzare che una cosa del genere fosse pensabile per soldati romani, soggetti a una strettissima disciplina e obbligati a dare immediata relazione di ogni missione: una missione, poi, fallita clamorosamente, per colpa loro, come quella! Sarebbe ridicolo quel «e se mai la cosa verrà all'orecchio del governatore», quasi non fosse stato suo diritto e dovere primario saperlo subito; e sarebbe ridicola vanteria quella dei sinedriti (semplici collaborazionisti in un Paese disprezzato e occupato) di liberare dei soldati romani da una sicura condanna a morte per violata consegna se si fosse davvero trattato di un drappello di legionari.

Tutto l'episodio ha un senso soltanto se si tratta della guardia ebraica del tempio. Così conferma, tra gli altri, Joachim Jeremias che, nel suo classico *Gerusalemme al tempo di Gesù*, mostra come in tutto il Nuovo Testamento risultino impiegati, con le stesse modalità, uomini di quella stessa polizia del tempio che intervenne anche presso il sepolcro.

Questa identificazione (erano dei gendarmi ebraici e non dei soldati romani) non è affatto una curiosità irrilevante, ma riguarda direttamente la storicità dell'episodio, che molti mettono in dubbio proprio perché ipotizzano, qui, le truppe di Pilato. Nel qual caso – e abbiamo cercato di dimostrarlo – si finisce davvero nell'incredibile. Nell'equivoco cadono anche biblisti cattolici, come i redattori del *Grande Commentario Biblico* (*The Jerusalem Biblical Commentary*), che scrivono: «È sorprendente che Pilato conceda immediatamente una guardia per uno scopo che egli non poteva giudicare se non assurdo». Da qui, dubbi sull'attendibilità storica del racconto di Matteo.

In realtà, il governatore si limita a concedere un permesso: che i giudei, della loro guardia, facciano quello che vogliono, tanto non c'è alcun disturbo ulteriore per i romani. In ogni caso, lo "scopo" non era affatto "assurdo": anzi, la richiesta dei «sommi sacerdoti e farisei» è del tutto opportuna, presentata com'è al fine di evitare nuove turbative dell'ordine pubblico. Cioè, mirava proprio ad aiutare Pilato nel suo dovere primario, scansare motivi di tensioni e incidenti: «... perché non vengano i suoi discepoli, lo rubino e poi dicano al popolo: "È risuscitato dai morti". Così, quest'ultima impostura sarebbe peggiore della prima"» (Mt, 27,64).

Si noti quel "al popolo", che fa balenare al sospettoso e inquieto funzionario romano lo spettro minaccioso della folla ebraica, sempre pronta a eccitarsi di fronte alle predicazioni messianiche. È quello stesso "popolo" che Pilato ha dovuto con tanta fatica fronteggiare il giorno prima e che in quei giorni pasquali affolla Gerusalemme in modo più che mai rischioso.

È tutto molto logico, tutto molto coerente, compreso il fatto che il Crocifisso sia definito dai sinedriti come *plános*, impostore, e quella sua e dei discepoli *pláne*, impostura. Sono sostantivi che, nei vangeli, sono usati solo qui e solo da Matteo; il verbo da cui derivano appare due volte in Giovanni (7,12 e 7,47). E basta. Ma anche nel quarto vangelo, come qui, nel primo, questo termine ingiurioso (*planáo* significa "fuorviare", "commettere impostura") è messo in bocca alle autorità ebraiche e ai farisei per infangare Gesù. L'uso ritorna anche in Paolo, il quale, le tre volte in cui usa *planáo* e i suoi derivati, lo fa sempre per ritorcere un'accusa proveniente ai cristiani dal giudaismo, come in 2 Cor, 6,8: «Siamo ritenuti impostori (*plánoi*) eppure siamo veritieri». Ed è singolare notare che nei secoli, sin quasi ai giorni nostri, la polemica ebraica contro i "galilei" i cristiani, si servì soprattutto dell'accusa di impostura e accusò il *rabbi* Gesù di essere un impostore.

Dunque, sembra proprio che anche qui, nelle parole che Matteo attribuisce ai "sommi sacerdoti e farisei" stia nascosto un preciso segnale di credibilità: sono ebrei che parlano di quel presunto Cristo proprio come i gerarchi giudei dovevano parlare di lui e come di lui avrebbero sempre parlato. Insomma, a sapere scrutare il testo, ecco apparire una nuova, nascosta conferma; un'ulteriore, discreta, confutazione di quei molti che ritengono l'episodio inventato tardivamente per motivi apologetici.

Ma si scopre ancora di più, scrutando parola per parola. Secondo Matteo, per recarsi da Pilato ad avvertirlo del possibile pericolo («Signore, ci siamo ricordati che quell'impostore disse mentre era vivo: "Dopo tre giorni risorgerò"») si muovono i capi dei sacerdoti, ma in compagnia dei farisei. Chi si rivede: i farisei! Proprio gli avversari più presenti di Gesù durante la sua vita pubblica e che invece spariscono completamente nei racconti della passione, morte, risurrezione.

La sola menzione che li riguardi è all'inizio del Mistero Pasquale, ma nel solo Giovanni: «Giuda, dunque, preso un distaccamento di soldati e delle guardie fornito dai sommi sacerdoti e dai farisei, si recò là con lanterne, torce e armi» (18,3).

Jean-Pierre Lémonon, lo specialista di Pilato, docente all'*Institut Catholique* di Lione, rileva la singolarità della riapparizione subitanea dei farisei in Matteo ed osserva che «ciò avviene perché sono gli avversari principali all'interno del popolo ai quali questo vangelo è destinato». Un'altra conferma, dunque, della tradizione che vuole Matteo "evangelista per gli ebrei". Ma Lémonon finisce poi con il concludere che «la menzione dei farisei è, qui, totalmente fuor di posto», inserita chissà come e da chi.

È tanto più sorprendente questo sospetto di manipolazione, in quanto Lémonon stesso rileva che un altro esegeta, M.E. Boismard, «ha avvicinato questa scena a Matteo, 12,39 s.». Si tratta dell'episodio del "segno di Giona" di cui parlammo nel capitolo precedente e che comincia con le parole: «Allora alcuni scribi e farisei lo interrogarono: "Maestro, vorremmo che tu ci facessi vedere un segno"». Gesù, lo sappiamo, replica con l'annuncio di risurrezione: «Come infatti Giona rimase tre giorni e tre notti nel ventre del pesce, così il Figlio dell'uomo resterà tre giorni e tre notti nel cuore della terra» (Mt, 12,40). È davvero curioso che, da questo richiamo, padre Lémonon ricavi solo certe sue complesse considerazioni sui possibili "sistemi redazionali" degli evangelisti e osservazioni del tipo: «Qui si manca di omogeneità».

A noi sembra l'esatto contrario. L'improvvisa messa in scena dei farisei da parte di Matteo la mattina del sabato nella delegazione che si reca da Pilato per il permesso di muovere la guardia, ci pare un altro segnale di storicità, impressionante pur nella consueta discrezione, nell'abituale chiaroscuro.

Infatti, come sappiamo, i "sommi sacerdoti" e, in maggioranza, i membri del Sinedrio appartenevano al partito dei sadducei, i quali – per citare Matteo stesso – «affermano che non c'è risurrezione» (22,23). E ciò è confermato anche negli Atti degli Apostoli, quando si narra di Paolo che si rivolge ai sadducei e ai farisei nel Sinedrio proclamandosi egli stesso fariseo e affermando la "risurrezione dei morti": allora, riferiscono gli Atti, «scoppiò una disputa tra i farisei e i sadducei e l'assemblea si divise. I sadducei, infatti, affermano che non c'è risurrezione, né angeli, né spiriti; i farisei, invece, professano tutte queste cose» (23,6 ss.).

Ecco, dunque: dopo aver constatato la morte di Gesù, *oi archiereîs*, cioè i capi supremi del Sinedrio (i Caifa, gli Anna, con quelli del loro clan), convinti che tutto fosse finito per sempre, da buoni, scettici sadducei devono avere dimenticato quella che a loro, se glien'era giunta voce, era sembrata una vanteria assurda del Galileo. In ogni caso non se ne preoccupano di certo. Cos'era questa storia di risurrezione, visto che la risurrezione non esiste per nessuno? Non così i farisei, ipersensibili a quella che per essi era una verità di fede ed era in ogni caso l'aspetto più vistoso che li divideva dai sadducei. Significativo l'avvio del loro discorso a Pilato: «Signore, *ci siamo ricordati* che quell'impostore disse...».

Devono esserci state delle discussioni o, almeno, degli incontri informali tra le autorità ebraiche, nelle loro varie componenti, nelle ore dopo la morte di Gesù: si deve avere parlato della dottrina del "fanatico" giustiziato e i farisei devono avere rinfrescato la memoria degli scettici (e dunque distratti, al proposito) sadducei su questo aspetto della sua predicazione. Quel tizio prometteva ai suoi discepoli e minacciava a noi nientemeno che una risurrezione! Ora, questa possibilità non si realizzerà di certo per un simile "impostore", però può essere presa sul serio dal popolo (tra di esso, non si dimentichi, avevano autorità soprattutto i farisei e, dunque, la folla era incline a prestare ascolto a simili voci), meglio prendere precauzioni e far sorvegliare la tomba perché non ne nascano storie pericolose.

È da queste considerazioni che si può vedere quanto sia significativa la citazione improvvisa dei farisei, accanto ai sommi sacerdoti, in questo penultimo capitolo matteano. Ed è ancor più sconcertante che lo stesso Lémonon, per giustificare ulteriormente il suo sospetto sulla verità della guardia al sepolcro («Da tempo i commentatori hanno segnalato un insieme di difficoltà che fanno sorgere dubbi sulla base storica di questi testi. Le difficoltà invocate sono ben reali e questi versetti sono di redazione abbastanza tardiva...»), che il professore, nonché *abbé*, Lémonon, osservi quanto il redattore evangelico sia "maldestro".

Infatti, scrive lo studioso francese, quando Matteo narra l'andata della delegazione da Pilato, introduce accanto ai sommi sacerdoti i farisei, ma questi non sono nominati quando le guardie tornano, sconvolte, a fare la loro relazione: «Alcuni della guardia giunsero in città e annunziarono ai sommi sacerdoti quanto era accaduto...» (Mt, 28,11).

Confessiamo che – ancora una volta – ci si chiede di ammettere delle "difficoltà" che a noi non riesce proprio di vedere. Lo scrupolo di completezza (e di verità storica) di Matteo giustifica la citazione dei farisei nell'ambasceria al governatore. Ma, in questo modo, i farisei hanno esaurito la loro funzione. Perché si dovrebbe parlare di loro anche quando è questione del rapporto fatto da guardie che dipendevano soltanto dal ristretto gruppo dirigente – e, dunque, tutto sadduceo – della casta sacerdotale? Anzi, a ben pensarci, la presunta difficoltà di Lémonon va rovesciata: la difficoltà ci sarebbe davvero se si parlasse di farisei – che non potevano esserci, non avendo alcuna funzione di governo – tra coloro ai quali le guardie del tempio erano tenute a fare la loro relazione.

Ma, ancora a proposito di presunte "inverosimiglianze storiche" che la ricerca oggettiva potrebbe non rivelare tali: sono moltissimi gli specialisti che giudicano inverosimile questo episodio di Matteo perché in giorno di sabato e, dunque, di riposo assoluto, i sinedriti – come e ancor più di ogni ebreo – non avrebbero potuto darsi al va e vieni dell'udienza presso Pilato e poi dell'apposizione dei sigilli sulla pietra sepolcrale.

Sigilli – osserviamo innanzitutto – a proposito dei quali Giuseppe Ricciotti fa considerazioni interessanti: «Nessuno avrebbe potuto superare per accortezza quegli insigni Giudei, cosicché essi si premunirono anche contro un caso a cui altri difficilmente avrebbero pensato: previdero cioè che i soldati, pur rimanendo di guardia al sepolcro, potevano lasciarsi corrompere per denaro dai discepoli di Gesù, permettendo loro l'ingresso nella tomba. Non si sapeva mai quel che poteva succedere: adesso che due loro colleghi del Sinedrio, Giuseppe e Nicodemo, avevano spinto la loro audacia sino a curare il seppellimento del Crocifisso, c'era da aspettarsi che i due imitassero il Sinedrio stesso, comperando a suon di sicli i soldati di guardia, così come il Sinedrio aveva comperato Giuda. Per questo motivo essi apposero i loro sigilli sulla pietra circolare che rotolava davanti all'ingresso della tomba, e l'assicurarono alla viva roccia».

Ma questa verosimiglianza delle motivazioni, segnalata dal Ricciotti, potrebbe scontrarsi con l'inverosimiglianza della realizzazione concreta: era sabato, per giunta un sabato solennissimo, il riposo era tutelato addirittura sotto minaccia di pena di morte. Certo. Ma senza, però, dimenticare che i dottori della legge avevano regolamentato quel riposo, stabilendo con precisione le concessioni e le deroghe. Per quanto riguarda il cammino, sappiamo che – in giorno di sabato – l'ebreo poteva percorrere una distanza fissata in duemila cubiti. Ora: apprendiamo dall'Antico Testamento (Ez, 40,5 e 43,14) che lo *ammãh*, il cubito ebraico, misurava 0,518 metri. Dunque, duemila cubiti equivalevano a oltre un chilometro. Un'occhiata a una carta di Gerusalemme antica ci mostra che occorreva assai meno cammino per recarsi dal tempio (dove i sommi sacerdoti stavano certamente in quel giorno di festa) alla residenza di Pilato che era addirittura all'estremità nord-occidentale del tempio stesso, nella fortezza Antonia. Quanto al drappello di guardie – ebree anch'esse, come mostrammo, e quindi tenute al riposo – il percorso dalla loro caserma (pure essa nel tempio) al sepolcro prestato da Giuseppe l'Arimateo non superava i 500 metri. Per essi, comunque, non c'era neppure il problema del ritorno, che sarebbe stato effettuato dopo che il sabato era passato.

Quanto ai sacerdoti che li accompagnavano («ed essi andarono...», Mt, 27,66), si deve pensare che fossero altri da quelli recatisi in precedenza da Pilato e che già avevano "consumato" una quota del cammino concesso. Per questi, portatisi al sepolcro, il percorso di andata e ritorno dal tempio restava dentro i duemila cubiti (senza contare che avrebbero benissimo potuto recarsi alla tomba durante quel sabato e attendere, per il ritorno, il sopraggiungere della sera, quando, con il sabato, terminavano le limitazioni). La Legge, dunque, era rispettata, quel soffocante formalismo contro il quale Gesù aveva così duramente combattuto era salvò.

E la Torah e le sue interpretazioni rabbiniche nulla avevano da dire neanche sulla guardia dei gendarmi: quello non era considerato lavoro; o, se lo era, era accettato, essendo equiparato a quello dei pastori cui era concesso di vegliare, anche di sabato, sul loro gregge all'aperto.

Cade dunque così un'altra delle più insistenti e più ripetute obiezioni alla storicità dell'episodio delle guardie al sepolcro. Ma questi versetti ci forniranno materia di analisi e di riflessione anche nel prossimo capitolo.

XVI.
La tomba dimenticata

Riprendiamo il discorso sui cinque versetti del penultimo capitolo di Matteo (27,62-66) e su quelli dell'ultimo (Mt, 28,11-15), dove l'evangelista riporta i due episodi (legati tra loro) che gli sono propri, mentre mancano negli altri due sinottici e in Giovanni: «i sommi sacerdoti e farisei» che chiedono a Pilato di poter custodire il sepolcro del crocifisso; il ritorno delle guardie sconvolte e il denaro dato loro perché sostengano la versione suggerita dal Sinedrio.

Lo riprendiamo, questo discorso, anche per segnalare - seppure per l'ennesima volta, ma il caso qui in esame è particolarmente vistoso - un fenomeno sorprendente.

E, cioè, l'adeguamento (pronto e pressoché assoluto) di molti biblisti, pur cattolici, pur spesso preti o religiosi, agli apriorismi e alle conclusioni di spesso dubbia "scientificità" di quella che sino a tempi recenti era considerata nella Chiesa come la critica distruttiva e, dunque, inaccettabile, degli "increduli".

In effetti, pur nelle opere precedute da regolari *imprimatur* (quando ancora lo si richiede) e scritte da prestigiosi docenti di atenei e istituti pontifici o, in generale, cattolici, è difficile (a partire dagli anni Sessanta del ventesimo secolo) trovare qualcuno che non ripeta - in modo che, in alcuni, sembra conformista - il dogma cosiddetto "storico-critico". Il quale (come abbiamo tante volte cercato di mostrare) ha certo grandi meriti ma ha spesso un difetto: l'essere troppo poco "storico" e troppo poco "critico". Ma che, comunque, nel caso che ora ci interessa recita così: i versetti sulla guardia al sepolcro appaiono come una inserzione tarda, effettuata per ragioni apologetiche, dalla dubbia o del tutto inesistente storicità, come provano le incongruenze e le inverosimiglianze del testo.

Quasi nessuno sembra mettere più in discussione simili assiomi, tramandati da uno specialista all'altro. Il timore dell'isolamento dal gruppo maggioritario del momento, il panico da solitudine, il "che-dirà-il-collega", sono spauracchi che minacciano ogni ambiente accademico; quello esegetico non escluso.

Nel capitolo precedente abbiamo visto specialisti come il *père* Lémonon trovare in questi versetti matteani difficoltà logiche e storiche che – come ci sembra di avere mostrato (e ci ritorneremo sopra, più avanti) – in realtà non sembrano affatto esistere.

Per fare qualche altro esempio tratto dagli studi dei biblisti cattolici più prestigiosi, ecco Béda Rigaux che nel suo *Dio lo ha risuscitato*, comparso agli inizi degli anni Settanta e considerato (non a torto, peraltro) ormai un classico, denuncia «molte ragioni che inclinano gli esegeti a considerare l'aggiunta sulla guardia al sepolcro come la ripresa di una leggenda che si raccontava negli ambienti ecclesiali al tempo della composizione di Matteo».

Ecco Claude Tassin, anch'egli frate, professore di Sacra Scrittura all'*Institut Catholique*, che afferma, in un suo commento recentissimo: «Questa è senza dubbio una tradizione orale che il redattore di Matteo avrà rielaborato e che non brilla certo per la sua finezza».

Ecco Rinaldo Fabris, docente di Nuovo Testamento e autore di una delle più citate (e pregevoli) *summae* contemporanee su Gesù: «Questi particolari del vangelo di Matteo, molto precari sul piano storico, per le incongruenze in sé e le contraddizioni con gli altri evangeli, possono rappresentare solo il tentativo apologetico del primo secolo di controbattere l'interpretazione giudaica della tradizione sul sepolcro vuoto».

È lo stesso Fabris che, più avanti, e sempre a questo proposito, ribadisce, con sicurezza, «l'intento apologetico di questa tradizione» e le «incongruenze sul piano storico», nonché «l'artificiosità del brano». Pur concludendo: «Tuttavia, non si può pensare che il pezzo apologetico di Matteo sia inventato di sana pianta perché, proprio negli ambienti giudaici, poteva essere facilmente smentito». Argomento, questo, non secondario, ma che ci sembra troppo spesso sottovalutato.

Ma, per proseguire con le "demitizzazioni" o, almeno, i sospetti anche cattolici sulla storicità evangelica, ecco l'ancor più prestigioso – e, peraltro, prezioso per informazione e acribia – Pierre Benoit, domenicano, successore del grande padre Lagrange alla direzione della Scuola biblica di Gerusalemme. Anche secondo Benoit, i racconti matteani sui guardiani «si prestano ad obiezioni», per alcuni motivi che enumera e sui quali sarà bene intrattenerci un poco, per continuare (e integrare) quanto già abbiamo detto in precedenza.

Primo motivo: «Non è molto verosimile che gli ebrei attendano l'indomani della sepoltura per mettere una guardia; se i discepoli volevano rubare il cadavere, la prima notte era la più propizia. Avrebbero atteso due o tre giorni per rapirlo, se avevano intenzione di farlo?».

In verità, la risposta all'obiezione sta nel vangelo stesso: «Signore, *ci siamo ricordati* che quell'impostore disse mentre era vivo: "Dopo tre giorni risorgerò"...» (Mt, 27,63). Come già osservammo, i protagonisti del processo, della passione, della morte sono i principali notabili del Sinedrio, dunque i sadducei; a tal punto che i farisei non vengono nemmeno nominati e non è per un semplice caso che ritornano solo in questa ambasceria a Pilato. È dunque del tutto comprensibile che, nelle poche ore tra la morte del Crocifisso e la notte tra il venerdì e il sabato, quei sadducei, negatori della possibilità stessa della risurrezione, non pensino a delle misure atte a prevenire una "sceneggiata" organizzata dai discepoli. Come scrivemmo, devono essere stati i farisei, negli incontri successivi alla sepoltura, a mettere in guardia dal pericolo e a chiedere di prendere delle precauzioni.

Del resto, è assai probabile che gli Anna, i Caifa, come gli altri secolarizzati membri della casta sadducea, staccati come erano dal popolo e chiusi nel loro potere, non fossero neanche al corrente dei discorsi di quel predicatore sui "segni di Giona" e, dunque, delle vanterie (tra l'altro un po' criptiche, comprensibili interamente solo a iniziati) sulla sua risurrezione. Gli incontri e scontri di Gesù durante la vita pubblica, i suoi dibattiti dottrinali sono detti avvenire con interlocutori farisei (e con "scribi", legati in maggioranza, sul piano religioso con i farisei), e forse una sola volta con sadducei (cfr Mt, 22,25-33).

Occorreva pertanto l'intervento di gente informata, di gente che ben conosceva i discorsi del *Rabbi* galilaico per decidersi all'ambasceria presso il Governatore. Ecco, dunque, che è del tutto logico e giustificato quel «Signore, ci siamo ricordati...». E non si capisce proprio perché, secondo il Benoit, pur conoscitore consumato di quei tempi e di quelle vicende, ci sarebbe qui «una seria difficoltà»: «non è molto verosimile...», scrive. Verosimilissimo, al contrario.

La richiesta a Pilato dei «sommi sacerdoti e farisei» ci sembra del tutto verosimile anche là dove il grande domenicano francese vede un'altra inverosimiglianza: perché – domanda – non mettere la guardia sin dalla prima notte, la più propizia per il furto, quella comunque più conveniente per i discepoli malintenzionati?

Innanzitutto, se nella notte tra il venerdì e il sabato l'accesso al sepolcro di Giuseppe d'Arimatea rimase privo di guardiani, deve essere stato per quella "dimenticanza" che dicevamo. È pensabile che dopo i colloqui tra le componenti del Sinedrio, sin dal primo mattino di quel sabato, qualcuno sia andato a controllare se tutto era ancora in ordine. Visto che la pietra era ancora al suo posto e che ogni cosa era rimasta tranquilla, si mosse la delegazione per il Governatore: senza pensarci si era corso un rischio, ma tutto era andato liscio e dunque c'era adesso la possibilità di rimediare.

In ogni caso, non è affatto detto che quel rischio, come pensa Benoit, fosse più incombente la prima notte. La guardia si muove per controllare la zona nella seconda notte ed è forse bene così, dal punto di vista delle autorità ebraiche. Infatti, Gesù aveva detto che sarebbe risorto «il terzo giorno». Abbiamo visto che quel "terzo giorno" non è affatto casuale poiché, secondo la credenza semitica, è proprio allora che ha inizio la morte "vera". Se si voleva far credere a una risurrezione, bisognava ovviamente che l'interessato fosse *davvero* morto: un rapimento prematuro del cadavere, nel corso della prima notte, avrebbe rovinato tutto il piano. Chi fosse tornato a girare con le sue gambe dopo un tempo così breve, lo avrebbe fatto perché in realtà non era ancora entrato interamente nella morte.

«I discepoli avrebbero atteso due o tre giorni per rapirlo, se avevano intenzione di farlo?», si chiede padre Benoit, presupponendo ovviamente un "no". E, invece, forse la risposta va rovesciata in un "sì": è vero che la prima notte non ci fu custodia al sepolcro per un equivoco, una dimenticanza. Ma è comunque assai probabile che – anche se ci si fosse ricordati subito della profezia del Crocifisso – la guardia non sarebbe stata giudicata urgente per quelle ore. Ore nelle quali (secondo la credenza prevalente) l'inquilino della tomba era sospeso in una sorta di limbo tra morte e vita e proclamarlo risorto non avrebbe convinto nessuno, perché nessuno vi avrebbe visto un prodigio tale da svegliare addirittura una fede messianica. Figurarsi, poi, per un disgraziato finito in modo così ignominioso!

Tra gli altri "motivi di inverosimiglianza", Benoit aggiunge subito dopo la circostanza del sabato, chiedendosi: «Potevano dei pii personaggi andare da Pilato in un giorno di riposo?». Obiezione classica, come sappiamo, sempre avanzata: ma sorprende che lo sia anche da un biblista così illustre. Davvero sconcertante che si sembri ignorare quella regolamentazione del percorso concesso in sabato, quei duemila cubiti di cui parlammo.

E non si capisce dove stia la difficoltà (avanzata da molti) costituita dal presunto divieto di parlare con "pagani" di sabato. Divieto che non esisteva. Bastava interloquire con Pilato senza entrare nella sua stanza, fermandosi nell'atrio, per non "contaminarsi". I sinedriti, legati a filo doppio con l'occupante, sapevano benissimo che fare in questi casi!

Altra, sconcertante obiezione di colui che pure fu direttore della benemerita e prestigiosa Scuola biblica di Gerusalemme: «C'è di più: né Marco, né Luca, né Giovanni dicono alcunché di questa guardia al sepolcro». Ma, anche qui: possibile che non si tenga conto che quello di Matteo è il vangelo "per gli ebrei", e, dunque, questa notizia del sepolcro sorvegliato (riportata esplicitamente perché «una simile diceria si è divulgata tra i Giudei sino ad oggi», Mt, 28,15) ha un significato per questo testo e ne ha poco o punto per gli altri, diretti a uditori diversi?

Possibile che biblisti di questo calibro (e a cui siamo tutti debitori, sia chiaro) da un lato ci ricordino giustamente che i vangeli non sono che brevi resoconti sommari, dove ciascuno ha scelto ciò che più interessava alla sua prospettiva, alla sua teologia, ai suoi destinatari; e dall'altro lato mettano tra i motivi di inverosimiglianza il fatto che Matteo aggiunga un particolare del tutto coerente con la sua strategia pastorale e che manca, in modo comprensibilissimo, negli altri?

Vogliamo dimenticare le ultime parole dell'ultimo vangelo, quelle parole estreme che, significativamente, suonano così: «Vi sono ancora molte altre cose compiute da Gesù che, se fossero scritte una per una, penso che il mondo stesso non basterebbe a contenere i libri che si dovrebbero scrivere» (Gv, 21,25)?

Insomma, anche per Benoit - è ormai quasi dogma "scientifico" - ci troviamo di fronte a una «tradizione tardiva, di carattere apologetico». Proprio parlando di questo episodio, l'esegeta contemporaneo Raymond E. Brown - pur cattolico assai *liberal* - chiede, un po' spazientito, ai colleghi: «Ma, insomma, per quale motivo apologetica e storicità dovrebbero essere sempre e comunque incompatibili? Dopo tutto, un argomento basato su qualcosa che *davvero* accadde potrebbe ben legittimamente essere ricordato dagli evangelisti per ribattere agli oppositori giudei del cristianesimo!».

Va detto, comunque, che neppure Brown (frate domenicano egli pure) vuol apparire ingenuo agli occhi dei confratelli biblisti. Siamo solo noi, credenti semplici, che possiamo essere tanto sprovveduti da prendere sul serio i vangeli così come stanno, illudendoci che quanto ci narrano corrisponda a quanto è davvero successo!

Ecco allora che, alla fine, anche padre Brown mette in dubbio la storicità dell'episodio. Questo non nascerebbe da un desiderio apologetico, ma sarebbe stato creato dalla comunità primitiva «per mostrare come il potere di Dio abbia buon esito contro ogni opposizione umana, non importa quanto potente». C'è da chiedersi, allora, perché quella disinvolta comunità che creerebbe episodi a piacimento ne avrebbe inventato uno come questo che si svolge nel buio della notte, avendo per protagonisti alcuni anonimi, scalcagnati sbirri e avrebbe invece resistito alla tentazione di propinarci qualche apparizione del Risorto a Pilato, ad Anna e Caifa, alla folla riunita nel Tempio per la Pasqua. Non è così, forse, che si sarebbe mostrato davvero quanto possa «il potere di Dio contro ogni opposizione umana»?

Ma affrontiamola ancor meglio, allora, questa presunta "apologetica" che avrebbe spinto a inventare – o, almeno, ad ampiamente manipolare – l'episodio raccolto poi da Matteo. Dietro, ci sarebbe il bisogno di dimostrare che la tomba era davvero vuota, che la pietra era stata rovesciata, che Gesù ne era davvero uscito. In realtà, che questa "frenesia di provare" da parte degli evangelisti non sia così scontata come dicono tanti lo prova proprio il silenzio di Marco, Luca, Giovanni (e poi di Paolo, degli Atti degli Apostoli, degli autori delle Lettere) sulla guardia al sepolcro.

Come osserva un celebre esegeta, John A.T. Robinson: «Se l'episodio del sepolcro custodito (e, in genere, della scoperta della tomba vuota) fosse stato inventato per convincere chi ancora dubitava o per opporsi alle obiezioni degli avversari, la Chiesa primitiva ne avrebbe fatto certamente un uso migliore. Non si sviluppano (o neppure soltanto si raccolgono) delle leggende apologetiche per buttarne poi via il contenuto».

In effetti, per ripeterlo un'ennesima volta: il "vangelo per gli ebrei", Matteo, ricordando la presenza delle guardie del Sinedrio non fa che replicare a una specifica "diceria" (*lógos*, nel testo greco) messa in giro tra i giudei. Insomma, sembra parlarne perché costrettovi. Ma che questo non sia "accanimento apologetico" lo mostra il fatto che l'episodio, pur rilevante, non è citato da nessun'altra delle testimonianze neotestamentarie su Gesù, perché evidentemente non avevano bisogno di rispondere a una calunnia. "Legittima difesa", dunque, quella matteana, non desiderio di provare a ogni costo, inventando una sorveglianza "nemica" che desse garanzia della verità della risurrezione.

Ma il discorso andrebbe allargato al sorprendente silenzio di tutta la predicazione primitiva (il solo primo vangelo escluso) non soltanto sugli sbirri del Sinedrio attorno a quella sepoltura ma, in genere, sulla scoperta del sepolcro vuoto. Già facemmo un breve cenno al problema, in un capitolo precedente: «L'annuncio primitivo del cristianesimo, quale ci appare dal Nuovo Testamento, sembra quasi dimenticare la tomba. Il fatto che sia rimasta vuota non entra nel *Credo*, e tutta la prima predicazione insiste, come prova della risurrezione, solo sulle apparizioni».

Sono queste ultime che, evidentemente, devono avere spazzato via ogni bisogno di insistere su un fatto visto come ovvio, che non valeva neanche la pena di rilevare: se Gesù è riapparso vivo, in carne ed ossa (e sono proprio i termini che egli stesso usa: «Toccatemi e guardate; un fantasma non ha carne ed ossa come vedete che io ho», Lc, 24,39), se è vissuto di nuovo con i suoi, che ora ne testimoniano, mangiando e bevendo, per quaranta giorni prima di sottrarsi nuovamente alla vista, allora è scontato che non è rimasto nel sepolcro, che quel luogo è rimasto vuoto, se non per le tracce materiali che sappiamo e che inducono Giovanni, dopo averle viste, a credere.

La verità dello *choc* provocato da un cadavere ritornato a prendere posto tra i vivi, uno *choc* che ha come spazzato via, che ha bruciato ogni bisogno di indugiare sul fatto della pietra funeraria rovesciata, questa verità è confermata anche dalla predicazione post-pasquale che mai una sola volta, nel Nuovo Testamento – al di fuori dei vangeli, ovviamente – fa allusione al sepolcro.

Lo schema dell'annuncio delle primissime origini ci è conservato nel discorso di Pietro, la sera di Pentecoste, agli «uomini di Giudea e a tutti quelli che si trovano in Gerusalemme», nel secondo capitolo degli Atti: «... ascoltate queste parole: Gesù di Nazareth (...) dopo che, secondo il prestabilito disegno e la prescienza di Dio, fu consegnato a voi, voi l'avete inchiodato sulla croce per mano di empi e l'avete ucciso. Ma Dio lo ha risuscitato, sciogliendolo dalle angosce della morte... Questo Gesù Dio lo ha risuscitato e noi tutti ne siamo testimoni...» (At, 2,22 ss. e 32).

Come si constata, dall'inchiodamento, alla morte, alla risurrezione, non c'è, nel discorso di Pietro, lo iato del breve, provvisorio soggiorno nel sepolcro prestato da Giuseppe d'Arimatea. È solo un ricordo triste, spazzato via dalla gioia di Pasqua. Non c'è affatto – a smentita ulteriore di chi vuole vedere i racconti di risurrezione come ispirati innanzitutto da preoccupazioni apologetiche – il bisogno di affannarsi in dimostrazioni, rese ormai inutili per coloro che si presentano come "testimoni" del ritorno alla vita del Crocifisso.

Non si dice: «Andate a vedere, appena fuori dalle mura di questa città, se non è vero che è rimasta vuota la tomba che lo ospitava». Che bisogno c'è di questa testimonianza muta, quando c'è la loro, eloquente? la loro che, con il Fuoruscito da quel sepolcro, hanno appena convissuto per decine di giorni?

Ma il rinvio alla tomba vuota non c'è neppure nell'altro schema di predicazione della prima comunità, lo schema di Paolo, conservatoci anch'esso dagli Atti degli Apostoli.

Un giorno di sabato, sinagoga di Antiochia di Pisidia, ecco il discorso che inizia con un «Uomini d'Israele e voi timorati di Dio, ascoltate!», e prosegue poi, con espressioni che poco si distaccano da quelle petrine: «Gli abitanti di Gerusalemme, infatti, e i loro capi non l'hanno riconosciuto e condannandolo hanno adempiuto le parole dei profeti che si leggono ogni sabato; e pur non avendo trovato in lui nessun motivo di condanna a morte, chiesero a Pilato che fosse ucciso. Dopo avere compiuto tutto quanto era stato scritto di lui, lo deposero dalla croce e lo misero nel sepolcro. Ma Dio lo ha risuscitato dai morti ed egli è apparso per molti giorni a quelli che erano saliti con lui dalla Galilea a Gerusalemme, e questi ora sono i suoi testimoni davanti al popolo» (At, 13,27-31).

Nessun cenno alla tomba scoperchiata e vuota neppure in quello straordinario "sommario" della Prima ai Corinzi che tante volte citammo (e non a torto, vista la sua importanza decisiva) e che non è solo il *kérygma* di Paolo, ma della Chiesa intera, come egli stesso tiene a precisare: «Vi ho trasmesso, dunque, anzitutto quello che anch'io ho ricevuto».

Per dirla ancora con il biblista Robinson: «Se i discepoli avessero cercato di rendere credibili con dei racconti le loro visioni, inventando la storia di una tomba trovata vuota, ne avrebbero fatto un uso ben diverso». Avrebbero, cioè, inserito quella storia nella loro predicazione; cosa, invece, che non fanno. Anzi: la gioia e la sicurezza dell'esperienza concreta, tangibile con il Maestro già morto e ora di nuovo vivo tra loro, li porta non a sopravvalutare ma, al contrario, a sottovalutare la tomba e il suo significato.

In effetti, occorse aspettare la stesura – probabilmente l'ultima, in ordine di tempo – del vangelo di Giovanni per avere particolari su ciò che nella tomba era rimasto e che era già da solo in grado di portare alla fede nell'intervento di Dio. Se gli altri vangeli non si soffermano su questo, se meno che mai lo fanno gli altri testi del Nuovo Testamento, se la predicazione primitiva non lo sviluppa, se anzi non vi accenna neppure, è perché non si sentiva il bisogno di quella "prova", quando la Prova per eccellenza era stata il soggiorno tra i suoi, per quaranta giorni, del Redivivo.

Tutto questo considerato, andranno esaminate con cautela, se non con scetticismo, le certezze (presentate come "scientifiche") sulle quali la critica costruisce i suoi teoremi: nel caso specifico, i racconti sul sepolcro che sarebbero inventati per preoccupazioni apologetiche.

Il bisogno di "provare", che non è affatto prioritario nei vangeli canonici, appare invece in quelli apocrifi. Dei quali vogliamo ora riprodurre (e commentare) alcuni brani. Nei racconti di risurrezione come in tutto il resto, il confronto tra testi canonici, entrati cioè nel *kanón*, l'elenco ufficiale dei libri della Chiesa e testi "segreti" (questo il significato di "apocrifi") mostra la differenza tra narrare e inventare, tra descrivere e fantasticare. Il sapore di cronaca, che si avverte nei versetti dei quattro vangeli riconosciuti come i soli attendibili dalla Chiesa, può risaltare anche dal confronto.

Teniamoci, dunque, all'episodio che qui ci occupa, quello della guardia al sepolcro e vediamo come ce ne parla il cosiddetto "vangelo di Pietro" che è particolarmente significativo poiché – scritto quasi certamente prima dell'anno 100 – è «il più antico racconto non canonico della passione», per dirla con Luigi Moraldi, uno dei maggiori specialisti di apocrifi e del quale seguiremo la traduzione.

Leggiamo, dunque: «Gli scribi, i farisei e gli anziani, allorché si radunarono insieme e udirono che tutto il popolo mormorava e si lamentava battendosi il petto, dicendo: "Se alla sua morte sono avvenuti segni così grandi, vedete quanto egli era giusto!", ebbero paura e andarono da Pilato supplicandolo e dicendo: "Dacci dei soldati affinché la sua tomba sia vigilata per tre giorni. Che non capiti che vengano a rubarlo i suoi discepoli, il popolo creda ch'egli sia risorto dai morti e ci faccia del male". Pilato diede il centurione Petronio con dei soldati per vigilare la tomba; e con loro si recarono gli anziani e gli scribi e tutti quanti erano là con il centurione; i soldati rotolarono una gran pietra, la posero sulla porta della tomba e ci impressero sette sigilli; quivi drizzarono poi una tenda e montarono la guardia».

Qualche breve commento a questo primo passo. Seppure molto antico, il "vangelo di Pietro" mostra subito di essere posteriore al 70, quando l'antico Israele fu spazzato via dalla storia, e di essere stato composto probabilmente in Siria, comunque non nei luoghi di Gesù. In effetti, cade negli errori, negli anacronismi, nelle ignoranze di usi e costumi ebraici, nelle trappole, cioè, evitate dai testi canonici.

Tra l'altro, questo apocrifo, nella parte che ci è pervenuta (scoperta nel 1887 nella tomba di un monaco nell'Alto Egitto, in precedenza ne erano noti solo brani isolati) comincia la sua narrazione dalla lavanda delle mani di Pilato. Nei racconti che seguono infila una serie di incongruenze clamorose, come l'affidare agli ebrei l'esecuzione della sentenza (ogni condanna a morte, lo sappiamo, era riservata severamente ai romani); l'ignorare le tecniche di crocifissione (il supplizio di Gesù descritto dai canonici fu "legale", eseguito secondo norme codificate che conosciamo dalle fonti antiche, non fu un anarchico linciaggio); il far lavare da Giuseppe il corpo del defunto, cosa – come vedemmo a suo tempo – contraria alla legge sia romana che giudaica per i giustiziati.

Per venire al brano dell'apocrifo appena riportato: l'ignoranza della complessa situazione socio-politica della provincia imperiale di Giudea porta questo "evangelista", spacciato per Pietro, a ignorare l'esistenza e il ruolo della guardia ebraica del tempio e ad attribuire, dunque, la vigilanza del sepolcro ai romani. Fino al punto di inventare un grado e un nome: il "centurione Petronio", dove questo appellativo, stando a qualche studioso, verrebbe semplicemente dal fatto che quell'ufficiale era «incaricato di vigilare la pietra»...

Si veda poi la presentazione caricaturale dei sinedriti, ridicoli nella loro paura, e il dirli accompagnare in corteo, sino al sepolcro, i soldati di "Petronio".

Il bisogno di esagerare, di calcare la mano (cosa che mai avviene nella sobrietà, si direbbe nella impassibilità dei testi canonici) porta anche a riferirci di ben "sette sigilli" che sarebbero stati apposti alla pietra. A proposito della quale c'è un'altra incongruenza da notare: «rotolarono una gran pietra, la posero sulla porta della tomba..». Questo stesso «vangelo di Pietro» aveva narrato prima (accumulando altri errori) le operazioni di sepoltura compiute da Giuseppe d'Arimatea e aveva raccontato che costui se ne era andato lasciando aperta la grotta. Dunque, tocca ai soldati provvedere. È un altro segno d'ignoranza degli usi ebraici, per i quali un sepolcro non poteva restare neppure provvisoriamente senza un riparo che lo separasse dal mondo dei vivi, ad evitare impurità.

Ma prima di proseguire (e lo faremo nel prossimo capitolo) con questo "vangelo di Pietro", ci concediamo un piccolo inciso su un tema discusso qualche volta dagli specialisti. Scrive Matteo: *sfraghísantes tòn líthon*, «sigillando la pietra», prima di «mettervi la guardia» (27,66). Come era materialmente possibile assicurare con dei sigilli la grande ruota scorrevole che copriva l'ingresso della tomba? C'è una sorta di precedente nell'Antico Testamento, quando Daniele è chiuso nella fossa dei leoni: «Poi fu portata una pietra e fu posta sopra la bocca della fossa: il re la sigillò con il suo anello e con l'anello dei suoi grandi perché niente fosse mutato sulla sorte di Daniele» (Dn, 6,18).

La tecnica usata in questi casi pare consistesse in una corda fatta passare davanti alla pietra che non si voleva fosse rimossa senza lasciare segni di effrazione. I due capi della corda erano fissati alle pareti laterali (nel caso di Gesù alla roccia dove era scavato il sepolcro) e fatti aderire con cera fusa o con un altro composto scioglibile, sul quale, prima della solidificazione, era impresso il sigillo.

Da testimonianze archeologiche conosciamo la *sfraghís*, il sigillo del tempio di Gerusalemme: aveva immagini o di foglie di palma e di olivo o il corno liturgico, lo *shofàr*. Fu questo simbolo ad essere infranto quando la pietra, con la sua corda e i suoi sigilli, fu rovesciata il mattino di Pasqua.

XVII.
A confronto con gli apocrifi

Riprendiamo le fila del ragionamento che ruota attorno alla credibilità della sorveglianza armata alla tomba del Crocifisso. Mostravamo quanto poco sembrino aver ragione coloro che sostengono che la richiesta di una guardia vicino alla tomba, più che alla storia, apparterrebbe alla preoccupazione apologetica degli evangelisti: al bisogno, insomma, di "provare" che Gesù è davvero risorto, mettendo in campo anche la testimonianza degli avversari e dei loro sbirri.

Rimandando ovviamente a quanto già detto, ricordiamo solo che, in realtà, la presunta "preoccupazione apologetica" non è affatto ossessiva: come mostra tutto il Nuovo Testamento, la predicazione primitiva sembra addirittura dimenticarsi della tomba vuota, non la cita nemmeno.

Per far risaltare ancor meglio la verità di una "sobrietà" evangelica che anche qui (come, del resto, ovunque altrove) costituisce un problema per ogni tesi "leggendaria", "mitica" o anche soltanto "manipolatoria", avevamo deciso di andare a vedere come si comportino gli autori dei vangeli "apocrifi". Avevamo cominciato con il cosiddetto *vangelo di Pietro*, particolarmente significativo perché – scritto quasi certamente prima dell'anno 100 – è considerato come il più antico racconto non canonico della Passione. Nel brano che citavamo, notavamo subito le incongruenze storiche, le esagerazioni, le contraddizioni, gli anacronismi. Eravamo rimasti a quando i soldati (comandati da un presunto "centurione Petronio") «drizzarono una tenda e montarono la guardia».

Vediamo allora il seguito. Ecco: «Di buon mattino, allo spuntare del sabato, da Gerusalemme e dai dintorni venne una folla per vedere la tomba sigillata».

Ecco subito, dunque, un'altra inverosimiglianza vistosa. Abbiamo visto che i rabbini avevano regolamentato la lunghezza del cammino che era possibile percorrere di sabato: un massimo di duemila cubiti, circa un chilometro. Una distanza sufficiente per andare al sepolcro partendo dal tempio in cui si trovava la caserma delle guardie, nell'ipotesi (assai fondata, come mostrammo) che si trattasse di quelle ebraiche. E sufficiente anche ai sinedriti per recarsi alla fortezza Antonia, sede del Procuratore imperiale. Non è dunque giustificato accusare i vangeli sinottici di inverosimiglianza per questi spostamenti in giorno di riposo.

Assolutamente non credibile, invece, quanto racconta questo apocrifo: una gran folla che venne al sepolcro «di buon mattino, allo spuntare del sabato», non solo «da Gerusalemme», ma addirittura «dai dintorni». Chi ha presente la pianta di Gerusalemme antica capisce subito che, dalla maggior parte dei quartieri, per raggiungere la "collinetta" (in realtà, pare, uno sperone di roccia alto meno di cinque metri) del Golgotha, posta nell'angolo nordoccidentale fuori dalle mura, occorreva assai più che il doppio migliaio di cubiti - ritorno compreso! - permesso dagli interpreti della Legge. Figurarsi, poi, quanto sarebbe stato più elevato il tragitto per chi giungesse "dai dintorni"! Si tratta di inverosimiglianze che ci portano subito fuori dalla storia e che si aggiungono alle molte altre che già segnalammo nelle righe che precedono quelle riportate ora.

Ma c'è qualcosa di altrettanto significativo che si scopre continuando a leggere questo vangelo di Pietro, forse quasi altrettanto antico dei testi più tardi dello stesso Nuovo Testamento. Accanto all'inverosimiglianza, cioè, ecco il favoloso, il manifestamente leggendario, l'"apologetico" (qui sì, davvero), con il suo bisogno di "provare" troppo: dimenticando l'avvertimento che fu già degli antichi e secondo il quale *qui nimis probat, nihil probat*, chi vuol provare troppo, finisce col non provare nulla, perché si espone al giustificato sospetto di avere "arrangiato" le cose a suo utile e comodo.

Proseguiamo, dunque, a leggere. Non saranno né spazio né tempo sprecati, servendoci per apprezzare ancora una volta il clima radicalmente diverso dei quattro vangeli che la Chiesa ha scelto come i soli attendibili.

Scrive il redattore anonimo del nostro apocrifo: «Ma durante la notte in cui spuntava la domenica, mentre i soldati montavano la guardia a turno, a due a due, risuonò in cielo una gran voce, videro aprirsi i cieli e scendere di lassù due uomini, in un grande splendore, e avvicinarsi alla tomba. La pietra che era stata appoggiata alla porta rotolò via da sé e si pose a lato, si aprì il sepolcro e vi entrarono i due giovani».

Uno o due giovani misteriosi stanno anche nei testi sinottici (ma non in Giovanni): il massimo del "meraviglioso" è, per Luca, la "veste sfolgorante", Marco si limita a "una tunica bianca", mentre Matteo non dà alcun particolare. C'è dunque, anche qui, ben altra sobrietà che nel vangelo di Pietro. Sentiamo, in effetti, che cosa ci narra questo testo subito dopo: «A quella vista i soldati svegliarono il centurione e gli Anziani. Anch'essi, infatti, stavano di guardia» (possiamo notare, fra l'altro, questo desiderio costante di fare assistere i "nemici", i capi stessi dei giudei, gli "Anziani", al trionfo di Gesù). «E mentre spiegavano che cosa avevano visto, scorsero ancora tre uomini uscire dal sepolcro: i due reggevano l'Altro ed erano seguiti da una croce. La testa dei due giungeva al cielo, mentre quella di Colui che conducevano per mano sorpassava i cieli. Udirono dai cieli una voce che diceva: "Hai tu predicato ai dormienti?". E dalla croce si udì la risposta: "Sì!"».

Eccoci dunque, più che mai, in pieno clima leggendario, con «la testa dei due» che «giungeva al cielo», mentre ancora più alta («sorpassava i cieli») è detta quella di Colui, il Cristo stesso, che è fatto uscire dal sepolcro.

È interessante leggere anche quanto segue: «A questa vista, il centurione e quelli che erano con lui si affrettarono, nella notte, da Pilato, lasciando il sepolcro che avevano vigilato e, grandemente agitati, spiegarono tutto quanto avevano visto e dissero: "Veramente era figlio di Dio!"».

Ecco, dunque, una confessione di fede – destinata a rafforzare la fede dei lettori cristiani di questo "vangelo" – che manca nei testi canonici. Confessione che è confermata da Pilato stesso: «Io sono puro del sangue del Figlio di Dio, siete voi che avete deciso così!».

Dunque – cosa che non solo i quattro vangeli, ma anche tutti gli altri testi del Nuovo Testamento si guardano bene dal fare –

la qualifica di "credente nella divinità del Crocifisso" è attribuita (e subito, senza esitazioni) alla più alta autorità pagana di Palestina, al governatore romano stesso!

Ma "credenti" in quel Gesù come Cristo si dimostrano immediatamente anche i capi dei giudei che, consapevoli di avere ucciso il Messia, cercano soltanto un modo per non espiare subito la loro colpa, lapidati dal popolo. Così, il governatore «ordinò al centurione e ai soldati di non dire nulla». Dunque, la divinità del Galileo è, per questi apocrifi, indiscutibile: solo la paura impedisce di manifestarla apertamente. Come si vede, quel mistero della fede che i quattro vangeli canonici preservano, unendo la convinzione alla discrezione, è violentato da questi testi, così ingenuamente (e talvolta rozzamente) ridondanti di "dimostrazioni".

È la stessa atmosfera che – magari ancor peggiorata – si trova in tutti gli altri, numerosi apocrifi che narrano, a modo loro, la Risurrezione.

Per stare ai documenti più significativi, ecco qui, ad esempio, le *Memorie di Nicodemo*, conosciute anche come *Atti di Pilato*. Tutti i codici sui quali ci sono giunte le versioni greca e latina (le sole che abbiamo) di questo testo lo presentano come originariamente «scritto in lettere ebraiche» da Nicodemo. Altri – a dargli maggiore autorevolezza – aggiungono che sarebbe stato trovato tra i documenti ufficiali dell'archivio di Pilato. Si tratta di un testo antichissimo e che godette di fiducia e prestigio in molti ambienti della Chiesa primitiva. È dunque particolarmente significativo vedere, anche qui, come siano dilatati e deformati gli scarni cenni dei vangeli canonici, così attenti a darci soltanto l'essenziale.

In queste *Memorie*, i soldati non si limitano a fuggire dal sepolcro, ma si fanno immediatamente apostoli del Risorto, sostenendo per questo un dibattito con i sinedriti, prima di cedere di fronte al "molto denaro" dato loro perché tacciano. Si organizza persino una sorta di caccia all'uomo sui monti di Israele per catturare Gesù (che anche i "capi dei giudei", pur rifiutandolo con diabolica ostinazione, riconoscono risorto e vivo). Se non si trova il Galileo, su quelle montagne si scova però Giuseppe d'Arimatea che, riportato a Gerusalemme, rifà coppia con Nicodemo; i due sono protagonisti delle più mirabolanti avventure.

Per fare un altro esempio, si potrebbe scorrere il cosiddetto *vangelo di Gamaliele*. Antichissimo anche questo, ritenuto perduto, verso il 1960 fu ritrovato in una traduzione completa, in etiopico. Osserva Luigi Moraldi nell'introduzione all'edizione critica che seguiamo: «L'attribuzione a Gamaliele è comandata dal desiderio di far parlare, come in altri casi del genere, una personalità che poteva essere stata presente ai fatti e poteva esibire quelle necessarie garanzie di oggettività e di simpatia, come il vero autore poteva dedurre dagli Atti degli Apostoli (5,34-39 e 22,3)».

Sarà allora bene notare – almeno di passaggio – che la preoccupazione degli apocrifi di "provare troppo" si manifesta anche in questo costante bisogno di attribuire i loro testi a qualcuno che sia al contempo autorevole e insospettabile, in quanto non facente parte della ristretta cerchia di Gesù. Ecco, allora, scomodare Gamaliele, Pilato, Nicodemo, Giuseppe d'Arimatea, e così via.

Tra i trascurati "segnali di storicità" dei vangeli canonici c'è anche il fatto che non si autoattribuiscono – né la Tradizione attribuisce loro – nomi particolarmente significativi.

Matteo è un apostolo, ma non certo di primo piano: in ogni caso, il testo che gli è attribuito è anonimo, nulla dice del suo autore. Parlando della sua chiamata al seguito di Gesù, Matteo usa la terza persona e non specifica che si tratta proprio di lui (9,9).

Marco è un discepolo oscuro, probabilmente segretario di Pietro: ma è importante notare che anche qui la Tradizione ecclesiale rinuncia alla tentazione (cui invece gli apocrifi cedono in pieno) di attribuirlo al capo degli apostoli stesso, come pure avrebbe benissimo potuto, facendo fare così al testo un vistoso salto di "autorevolezza".

Luca molto probabilmente non è neppure ebreo, quasi certamente non è stato testimone dei fatti che narra e per ricostruirli – come dichiara subito – ha dovuto «fare ricerche accurate sin dagli inizi».

Giovanni è un apostolo, ma l'attribuzione è discretissima e nascosta nelle pieghe del suo vangelo: l'attenzione, secondo lo stile neotestamentario autentico, non deve fermarsi sul testimone, ma accentrarsi su Colui che è annunciato e confessato.

Dunque, anche osservandoli da questo verso, i vangeli non sono per niente come dovrebbero essere se avessero ragione coloro che li considerano testi leggendari o, almeno, ampiamente manipolati. Difatti, ecco gli apocrifi che – rispettando, essi sì, le regole del mito e della leggenda – si appoggiano a pseudotestimoni come il Nicodemo (o il Pilato) di cui abbiamo visto le *Memorie* (o gli Atti); o il Gamaliele «dottore della Legge, stimato presso tutto il popolo», maestro di Paolo stesso, colonna di quei farisei con i quali tante volte Gesù si era duramente confrontato.

Per tornare all'episodio da cui eravamo partiti (la guardia al sepolcro), è curioso notare che, stando al presunto "evangelista" Gamaliele, il picchetto è composto da quattro soldati: due messi a disposizione da Pilato e gli altri nientemeno che da Erode. Un'altra clamorosa inverosimiglianza: proprio Erode Antipa, quella sorta di fantoccio all'ordine dei romani e con giurisdizione poco più che formale su un pezzetto di Palestina, che provvede a una sorveglianza armata nel territorio della provincia imperiale di Giudea, mentre per giunta è presente lo stesso Procuratore, gelosissimo delle sue competenze! Una inverosimiglianza che si aggiunge alle altre, certo: ma un ulteriore modo per l'autore del testo apocrifo di rafforzare il suo racconto, convocando "testimoni" da ogni parte.

Non potendo, ovviamente, evocarle tutte, basterà indicare almeno parte delle complicate vicende di questo vangelo di Gamaliele, riportando il sommario curato da Luigi Moraldi.

Ecco: «I capi dei sacerdoti si accordano con i soldati senza dire nulla al capitano e a Pilato. Furiosa reazione dei sacerdoti all'annunzio della Risurrezione. Maria va al sepolcro, lo trova vuoto, ma incontra Gesù e conversa con lui senza saperlo. Gesù si manifesta alla Madre, la conforta e la invia a darne notizia agli apostoli. All'annunzio di Maria gli apostoli si recano alla tomba, mentre i sacerdoti complottano per celare la Risurrezione. Gesù appare a Pilato e lo conforta, l'invita ad andare alla tomba e a essere forte con gli ebrei. Pilato interroga separatamente i soldati che erano di guardia. Mentiscono tutti e così Pilato li fa imprigionare, poi con i sacerdoti va alla tomba ove vedono le bende e le fasce nelle quali era avvolto il corpo di Gesù e per mezzo di esse avviene un primo miracolo. Pilato si mostra decisamente credente, mentre i sacerdoti sempre più si accaniscono contro Gesù. Intanto, subito si converte anche il capitano romano. Inganno degli ebrei che additano come corpo di Gesù quello di un morto in fondo a un pozzo. Grande disputa fra Pilato e i sommi sacerdoti. Pilato, irritato, fa devastare e saccheggiare una sinagoga».

Era opportuno riportare questo sommario, perché è quasi un concentrato di ciò che anche nei vangeli canonici "dovrebbe" esserci ma in realtà non c'è: l'incontro con la Madre, la testimonianza irrefutabile dei nemici stessi, la conversione di chi aveva dubitato o negato, il prodigioso che esplode da tutti i lati...

Ha ragione Charles Guignebert: «La fede non sopporta di ignorare, viene sempre a sapere ciò che ha bisogno di sapere: la pia immaginazione è continuamente al suo servizio». Ha ragione, questo critico radicale. O, almeno, l'avrebbe se questo suo schema fosse riferito a testi come quel vangelo di Gamaliele di cui abbiamo appena visto l'andamento. Ma il fatto è che Guignebert, esprimendosi in questo modo, vorrebbe riferirsi ai vangeli canonici: e allora i conti non tornano più. Allora, anche nel confronto tra testi apocrifi e canonici, risalta l'infondatezza degli slogan di un ideale discepolo italiano di Guignebert, Marcello Craveri: «È evidente che tutto il racconto della Risurrezione e delle apparizioni appartiene alla categoria delle invenzioni miracolose».

Ci sia concessa al proposito una parentesi forse non irrilevante. Ai testi del Craveri ci siamo spesso riferiti, sia in *Patì...* che in altri scritti, come ad esempi contemporanei della persistenza della vecchia, dogmatica, aprioristicamente distruttiva critica razionalista, di derivazione illuministica e positivistica.

Una critica, poi, che nel caso di Craveri, non solo considera indegno di cittadinanza tra i "colti", o anche solo tra le persone ragionevoli, chi ancora si ostinasse a prendere sul serio quel concentrato di miti e assurdità orientali ed ellenistici che è tutto intero il Nuovo Testamento; ma che – aggiungendo uno schema ideologico allo schema che presenta come "scientifico" – guarda alla figura di Gesù secondo la vecchia ortodossia marxista. Dunque, pratica una lettura "materialista", dove i racconti evangelici sono "decodificati" secondo gli slogan vetero-comunisti: lotta di classe, privilegiati contro proletari, movimenti politici di liberazione, merce lavoro contro capitale; e tutto il resto dell'armamentario sul quale la storia (a detta dei comunisti "pentiti" stessi) ha già dato il suo terribile verdetto definitivo. Come la miseranda dissoluzione dell'Urss e satelliti conferma; e come conferma il tentativo di tanti marxisti delusi di riciclarsi cambiando nome e connotati.

Un'autocritica alla quale non ha aderito il "teologo", il "biblista" Marcello Craveri, il quale – come è avvenuto spesso per gli ex cattolici, usciti dalla Chiesa non in cerca di laicità, ma per entrare in un'altra Chiesa, politica, ancor più dogmatica – si schiera tra i "puri e duri" che non intendono rinnegare quello che secondo loro sarebbe "la gloriosa storia marx-leninista".

Così, dopo la sua *Vita di Gesù* (non a caso diffusa, a cura delle autorità stesse, anche nell'Unione Sovietica, quando ancora esisteva, e utilizzata per le scuole antireligiose di molti movimenti comunisti nel mondo, a partire da quelli sudamericani), dopo altre opere sulle origini cristiane, anch'esse tutte ispirate ai pregiudizi ottocenteschi di Marx ed Engels, di recente Marcello Craveri ha pubblicato un nuovo libro. Significativo il titolo: *Un uomo chiamato Gesù*. "Un uomo": e, s'intende, questo soltanto, un leader politico-sindacale, un protomarxista, un guerrigliero in lotta con imperialisti romani e capitalisti ebraici. Insomma, ancora lo schema grottesco che, oltre che di ridicolo, gronda del sangue di oltre cento milioni di vittime, stando alle stime più benevole.

Ma perché attardarci a parlare di questo saggio di propaganda ateistica, irrilevante sul piano scientifico e che, per uscire, ha dovuto contentarsi di un piccolo editore restato fedele al vecchio verbo marxista? Ebbene, questo nostro attardarci, è per segnalare un fatto davvero sconcertante. È successo in effetti che, in data 13 agosto 1993 (e, a maggior sconcerto, nella pagina posta sotto la testatina di "Chiesa"), il quotidiano della Conferenza Episcopale Italiana, pubblicava una recensione di quest'ultimo prodotto di Craveri.

Già il titolo del giornale episcopale era accattivante: «*Devozione adulta alla scoperta dell'uomo-Gesù*». Nel testo sotto quel titolo sorprendente, il recensore "cattolico" si abbandonava ai complimenti: «Le pagine scorrono limpide e attraenti... non mancano di suggestioni specie nell'approccio all'umanità di Gesù...

sulla base di una solida documentazione evangelica, l'autore ci presenta l'immagine di un uomo reale, predicatore di una rivoluzione contro le ingiustizie sociali e il rilassamento morale... L'autore è provvisto di una larga conoscenza dell'ambiente palestinese del tempo, delle culture, tradizioni e letterature arcaiche orientali».

Gran libro, dunque, malgrado qualche benevola riserva («una visione riduttiva della divinità di Gesù Cristo che lascia talora perplessi, influenzata dalla critica laico-razionalista...»), comunque opera che i devoti lettori del quotidiano "di ispirazione cattolica" sono implicitamente invitati a procurarsi e a meditare per tendere a una "devozione adulta", come già esorta il titolo! E se poi quei volenterosi cattolici arriveranno sino alla fine, troveranno – a conclusione di pagine tutte dedicate a dimostrare quanto sarebbe anacronistico, ridicolo, "non-scientifico" leggere la Scrittura in una prospettiva cristiana – troveranno queste parole che sintetizzano con chiarezza il fine che ha guidato la fatica di questo biblista lungo le sue pagine «limpide e attraenti»: «La lieta novella predicata da Gesù, che conteneva una speranza di felicità, di pace e di giustizia per tutti gli uomini *in questa vita* (in corsivo nel testo, ndr), si è mutata attraverso i secoli nella perversione di una fede che non serve più la vita, anzi la rifiuta, la maledice, la condanna a una tormentosa inquietudine». Sintesi edificante, come si vede, questa del professor Craveri, da raccomandare davvero sul quotidiano dell'episcopato italiano! Ma non si scoraggino i devoti, ché Craveri continua subito: «Per fortuna, fin dai primi tempi del cristianesimo, contro queste aberranti interpretazioni di Gesù sono rimaste vive, purtroppo sempre stroncate dalle Chiese, sia la cattolica che quelle protestanti, movimenti popolari che si sono ribellati a codesta riduzione della fede a un sistema borghese».

Da qui, nelle parole di conclusione, il vibrante appello di Craveri a confluire tutti, nel nome di un vangelo "solo umano", sotto le bandiere rosse (e sono parole, non dimentichiamolo, scritte nel 1993, anno quarto dalla caduta del muro di Berlino...): «Non a caso, molti movimenti cristiani trovano i propri alleati anche nei laici e negli atei che credono – seppure a volte anch'essi delusi da capi disonesti – nella forza rigeneratrice della società ispirata ai principi di un vero e sano comunismo».

Ultime parole, queste dell'ultimo capitolo, che onorano quelle conclusive del primo: «Perciò la figura di Gesù può avere ancora un senso anche per noi moderni, non nella sua identificazione incredibile con un dio calato sulla terra per liberarla dal male e che ha fallito il suo scopo, ma nel suo esempio di *uomo* che ha lottato per il trionfo del bene». Cioè, del comunismo, naturalmente ateo...

Confesso che, pensando a un infortunio estivo, a uno scherzo, a una goliardata, pur se di pessimo gusto, per giorni ho atteso una precisazione, un'*errata corrige* di quella entusiastica recensione del quotidiano ai cui bilanci provvedono i vescovi italiani con il denaro che è affidato alla Chiesa dai fedeli. Ho sperato almeno in una lettera da parte delle centinaia di preti e religiosi che studiano e insegnano le stesse materie praticate dal "biblista" Craveri. Ma nessuna voce si è levata né dalla direzione del giornale, né dai pastori, né dalla *intellighenzia* cattolica.

Solo un aneddoto pittoresco o il segno inquietante di un'atmosfera di disarmo, di rassegnazione, di resa ormai diffusa?

XVIII.
Sepolto in Kashmir?

Sono in pochi a saperlo; anche se molti cristiani ne sono stati (e ne saranno) "vittime". Parliamo dell'attacco alla verità della risurrezione di Gesù portato avanti con determinazione – e spesso, a quanto pare, in modo occulto – dal movimento islamico settario degli Ahmadis. Una realtà non certo irrilevante: secondo le ultime stime, questo gruppo religioso «conta oggi circa quattro milioni e mezzo di fedeli e continua a diffondersi con un proselitismo aggressivo non solo in Asia ma (soprattutto) in Africa, in Indonesia, negli Stati Uniti e in Europa».

La frase tra virgolette è di Massimo Introvigne che, nel suo denso e prezioso dossier dedicato a *Le nuove religioni*, scrive tra l'altro: «Mirza Ghulam Ahmad si è presentato ai cristiani come "la seconda venuta del Cristo", non nel senso che in lui sulla terra sia ritornato Gesù di Nazareth, ma piuttosto volendo significare che egli, nuovo Messia, è venuto "nello spirito e nella potenza di Gesù". Per sostenere questa pretesa, gli Ahmadis considerano loro dovere confutare il cristianesimo, negando il suo elemento centrale: la dottrina della morte e della risurrezione di Gesù Cristo».

Continua Introvigne: «Elaborando un testo oscuro della quarta sura del Corano – e una serie di leggende popolari islamiche e indiane – gli Ahmadis ritengono che Gesù sia stato crocifisso, ma non sia morto sulla croce. Deposto ancora vivo, sarebbe stato guarito attraverso l'applicazione di un unguento prodigioso, *marhan-i-Isa*, la cui formula era stata comunicata per rivelazione ai discepoli, e si sarebbe recato a predicare il vangelo alle tribù perdute di Israele in Afghanistan e nel Kashmir. In quest'ultimo Paese, Gesù di Nazareth sarebbe morto all'età di 120 anni e ancora oggi la sua tomba può essere visitata a Srinagar».

Cerchiamo di inquadrare la situazione: il movimento degli Ahmadis trae origine dal sopra citato Mirza Ghulam Ahmad (1838-1908), nato e sempre vissuto nel Punjab, la storica regione del Nord dell'India, a Ovest del Kashmir. In entrambe le zone, l'islamizzazione fu piuttosto tardiva (dal XII al XIV secolo), però si spinse in profondità.

Oggi, sia Punjab che Kashmir sono stati divisi tra Pakistan e India, con una serie di guerre. Nella parte indiana, vige un severo stato d'assedio, perché la maggioranza della popolazione vorrebbe passare al Pakistan, "terra dei puri", cioè degli islamici. A seguito del vecchio protettorato inglese e della politica espansiva del governo di Nuova Delhi, buona parte della classe dirigente (giunta dagli altri Stati indiani) è però induista, isolata per questo dal popolo.

Ahmad, musulmano fervente, disse di essere stato chiamato da Allah stesso (con una serie di visioni che si attribuì) a predicare il ritorno all'islamismo autentico e ad esserne apostolo presso l'Occidente. All'inizio degli anni Ottanta dell'Ottocento, scrisse un'opera in quattro volumi destinata a mostrare la superiorità del Corano sia sull'Antico che sul Nuovo Testamento, invitando ebrei e cristiani a riconoscere non solo Maometto ma lui stesso, Ahmad, come nuovo profeta e messia nella tradizione islamica. Poiché questa sua pretesa suscitò lo scandalo di molti musulmani ortodossi, ne venne – nella comunità maomettana – una serie di scontri e poi di scismi, con violenze e scomuniche reciproche.

Diviso ora in due tronconi (quello "radicale" e quello "moderato"), il movimento degli Ahmadis non ha però cessato di ampliarsi, sino alle dimensioni attuali di milioni di membri. Anzi, la sètta ha aperto sedi in molti Paesi occidentali, in Europa e in America, facendo proseliti e diffondendo, tra le sue "verità", anche un Gesù rianimato dopo un'appensione provvisoria in croce, una "sceneggiata" voluta segretamente da Pilato che non ne desiderava la morte. Un Gesù partito poi verso Oriente e morto e sepolto infine, vecchissimo, nella capitale del Kashmir, quella Srinagar che conta quasi 400 000 abitanti ed è una sorta di Venezia o Amsterdam asiatica, costruita com'è su fiumi, laghetti, canali.

Affrontando i racconti della passione e morte, rilevammo come i testimoni di Geova, nei loro primi approcci, comincino coll'incrinare la fede di molti, "dimostrando" loro che Gesù non è stato appeso a una croce ma a un palo. Così che anche il simbolo tradizionale della "corrotta cristianità" (come la chiamano) sarebbe abusivo, inventato da preti, pope, pastori, inquinati dal paganesimo. Al tema dedicammo, in *Patì...*, lo spazio di una non breve analisi, pur naturalmente consapevoli che per la fede nulla cambia del valore redentivo del Golgotha, quale che sia stata la forma dello strumento del supplizio. Non ci pare però che la nostra sia stata una perdita di tempo: la storia del "palo" è infatti usata dai geovisti come grimaldello per aprire una breccia nella fiducia dei cristiani verso l'insegnamento tradizionale e renderli così attenti alla predicazione della "vera dottrina" elaborata dagli "Anziani di Brooklyn".

Questo per la Passione. Ma, per la Risurrezione che ora ci interessa, ecco non più i testimoni di Geova venuti dagli *States*, ma gli Ahmadis, sciamati in Occidente da Pakistan e India, che inducono in molti il sospetto che le ossa di Gesù giacciano nel mausoleo detto "Rozabal" nella remota capitale del Kashmir indiano, in vista delle più alte montagne del mondo.

Ciò che ci indusse a occuparci di "pali" o "croci" sul Golgotha, furono anche le molte lettere di lettori; lettere che chiedevano spiegazioni; che – spesso con una punta di ansia – rivelavano il timore che la solita coppia di "proclamatori del Regno di Geova" venuta a bussare alla porta avesse ragione e che persino lì gli ignari fedeli delle Chiese "storiche" fossero ingannati.

Qualcosa di analogo si verifica per questa vicenda del "Gesù indiano". Anche qui sono molte (anzi, sempre crescenti) le richieste inquiete di spiegazione, soprattutto dopo che qualche giornale o televisione ripropone – e succede periodicamente – questa vecchia storia, quasi fosse una clamorosa scoperta.

Precisiamo subito, però, che vanno distinte due congetture, così spesso spacciate come certezze: innanzitutto, quella del Gesù prima dei trent'anni – prima, cioè, dell'inizio della sua predicazione – che avrebbe attinto non dalla prospettiva di Israele ma da quella orientale (buddhista, induista, giainista, zoroastriana e così via) appresa in un suo soggiorno in Asia.

C'è poi la congettura del Gesù dopo la condanna e la morte: la sua "risurrezione" sarebbe stata in realtà una "rianimazione", cui sarebbe seguito lo spostamento verso la solita Asia, anche per adempiere alla sua missione di recuperare le "tribù perdute" d'Israele.

Quanto alla prima congettura: anche se la sua fortuna e diffusione sono oggi crescenti, non si tratta certo di una novità.

Tutto comincia con la "sinomania" e la "indomania" dell'illuminismo settecentesco, che è alla ricerca di società non cristiane che dimostrino la miseria, il fanatismo, l'oscurantismo della Bibbia giudeo-cristiana, rispetto al ben più alto valore etico e ai ben più fruttuosi esiti anche sociali di tradizioni religiose differenti. Come ha osservato Ernest Quinet: «Ciò che muoveva gli illuministi europei era l'ansia di trovare nell'Oriente antico, ma anche moderno, una società rivale di quella di origine ebraica che tanto ribrezzo e rivolta suscitava in un Voltaire». Il quale come si dovrebbe sapere (ma com'è spesso occultato), fu un violento antisemita, affetto da «un autentico delirio anti-giudaico», oltre che un feroce razzista che si spinse a ipotizzare – e seriamente – l'origine delle razze nere come il frutto dell'accoppiamento tra donne e scimmie. Poiché, dunque, gli africani «sono per natura le bestie da lavoro degli uomini», Voltaire passò dalla ideologia agli affari, investendo il suo patrimonio nel commercio negriero.

Per tornare a noi: alla pregiudiziale anti-cristiana (e anti-semita) del Settecento, seguì poi, nell'Ottocento e nel Novecento, la cosiddetta "storia comparata delle religioni" (già vi accennammo) la quale, con ambizioni scientifiche, cercò di dimostrare che il giudeo-cristianesimo altro non era che un *pastiche* ricalcato su più o meno oscuri culti e credenze orientali. In declino sul piano accademico, la passione (che spesso sembrò ossessione) per la sapienza spirituale dell'Est del mondo è ripresa alla grande, nell'Ovest, a livello popolare in questi ultimi decenni, finendo spesso nell'esoterico o nelle teorie più improbabili, così che non si contano i libri su buddhismo, induismo, confucianesimo, mazdeismo come origine dell'insegnamento del Cristo.

Per venire alla seconda congettura: essa sembra penetrata da non molto in Occidente; sulla "tomba di Gesù" a Srinagar non si trovano cenni nelle opere classiche sui vangeli e anche adesso l'esegesi "ufficiale" ignora quasi del tutto l'argomento, ritenendolo probabilmente indegno di una trattazione adeguata. In effetti, come cercheremo di vedere, sembra proprio che non si tratti di cosa "seria", sul piano della storia documentata e oggettiva. Ma si sarebbe gravemente nel torto – qui come altrove – a rifiutare di dedicare attenzione ai "cristiani della strada", completamente disarmati di fronte a certe presunte "rivelazioni".

Per questa presunta "tomba del Kashmir", è possibile allegare una bibliografia ormai imponente – e continuamente alimentata – ma costituita quasi soltanto da articoli di rotocalco, da servizi fotografici (con relativi testi) pubblicati da giornali a larga tiratura, nonché da trasmissioni televisive. Inoltre, difficoltà politico-militari permettendo, è crescente il turismo occidentale verso il Kashmir, non a caso definito sin dall'antichità "paradiso del mondo" per la sua bellezza fatta di verde, di acque, di monti: decine se non centinaia di migliaia di viaggiatori tornano ogni anno in Europa e in America annunciando a parenti ed amici la loro emozionante scoperta del Gesù "indiano". Scoperta che trova orecchie in genere ben disposte, per quella sopravvalutazione attuale della spiritualità orientale cui accennavamo.

La "notizia" circola, sono pochi ormai coloro alle cui orecchie non sia giunta, spesso creando perplessità nei cristiani, impressionati dai toni sicuri di quei prodotti giornalistici e dalle guide e pubblicazioni turistiche: «Eccolo qui il vero sepolcro di Gesù!». Altro che Gerusalemme, altro che risurrezione e, peggio, ascensione! Il presunto *Rabbi* di Galilea, il Messia ebraico, è in realtà un *guru* asiatico, tornato a morire là dove aveva imparato il "mestiere".

Non è escluso (anzi, sembra praticamente certo) che dietro questi presunti *scoops* ci sia l'iniziativa o almeno il contributo degli Ahmadis.

È probabile che la propaganda di questo moderno settarismo islamico non sia estranea neppure al libro più circostanziato e diffuso su questo tema, un libro che in molti Paesi, tra i quali l'Italia, è divenuto una sorta di best-seller ed è continuamente ristampato. L'edizione originale apparve nel 1976 in spagnolo, a Barcellona – la traduzione italiana, a cura di una nota casa editrice, è di due anni dopo – con il titolo *Gesù visse e morì in Kashmir.* Un'affermazione apodittica, come si vede, appena attenuata dal punto interrogativo del sottotitolo (interrogativo non giustificato, però, dal contenuto senza appello del libro stesso), che suona: *La tomba di Gesù a Srinagar?* L'autore è tal Andreas Faber-Kaiser, tedesco di origine, ma trasferito da tempo in Spagna, dove ha sposato una donna del posto (Mercedes, spesso ricordata come collaboratrice e in qualche modo co-autrice). Risulta dal libro in questione che il Faber-Kaiser è ufologo, appassionato di esoterismo e di enigmi storici, tanto da avere firmato anche un saggio dove la Bibbia è vista in chiave di extra-terrestri, con Ezechiele, tra l'altro, che avrebbe avuto quattro incontri con navi spaziali: il che spiegherebbe certe visioni di quel profeta...

Come si vede, siamo di fronte a uno scrittore da prendere con le più caute delle molle. Un altro dei suoi chiodi fissi sembra essere la certezza che all'origine della cultura medio-orientale ci sia nientemeno che la colonizzazione portata in Asia dai maya messicani. Una prova, secondo lui inconfutabile, starebbe nel fatto che l'ultimo grido del Cristo in croce (*Elí, Elí, lemá sabactáni?*) sarebbe stato, per l'appunto, in lingua maya, e significherebbe non «Mio Dio, perché mi hai abbandonato?» ma: «Ora affondami nella prealba della tua presenza»...

La diffidenza, magari un po' ironica, con cui si affrontano le pagine di un simile autore è ampiamente confermata dalla lettura di *Gesù visse e morì in Kashmir*: si tratta di un incredibile pasticcio, dove si affastellano disordinatamente le cose più eterogenee, con una pretesa di precisione (se non, addirittura, di "scientificità") che è smentita a ogni frase – malgrado presunti riferimenti bibliografici e rinvii pseudoeruditi – e che si trasforma spesso in qualche cosa che sembra avvicinarsi al delirio.

Ma, allora, perché occuparsi di un simile zibaldone? Perché non lasciarlo al suo pubblico potenziale di autodidatti dell'esoterismo, di visionari, di maniaci, in ogni caso di lettori di bocca assai buona?

In realtà, il libro di questo Faber-Kaiser è importante, se non altro sul piano sociologico, per l'impatto su folle di lettori sprovveduti: si tratta, infatti, del maggiore tentativo di provare la "seconda vita" asiatica di Gesù, servendosi di ogni mezzo disponibile. Compreso il sopralluogo diretto: l'autore, in effetti, nel 1975 si è recato in Kashmir con la moglie e ha visitato non solo la "tomba di Gesù" ma anche (per soprammercato, già che c'era) quella di Maria e quella di Mosè, visto che anche costoro sarebbero sepolti – e venerati – da quelle parti... Ha poi incontrato più volte, e lungamente, nientemeno che "il discendente diretto di Cristo", un signore che afferma di venire in linea diretta dal frutto del matrimonio tra Gesù e una donna del Kashmir (la quale, con scarsa fantasia, si sarebbe chiamata ella pure Maria).

Oltre agli incontri personali, il Faber-Kaiser ha allineato tutte le citazioni possibili da tutti i testi – sia antichi che moderni – che appoggerebbero la sua tesi del Gesù "kashmiro". Diciamo subito che anche queste citazioni formano un incredibile centone, dove brani tratti da enciclopedie bibliche moderne (e neanche tra le migliori), si affiancano ad altri che verrebbero da "antichi manoscritti tibetani" o "persiani" o "afghani". Così, almeno, è assicurato, senza che sia data alcuna garanzia sulla autenticità, sulla esattezza della traduzione (il nostro autore ammette di non conoscere per nulla queste lingue), nemmeno sulla loro collocazione o su una eventuale edizione stampata. Si accumulano poi citazioni tratte da libri musulmani, in arabo, e da testi induisti, nei vari dialetti locali, e da altre fonti eterogenee: ma, anche qui, senza la possibilità di un riscontro.

In ogni caso, grazie al sopralluogo diretto sui posti e all'antologia di testi, questo *Gesù visse e morì in Kashmir* rappresenta il massimo sforzo (noi, almeno, non ne conosciamo di più circostanziati: è comunque certo che il libro è la fonte che sta alla base di tante ricostruzioni, giornalistiche o no), il massimo sforzo, dunque, per togliere di mezzo la risurrezione, dirottando un Gesù rianimato verso il cuore dell'Asia. In questo senso la pubblicazione è importante: sono questi tutti gli argomenti di cui si dispone «per confutare il cristianesimo, negando il suo elemento centrale», per ripetere le parole, che citavamo all'inizio del capitolo, di Massimo Introvigne. Esaminate queste pagine, dunque, si è in grado di esprimere un giudizio sul tam-tam che percorre i *media* e che un cristiano consapevole ha il dovere di non ignorare, se gli sta a cuore la fede dei semplici ingannati.

Il **Faber-Kaiser** si premura di precisare sin dall'introduzione che il libro non è stato sovvenzionato da nessuna sètta, né da alcun gruppo, tanto meno dagli Ahmadis. In realtà, un esame attento rivela particolari che sembrano contraddire questa precisazione (ripetuta dall'autore in varie parti del libro, come sospetta *excusatio non petita*). Già nella prima pagina dopo il frontespizio, sotto la voce "Ringraziamenti" si scrive: «Desidero anche ringraziare per il loro utilissimo aiuto il signor Horst G. Saud Steinhauser della missione degli Ahmadis in Amburgo e il signor F. I. Anweri, Imam del Movimento Ahmadis in Germania».

Inoltre, uno dei capitoli finali è dedicato proprio a quella sètta islamica, presentata con convinzione e simpatia come «protesa specialmente a portare il messaggio dell'Islam all'Occidente». Tra gli aspetti fondamentali di questo apostolato del gruppo musulmano, starebbe il fatto, scrive l'autore, che «sapendo dell'esistenza della tomba di Gesù a Srinagar, il movimento ha pubblicato numerosi studi su questo, diffondendo in Europa e in America le sue conoscenze sul periodo della vita di Gesù nel Kashmir». Dopodiché, per ben quattro pagine si danno tutti gli indirizzi (completi di ogni indicazione, codici postali compresi) delle rappresentanze del movimento – dall'Olanda agli Stati Uniti, dalla Germania all'Indonesia – oltre al recapito della sede centrale in Pakistan.

Ancora: l'informatore principale del Faber-Kaiser – che è anche prefatore entusiasta del libro – è un insegnante che si qualifica come "Direttore dei dipartimenti statali di storia del Kashmir" e del quale non è detto che sia ahmadi, ma neppure lo si nega: sta di fatto che il tipo d'informazione e il taglio dato ai documenti da lui forniti fanno pensare che faccia parte della sètta; o, almeno, che sia ad essa molto vicino.

Qui non si tratta di fare della "dietrologia": si tratta, semplicemente, di porsi sull'avviso. La fonte divulgativa più diffusa in Occidente – questo libro, lo dicevamo, circola in molte lingue – sulla falsità di tutto il cristianesimo, che nella risurrezione di Gesù ha la sua base, nasce dal desiderio personale di un giornalista di investigare su un problema singolare o fa parte di una strategia tesa a minare la fiducia nelle Scritture giudeo-cristiane? Non è una domanda irrilevante, come si vede.

Non sarà irrilevante neanche sgomberare il campo da un primo problema: vedere, cioè, di quali "prove" si dispone per dare come praticamente certo un apprendistato giovanile di Gesù in Asia. Qui, egli sarebbe giunto negli "anni oscuri", quelli in cui i vangeli lo danno a Nazareth, soggetto ai genitori, tra i dodici anni dell'episodio tra i dottori del Tempio di Gerusalemme e quel «incominciò il suo ministero quando aveva circa trent'anni» di Luca (3,23).

Si può naturalmente discutere su eventuali influssi orientali nella dottrina evangelica. Dei contatti non possono essere esclusi *a priori*, vista tra l'altro la posizione di Nazareth, punto di transito e sosta sulla via carovaniera della seta e delle spezie che giungeva dall'Asia. Altri pensano a contatti con culture esotiche attraverso gli esseni (con i quali, se non Gesù, quasi certamente Giovanni Battista dovette avere rapporti), anche se è difficile ipotizzare qualcosa di più radicalmente – e unicamente – ebraico di quel gruppo e della sua dottrina, così come ci è confermato dalla biblioteca di Qumràn. Ma ben diverso da una discussione su singoli temi, insegnamenti, magari episodi, è ovviamente l'ipotizzare una formazione nell'Asia profonda del Messia degli ebrei.

Quali, allora, le "prove" addotte per una simile "verità"? Il tutto – stando a Faber-Kaiser stesso – si riduce al racconto di quel professor F.M. Hassnain di cui parlammo come "Direttore dei dipartimenti statali di storia del Kashmir" che gli avrebbe detto: «Per caso dovetti rimanere a Leh, la vecchia capitale del Ladakh (regione limitrofa tra il Kashmir e il Tibet), durante l'inverno del 1965. Lì trovai i voluminosi diari scritti da due missionari tedeschi. Da questi diari, scritti nel 1890, si deduce che un viaggiatore russo, chiamato Nikolas Notovich, tradusse i manoscritti tibetani che narrano la formazione di Gesù Cristo in India, conservati nella regione lama di Hemis». Tutto qui.

Dei diari dei due missionari, in tedesco (lingua, tra l'altro, che Hassnain dichiara di ignorare) nel libro non c'è che la foto di due pagine, foto scattata dal professore kashmiro in questione. Da quelle due pagine risulta tra l'altro – come ammette lo stesso Faber Kaiser – che «i due missionari non diedero credito alla relazione di Notovich». Questo ignoto russo, poi, chi è? Dove sono le sue relazioni? Nessuno le ha mai viste, come del resto nessuno ha mai visto gli antichissimi documenti "in lingua pali" che il Notovich avrebbe consultato (anzi, sentito leggere dai religiosi!) nel monastero di Hemis; documenti che, tra l'altro, sarebbero stati traduzioni di copie di originali tibetani conservati a Lhasa, capitale del Tibet... Nulla, dunque, se non voci e voci di voci incontrollabili.

Quanto a Faber-Kaiser, curiosa la sua precisazione: neppure egli ha visto niente, se non le foto delle due pagine di quei missionari scettici, ma si scusa di non aver potuto approfondire perché, durante la sua permanenza nel Kashmir, «il maltempo impedì a me e mia moglie di proseguire sino a Leh e al monastero di Hemis». Aggiungendo poi: «Tuttavia, qualche studioso può arrivare sin là...».

In attesa che questo suo auspicio si realizzi (e molti auguri a quel povero studioso: ne avrà bisogno, se queste sono le "fonti") lasciamo la risibile "formazione indo-tibetana" del giovane Gesù e veniamo alla sua "seconda vita", e definitiva morte, con tanto di mausoleo, nella città di Srinagar, nel Kashmir. È ciò che faremo nel capitolo che segue.

XIX.
Al Rozabal, "mausoleo" di Gesù

Del problema che ci interessava già abbiamo affrontato un aspetto, cercando di rispondere a una prima domanda: quali "prove" documentarie adducono coloro che sostengono una sorta di apprendistato di Gesù in Asia – tra India, Kashmir, Tibet – negli "anni oscuri" tra l'episodio nel Tempio, a dodici anni, e l'inizio della predicazione pubblica, sui trent'anni? Abbiamo visto che quelle "prove" in realtà non ci sono e si riducono, se si esaminano da vicino i presunti documenti, a "voci di voci" incontrollabili.

Avevamo rinviato a questo capitolo l'esame dell'altra affermazione che corre da qualche tempo su libri e, soprattutto, su giornali popolari in cerca di sensazionalismo: un Gesù che, rianimato dopo essere stato staccato dalla croce, si mette in cammino – con Maria e Tommaso – raggiungendo il "tetto del mondo", lo splendido quanto isolato Kashmir, sposandosi, continuando la sua predicazione e la sua attività di taumaturgo e infine morendovi a 120 anni. La sua tomba sarebbe ancora venerata a Srinagar, storica capitale della regione.

Come sappiamo, questa tesi è "sponsorizzata" – con decisione e abbondanza di mezzi, spesso occulti – dalla sètta islamica degli Ahmadis, presente con la sua organizzazione anche in Occidente; al quale, anzi, indirizza soprattutto il suo proselitismo, con l'obiettivo di convertire al Corano (o, almeno, alla sua interpretazione "eretica" di quel testo sacro) anche Europa e America. In quest'opera di apostolato verso noi "infedeli", è prioritario il cercare di mostrare che Gesù non è risorto, semplicemente perché in croce non sarebbe mai morto.

Occorre segnalare che se questi musulmani dissidenti, seguaci del "profeta" del XIX secolo Mirza Ghulam Ahmad, indicano nel

Kashmir la tomba di Gesù, anche tutti gli altri islamici – pur non giungendo a questo – sono concordi nell'affermare che colui che per il vangelo è il Cristo, è il Messia, non ha finito la sua vita terrena a causa del supplizio inflittogli da Ponzio Pilato. Per il Corano è verità, semmai, l'ascensione, non la crocifissione, con conseguente risurrezione.

Sarà bene soffermarvisi un poco, ora che i musulmani non sono più una realtà lontana, ma una presenza sempre crescente tra di noi, con contatti quotidiani che possono portare qualche cristiano a porsi delle domande sulla sua fede.

Il versetto 156 della quarta sura del Corano è per alcuni aspetti oscuro ma è, per altri lati, assai chiaro. Fa parte di una serie di invettive contro gli ebrei, questa «gente del Libro» riprovata da Dio, dice Maometto, «per avere essi detto: "In verità, noi uccidemmo il Messia, Gesù figlio di Maria, l'apostolo di Dio", mentre non l'hanno ucciso, né l'hanno crocifisso, bensì la cosa fu resa dubbia ad essi. E invero, quelli che sono di altro avviso intorno a ciò, sono in dubbio a tale riguardo; essi non hanno alcuna conoscenza riguardo a ciò, ma solo seguono un'opinione; quelli non l'hanno ucciso, in verità, bensì Dio lo elevò a sé poiché Dio è potente e saggio».

La traduzione del testo coranico che seguiamo è quella classica di Luigi Bonelli, il quale annota: «Il passo è oscuro; secondo i commentatori, le sembianze di Gesù sarebbero state trasportate su un altro individuo (stando a molti, Simone di Cirene) che così sarebbe stato crocifisso invece di lui. È certo comunque che Maometto non ammise la crocifissione, bensì l'ascensione: sembra, però, sotto forma di corpo terrestre e non già di corpo trasfigurato».

Si sa che il cristianesimo conosciuto in Arabia dal fondatore dell'Islam non fu di certo quello autentico, bensì uno zibaldone di apocrifi, di eresie, di tradizioni e fantasie popolari deviate. In particolare, la negazione della realtà della crocifissione era sostenuta da secoli, sin quasi dagli inizi cristiani, in ambienti gnostici. Dice, ad esempio, Gesù stesso in un documento che viene, appunto, dalla tradizione della gnosi, ed è stato scoperto a Nag Hammadi: «Io non provai alcuna sofferenza. Quelli che erano là mi condannarono a morte, ma in realtà io non sono morto, bensì soltanto in apparenza, altrimenti sarei stato svergognato. È soltanto secondo la loro vista e il loro pensiero che io ho sofferto. Nel loro errore e nella loro cecità inchiodarono sulla croce il loro uomo. Non io, ma il loro padre fu colui che bevette il fiele e l'aceto. Era un altro colui che portò la croce. Era un altro colui sul cui capo fu posta la corona di spine. Io, nelle altezze, mi divertivo. Ridevo della loro ignoranza...».

È significativo questo orrore gnostico – orrore che trasmigra nel Corano – di fronte alla possibilità che l'inviato di Dio, il grande Profeta, possa conoscere le sofferenze di un supplizio infamante. È un rifiuto che deve far riflettere, come ulteriore segnale di verità dei testi di fede che la Chiesa ha accettato: quei vangeli canonici, cioè, che non esitano a descrivere senza alcuna censura o abbellimento la sorte terribile affrontata da Colui che è per essi non solo un Profeta, per quanto eccelso, ma addirittura il Figlio di Dio stesso.

Per tornare dalle parti del Kashmir: gli Ahmadis che vogliono vedervi qui – e non a Gerusalemme – la fine dell'avventura terrena di Gesù non negano la crocifissione ma la dicono breve (per una sorta di accordo occulto con Pilato, come già accennammo) e seguìta da una rianimazione, grazie anche a un unguento prodigioso. Andreas Faber-Kaiser, autore di quel *Gesù visse e morì in Kashmir*, che abbiamo cominciato a esaminare come il libro più noto e completo sul tema che ci interessa, dedica molte pagine al *marham-i-Isa* ("unguento di Gesù") o *marham-i-Rosul* ("unguento del Profeta"), affermando che le citazioni di questo balsamo che si trovano nell'antica letteratura medica e religiosa confermerebbero la realtà della rianimazione del Crocifisso.

Invero – come ha osservato pure Mircea Eliade, il grande specialista di miti, riti, simboli – anche l'Occidente cristiano conosce "l'unguento di Gesù", composto di piante medicinali, raccogliendo le quali occorreva recitare una formula che diceva: «Salve, erba santa che cresci sulla terra, dapprima ti incontrarono sul monte del Calvario, sei buona per tutte le ferite, nel nome del dolce Gesù ti colgo!».

Elemento principe del balsamo era la *Verbena officinalis*. Ma a questa pianta e alle altre che componevano l'unguento non si attribuiva affatto (come vuole invece Faber-Kaiser, che tutto stiracchia verso la sua tesi) il merito di avere rianimato il Crocifisso staccato ancor vivo dal legno, bensì la virtù di avere cicatrizzato le ferite aperte di colui che era uscito dal sepolcro: risorto, ma con un corpo tuttora di carne e sensibile, pertanto, a quel balsamo sacro. Dunque, le leggende che corrono per l'Oriente e l'Occidente antichi su questo medicamento non sono affatto una prova di "morte solo presunta", ma sono (al contrario) un segno di venerazione pietosa per una carne risorta.

Comunque, perché il presunto "rianimato" si sarebbe avviato, percorrendo, a piedi, migliaia di chilometri *(performance*, tra l'altro, notevole per chi, per alcune ore, sarebbe stato appeso ai chiodi di una croce...) verso quel remoto territorio, non facile anche oggi da raggiungere, che si incunea – come appendice settentrionale del subcontinente indiano – tra gli attuali Pakistan, Afghanistan, Tibet, Cina? Perché proprio lì? Faber-Kaiser e con lui i fautori della ipotesi "asiatica" rispondono con sicurezza: «Perché lì lo portava la sua missione sulla terra. Missione che consisteva soprattutto nel ritrovare e salvare le dieci tribù perdute di Israele». E queste tribù si sarebbero trovate, appunto, nella zona del Kashmir.

Quello della sorte delle tribù d'Israele disperse a causa delle deportazioni assire tra il 740 e il 700 a.C. è un mito tra i più singolari e non ha cessato di alimentare leggende, studi, ipotesi, magari sino alla soglia del delirio. Tra l'altro, esiste ancora la sètta degli anglo-israeliti (oltre due milioni di aderenti all'inizio del XX secolo!): erano cristiani inglesi e danesi che affermavano – e pare affermino tuttora – che gli invasori anglosassoni non erano comuni barbari, ma ebrei, discendenti dalle tribù perdute. La regina Vittoria, poi, sarebbe stata discendente diretta del re David...

Gli aderenti alla Chiesa dei Santi degli Ultimi Giorni, più conosciuti come Mormoni, basano la loro "rivelazione" sulla certezza dell'esodo verso il Nordamerica delle solite tribù semitiche. Le quali, invece, per altri, sarebbero all'origine dei maya, degli incas, degli aztechi, degli etiopi, degli yemeniti, persino dei masai in Africa o di una strana tribù giapponese, quella degli shinadi. Per tutto l'Ottocento, spedizioni europee organizzate da stravaganti, ma anche da severi pastori protestanti, partirono alla ricerca di quelle mitiche tribù. Le quali – in questo coacervo di voci, leggende, rivelazioni presunte – sarebbero all'origine anche degli abitanti della vasta regione attorno all'Afghanistan, Kashmir compreso.

Tra i motivi maggiori di "credibilità" messi in campo dagli Ahmadis, dal loro probabile portavoce ispano-tedesco Andreas Faber-Kaiser e da tutti coloro che indicano a Srinagar la tomba di Gesù, ci sarebbe la presenza di gruppi ebraici da quelle parti; e si afferma che anche molti di coloro che, nella regione, secoli fa passarono all'islamismo erano in origine israeliti. Così dimostrerebbero, tra l'altro, anche i molti nomi di luogo che hanno probabilmente un'origine semitica, anche se di ben più difficile etimologia di quanto non venga affermato nel libro di Faber-Kaiser, stando al quale non c'è praticamente toponimo in cui non si veda – stiracchiando in modo abusivo – un riferimento a Gesù, a Maria, a Mosè, a Tommaso.

Comunque: che ci facevano gli ebrei da quelle parti? Poiché, malgrado i sin troppi studi, delle "dieci tribù perdute di Israele" non si sa praticamente nulla, non si può escludere che una parte almeno di coloro che non tornarono in Israele nel VII secolo a.C., si sia spostata a est, partendo dalla zona del Tigri ed Eufrate, per giungere sino a nord dell'India. Ma è assai più probabile che lo spostamento di popolazioni sia avvenuto ben più tardi. Ad esempio, dopo il 1016, quando una spedizione russo-bizantina distrusse il regno dei Kazari, popolazione nomade dell'Asia centrale che, attorno all'anno 700, si era convertita all'ebraismo. Dalla zona tra Mar Nero e Mar Caspio dove si estendeva la Kazaria, questi ebrei (per conversione e non per razza) si dispersero a ventaglio, ed è certo che non pochi di loro giunsero anche nella zona afgana. Ancora prima erano arrivati, sempre qui, i karaiti, letteralmente "i diffusori della Torah", gli ebrei cioè che – a partire dal VI secolo d.C. – avevano respinto l'introduzione nel giudaismo del Talmud babilonese, riconoscendo solo l'autorità delle antiche Scritture.

Tra l'altro, già che ci siamo: dopo la cacciata dal loro paese, molti kazari invece che ad est si spinsero a ovest e sono forse all'origine di alcune delle popolose e fiorenti comunità ebraiche dell'Europa Orientale. Non erano, dicevamo, giudei per etnia, ma per conversione: anzi la loro razza (se proprio vogliamo metterla su questo piano) era quanto di più "ariano" si potesse immaginare. Così, i nazisti che li sterminarono quando giunsero in Polonia ed in Russia, caddero probabilmente in un tragico equivoco: presero, cioè, per ebrei, delle persone che erano tali solo per il culto, ma che avevano maggiori titoli dei tedeschi per vantarsi di essere di "pura razza ariana"... Ennesima, drammatica conferma della bestiale ignoranza di quei persecutori che, sulla loro bandiera, avevano una caricatura blasfema della croce cristiana.

Per tornare al Kashmir e dintorni: per chi un poco conosca la storia, c'è, dunque, ben poco di "misterioso" nella presenza ebraica da quelle parti. Presenza che, comunque, sorprende meno di quella che si registra in altri luoghi ancora più lontani da Israele: in Cina, ad esempio, dove già Marco Polo, nel 1286, scoprì una forte comunità ebraica, e dove, ancora negli anni Trenta del nostro secolo, Kaifeng, una città nel cuore del Celeste Impero, a sud di Pechino, aveva una comunità di circoncisi con tanto di sinagoga costruita attorno all'anno Mille.

Va dunque smentito che qualche probabile ricordo ebraico nel Kashmir di oggi sia una straordinaria rivelazione, tale da appoggiare la tesi di un Gesù trasferitosi da quelle parti. Quanto poi ad antiche vestigia cristiane che non sembrano mancare (ad esempio, croci incise su pietra), esse risalgono certamente ai Nestoriani di Persia, giunti da queste parti dopo il VII secolo.

Ma ben misera rivelazione mostra di essere anche la presunta notizia-bomba; tal signor Sahibzada Basharata Saleem che – stando a Faber-Kaiser e agli Ahmadis suoi informatori – sarebbe "discendente diretto di Gesù". Su che cosa si baserebbe questa straordinaria genealogia? Citiamo da Andreas Faber-Kaiser: «Alla nostra domanda se si considerasse discendente diretto di Gesù, il signor Basharata Saleem ci rispose che, quando interrogavano suo padre su questo tema, egli soleva rispondere che il nonno dei suoi nonni era un santo profeta di nome Yuza Asaf». E subito dopo: «Mio padre rispondeva sempre: "Sì, è vero, discendiamo da Gesù, però noi lo chiamiamo Yuza Asaf"».

Tutto qui; anche se Faber-Kaiser si premura di precisare: «Sahibzada Basharata Saleem conserva a Srinagar l'albero genealogico completo della sua famiglia, da Gesù sino a lui, discendente vivo, oggi, del Messia...».

Già, ma quest'albero genealogico è stato redatto dal signore in questione o da un suo familiare, in tempi recenti: così, di fantasia, senza alcun riferimento storico. Sembra proprio che, a questa stessa stregua, chiunque possa attribuirsi gli antenati che crede: magari proprio Gesù stesso e la donna da lui sposata da quelle parti... Sentiamo anche qui il nostro autore ispano-tedesco: «Quando si domanda al signor Saleem il nome della donna che diede figli a Gesù, egli ci dice che si chiamava Maryan e che era oriunda di uno dei tranquilli villaggi di pastori che abbondano nella valle del Pahalgam». Ancora una volta, parole in libertà, senza alcun riscontro oggettivo, senza alcuna referenza a documenti o a tradizioni attestate.

Il fatto è che la qualifica che si attribuisce questo "parente di Gesù" (il quale, ci informa un po' imbarazzato Faber-Kaiser, ha conosciuto pure le prigioni del suo Paese, forse per questioni politiche, ed è, parola ancora del nostro scrittore, «un uomo totalmente dedito ai suoi affari»), il fatto, dunque, è che quella qualifica, quella presunta "discendenza", gli dà diritti sulle ricche offerte che i pellegrini – tutti islamici – lasciano al "Rozabal", la "tomba di Yuza Asaf", della quale parleremo subito.

Vorremmo prima precisare che il lucroso diritto di incamerare le offerte viene giustificato, dalla "famiglia di Gesù", con un documento del 1766 che sarebbe stato emanato da cinque *muftì*, giudici coranici, locali. In tale documento (il cui testo è dato da Faber-Kaiser) si dice testualmente: «Dopo avere fornito valide prove, si stabilì che sotto il regno di Raja Gopadatta giunse un uomo il cui nome era Yuza Asaf. Egli era un principe di alto lignaggio, che tralasciò tutte le distrazioni mondane per essere solo legislatore. Egli era solito dedicarsi all'orazione a Dio, di giorno e di notte. E passò molto tempo da solo in meditazione. Il profeta Yuza Asaf fu inviato per predicare al popolo del Kashmir. Egli proclamò che Dio è uno, fino al suo ultimo giorno di vita, finché la morte sopravvenne».

Come si vede, anche il Faber-Kaiser e i suoi amici e informatori, tutti tesi a dimostrarci che a Srinagar riposano le spoglie del Messia cristiano, devono riconoscere che questo documento (se è autentico – e il "se" è d'obbligo – è il più antico che si conosca: e non è, ripetiamo, che del 1766) non fa alcun cenno a Gesù né agli ebrei, parlando solo di un "principe di alto lignaggio" che si sarebbe comportato semplicemente come uno dei tanti devoti asceti e legislatori dell'Oriente.

È in questa stessa, sconcertante linea di pressapochismo, di vaghezza documentaria anche l'interrogatorio del custode della tomba. Domanda di Faber-Kaiser: «Lei crede che questa sia la tomba di Gesù?». Risposta del kashmiro: «È la tomba di Yuza Asaf». «Può dirmi di chi è il secondo sepolcro, il più piccolo dei due?». «Yuza Asaf era un personaggio di statura elevata, non era sufficiente un solo tumulo, ne furono necessari due». Dunque, l'avrebbero deposto lì dopo averlo tagliato in due pezzi?

Ma, scegliendo tra le altre domande e le risibili risposte riportate dal libro: «Quale è il personaggio più importante che ha visitato questo luogo?». «Mi sembra che sia lo zio di Indira Gandhi. Poi alcune stelle del cinema (indiano)». Ancora: «Si ricorda di qualche sacerdote cristiano che abbia visitato questa tomba?». «È possibile che ne sia venuto qualcuno, poiché qui ci sono diverse scuole cristiane, però non ricordo nessuno in particolare».

Il fatto è che, come subito dopo riconosce questo divertente indagatore «tra la gente del Kashmir che visita il luogo e deposita le sue offerte, la tomba è conosciuta come quella di Hazrat Yuza Asaf o quella di Nabi Sahib (il profeta) o Shazada Nabi (il principe-profeta) e anche come quella di Hazrat Isa Sahib ("Gesù")».

Si noti quel «e anche come quella» di Gesù (ammesso che "Hazrat Isa Sahib" significhi davvero – il che non è per niente certo – "Gesù"): in effetti, come mostra pure l'interrogatorio del custode, non sembra che esista una precisa tradizione popolare – né tra i musulmani né tra gli indù del luogo – che lì giaccia Gesù. Ed è significativo pure il disinteresse dei cristiani, che non mancano da quelle parti, per questo luogo.

Ma – ci chiediamo finalmente – com'è quel sepolcro, divenuto ormai troppo famoso, almeno in Occidente? Eccone, testuale, la descrizione tratta dal nostro consueto *Gesù visse e morì in Kashmir*: «La tomba che fu eretta da Tommaso nel luogo esatto dove Gesù spirò è situata nel distretto Khanyar, in pieno centro della capitale del Kashmir. Dalla strada si può vedere un palo elettrico con un cartello azzurro con l'iscrizione in bianco *Rozabal.* Il nome *Roza* si applica solo alle tombe dei profeti, mentre le tombe dei santi si chiamano *Ziarat.* L'edificio è una costruzione rettangolare, alla quale è addossato un piccolo vestibolo d'ingresso. Dietro l'edificio si stende un camposanto musulmano. Entrando nel Rozabal si passa prima per una galleria che circonda la camera interna. A questa camera si accede per mezzo di una finestra. Alla sinistra di questa finestra è appoggiato un coperchio di legno che sostituisce quello che portava incisa la scritta originale, ora scomparsa. Il testo di questo nuovo coperchio, che inizia con le parole *Ziarat Yuza Asaf* ("Tomba di Yuza Asaf": è da notare che qui si impiega la parola *Ziarat* che – come abbiamo visto – si applicava alla tomba dei santi), indica che qui riposa Yuza Asaf, che giunse nella valle del Kashmir centinaia di anni prima e dedicò la sua vita alla preghiera e alla predicazione della verità. Il coperchio attuale fu collocato dal Dipartimento di archeologia dello Stato del Kashmir».

Come più volte ci ha ricordato proprio Faber-Kaiser, il direttore di quel "Dipartimento di archeologia" (o "di storia") che avrebbe posto il "coperchio" nuovo è un professore che fa probabilmente parte della sètta degli Ahmadis; che è, in ogni caso, tra i più tenaci assertori e propagandisti della presenza, qui, delle spoglie di Gesù. È dunque significativo che neppure lui abbia avuto il coraggio di esporsi pubblicamente, andando al di là – nell'indicare il contenuto del sepolcro – di quello "Yuza Asaf".

Ma continuiamo con la descrizione: «Sul pavimento della camera interna dell'edificio si notano due pietre sepolcrali. La maggiore è quella che copre il sepolcro di Gesù. La più piccola corrisponde alla sepoltura di un santo musulmano del XV secolo, Syed Nasir-ud-Din. Questi due tumuli sono anch'essi orientati, secondo il costume musulmano, da nord a sud...».

Tutto qui? Sì, tutto qui. Salvo aggiungere il fatto che, in quel Rozabal, il solito direttore del Dipartimento di storia dice di avere trovato una pietra con scolpite le impronte di due piedi. Il libro ne dà anche la foto, assicurando che certe incisioni che si vedono sulle piante di quei piedi sarebbero «i segni inequivocabili del chiodo della crocifissione». In realtà, se si guarda l'immagine occorre molta fantasia per una simile ricostruzione: quelle cicatrici hanno l'aria di segni casuali tracciati dal rozzo scalpellino. In ogni caso, in un Paese dove tutti camminavano scalzi, sembra più che logico che – dovendo tracciare le piante di due piedi – non le si rappresentassero lisce e curate come quelle di signorine dell'Inghilterra vittoriana...

Che conclusione trarre, insomma, da questo nostro viaggio ideale nel Kashmir?

Innanzitutto, sembra confermato quanto dicevamo già all'inizio del capitolo precedente: soltanto la propaganda della sètta islamica fondata da Mirza Ghulam Ahmad sembra essere stata in grado di trasformare in una "tomba di Gesù" ciò che, stando alla tradizione locale (e neppure, sembra, tanto antica), era – e resta – semplicemente il sepolcro di due degli innumerevoli "santi" islamici locali: l'enigmatico Yuza Asaf, che solo il pregiudizio può scambiare per il nome locale di Gesù, e l'ancor più ignoto Syed Nasir-ud-Din. Nel creare questo mito, gli Ahmadis hanno potuto contare non solo sulla credulità e sulla sete di *scoop* della stampa occidentale, ma anche su motivazioni politiche (l'opposizione kashmira al dominio indiano e l'avversione non solo al suo governo, ma anche alla sua religione), forse su interessi turistici (la voce del sensazionale sepolcro attira, guerriglia permettendo, un flusso di visitatori che dicono sempre crescente) e certamente sul ben preciso interesse economico della cosiddetta "famiglia di Gesù" che, come sappiamo, è beneficiaria delle offerte.

Sembra proprio, dunque, che sia risibile l'appello finale dell'autore di *Gesù visse e morì in Kashmir*: «Visti i testi, viste le leggende, viste le persone, visto il paese e la sua gente, mi sembra che le ipotesi di un primo viaggio e di un altro secondo e definitivo viaggio di Gesù in India e l'ipotesi della sua morte e sepoltura colà abbiano un'alta percentuale di possibilità di essere nel vero. Manca la prova definitiva. Manca di aprire la tomba e vedere che cosa ci sia dentro. Sicuramente bisogna confrontare molti più testi antichi. Io, in nome dell'obiettività scientifica, proporrei la convocazione di un congresso mondiale di specialisti della Sacra Scrittura, dell'orientalismo, dell'islamismo, della storia antica, senza escludere i linguisti, per trovare la verità sulla "seconda vita" di Gesù».

Se qualcuno vorrà prendersi la briga di organizzare un simile «congresso mondiale di specialisti», faccia pure. Certo, non sarà facile trovare studiosi seri che accettino di perdere tempo per ipotesi così manifestamente campate in aria... Quanto a noi, ciò che un Faber-Kaiser ha riunito (ed era tutto ciò di cui si dispone in argomento: sta qui, dicevamo, l'importanza del libro) basta e avanza per concludere che ci sono ben altri "enigmi" attorno alla sorte finale di Gesù che meritano investimento di energie e di fatiche.

La fede cristiana nella risurrezione del Cristo è minacciata da varie parti, lo sappiamo bene. Di certo, però, una minaccia preoccupante non viene dalle parti del Kashmir.

XX. Se lo storico indaga sul Risorto

Per il cristiano, la storia è un mistero; ed è cosa ben diversa dall'assurdo, in balìa del caso cieco e di un destino incomprensibile, com'era la storia per i pagani e come lo è tuttora (e come lo sarà sempre) per i non credenti. Pur rispettando in pieno l'enigma – che oscilla tra i due poli, apparentemente incompatibili, del piano provvidenziale di Dio e della libertà dell'uomo, – lo storico può discernere, nel fluire delle vicende umane, non delle "leggi" al modo delle scienze fisiche, ma almeno delle "costanti". Date, cioè, certe premesse, esperienza e riflessione avvertono che è probabile che si verifichino certe conseguenze.

Per fare un esempio tra i quasi infiniti possibili: non mi riconosco, è ovvio, alcuna capacità divinatoria sul futuro, eppure già nel 1987, a due anni dall'elezione a segretario generale del Pcus di Michail Gorbaciov, nella rubrica che firmavo sul quotidiano cattolico, "prevedevo" come sarebbero finite quella *glasnost* e quella *perestrojka* che entusiasmavano i tanti commentatori che le giudicavano scelte avvedute, cariche di futuro.

Se già allora ero convinto – come in effetti gli eventi avrebbero puntualmente confermato – che l'Urss che si sperava di rinnovare si sarebbe invece dissolta, che il marxismo che si voleva umanizzare sarebbe invece crollato, che lo stesso Gorbaciov sarebbe stato travolto dalle macerie, non era di sicuro per qualche mia capacità profetica. Semplicemente, stavo con quello straordinario filosofo della storia che fu, nell'Ottocento, Alexis de Tocqueville il quale, sulla base dell'esperienza, osservava che un sistema totalitario non è riformabile, pena il suo crollo.

Per un regime autoritario, è sempre illusione mortale pensare di salvarsi allentando i freni e aprendo qualche spiraglio di libertà. Per usare le parole di Tocqueville, scritte nel 1856: «Un popolo, dopo aver sopportato le leggi più onerose, le respinge con violenza proprio se il peso comincia a diventare più leggero. Il momento più pericoloso per un governo dispotico è quello in cui comincia a riformarsi. Solo un grande genio potrebbe salvare un principe che si accinge a liberare i suoi sudditi dopo una lunga oppressione. Il male, sopportato pazientemente sino a quando è apparso inevitabile, diviene intollerabile quando si fa balenare l'idea che si possa liberarsene. Ogni abuso che viene tolto fa vedere meglio quelli che rimangono. Il male, in realtà, è minore; ma la sensibilità è più acuta».

Così, in effetti, successe nell'Urss di Gorbaciov: al "riformatore", come previsto, la situazione sfuggì di mano e ciò che si credeva di consolidare crollò del tutto.

Qualcosa del genere – per stare alla storia cristiana e fatti (ci mancherebbe!) tutti i *distinguo* e le differenze del caso – successe nella Chiesa cattolica degli anni Sessanta e Settanta, nella caotica fase post-conciliare, quando le "aperture" nel monolito della dottrina e le "mitigazioni" nella severità della disciplina non portarono a una tranquilla evoluzione, ma a qualcosa che apparve come una rivoluzione incontrollabile a molti. A cominciare da Paolo VI, che negli ultimi anni non fece che lagnarsene, con aria sempre più stupita e smarrita: «Aspettavamo una giornata di sole ed è giunta invece la tempesta...»; giungendo sino a sospettare che «il fumo di Satana» si fosse infilato in qualche fessura e fosse entrato, ancora parole sue, «nel tempio di Dio». Forse, senza scomodare il diavolo (ma senza, peraltro, escluderlo...) era successo soltanto ciò che si verifica in questi casi, secondo una "costante" della storia che sinora non ha ricevuto smentita. Del resto, anche il cardinale John Henry Newman, il grande convertito dall'anglicanismo negli anni Ottanta dell'Ottocento, aveva previsto con esattezza dove avrebbe portato una fase post-conciliare.

Perché ricordare queste cose? Ma perché sarebbe interessante procedere a un'analisi per constatare come il Dio cristiano prenda sul serio la storia degli uomini, tanto da accettarne tutte le dinamiche attraverso l'incarnazione in Gesù di Nazareth.

Non "paracadutato" tra gli uomini, quasi fingesse di essere "come" loro – e non ne avesse invece assunto la natura – bensì pienamente inserito nella loro storia, il Nazareno sembra rispettare della vicenda dei secoli anche le "costanti" che la reggono. Mettere in conto un simile radicale "inserimento" nella normalità delle vicende umane potrebbe essere una chiave per gettare luce ulteriore (pur con tutte le prudenze del caso) su Colui nel quale i cristiani riconoscono il Messia e adorano il Figlio di Dio.

Si potrebbe, ad esempio, trovare un possibile inizio di risposta a domande come quella, antica e sempre risorgente: «Perché Gesù non ha lasciato nulla di scritto?». Se – per essere più breve e spiccio – è lecito citarsi, riprodurrò qui sotto quanto mi capitò di scrivere: «I protagonisti "veri" scrivono, almeno fino a quando ne hanno la possibilità, sempre e solo con i fatti e quasi mai con le parole. Queste le impiegano, semmai, per discorsi, leggi, disposizioni, regole. E poi – ma solo quando sono pensionati od emarginati – per scrivere le loro memorie. I diari sono tenuti, mentre gli eventi si svolgono, dai comprimari, dai collaboratori, dalle comparse (e se qualcuno opponesse il caso Giulio Cesare, dimenticherebbe che il *De bello gallico* e il *De bello civili* furono scritti non di libera iniziativa, ma per necessità politiche, per giustificarsi dagli avversari)».

Per tornare al discorso di prima, dove si discorreva di Gorbaciov e di Paolo VI. Non occorre, ovviamente, neppure precisarlo: non si intende certo equiparare il regime sovietico alla Chiesa preconciliare... Che Dio ne scampi! Ma la Chiesa possiede (accanto a una realtà misterica, soprannaturale) un aspetto terreno, istituzionale che – in quanto tale – non sfugge alle "costanti" che valgono nella storia per ogni altra società umana.

E così sembra essere per Gesù: "vero Dio", ma anche "vero uomo", secondo la fede; anzi, Uomo con la maiuscola. Dunque, Protagonista per eccellenza della vicenda umana: pertanto, volontariamente sottopostosi pure alla "costante del leader" che vuole che questi, se davvero è tale (e chi lo fu più di Lui?), parli con fatti e discorsi, non con libri e opuscoli («Gesù Nazareno, che fu profeta potente *in opere e parole...*», secondo l'espressione dei discepoli d'Emmaus, Lc, 24,19).

A lasciare memoria scritta, a riferire con parole su carta e papiro, penseranno i discepoli. Un Gesù "scrittore", non rispettando una "costante" storica, non si sarebbe inserito in pieno nelle dinamiche che presiedono all'avventura umana.

Del resto, a controprova: anche altri grandi protagonisti religiosi si comportarono allo stesso modo. Maometto non scrisse nulla che presentasse come suo: affermò sempre di essere stato solo un fedele strumento al quale Allah, per mezzo dell'arcangelo Gabriele, "dettava" il Corano, leggendolo dall'originale che sarebbe in Cielo. Né furono scrittori i Buddha, i Confucio, tutti gli altri leader delle religioni mondiali e tutte le "grandi anime", come Socrate e pure Gandhi, che lasciò poche pagine: di essi restano gli insegnamenti orali, raccolti dai discepoli, alla pari – almeno qui – di quelli di Gesù.

Per passare a un esempio ulteriore. Stabilisce un'altra costante, basata anch'essa sulla lezione millenaria dell'esperienza: «Non vi è, nella storia, nulla di grande che abbia avuto grandi inizi». Se ci si pensa, è davvero così: ciò che nasce in pompa magna, tra squilli di tromba e conferenze stampa, con ricche dotazioni, promosso da governi e potenti istituzioni sia pubbliche che private, non è quasi mai ciò che avrà maggior futuro. Quanto di ciò che è nato "grande" ha avuto poi sorte "piccola"! La storia sembra voler rispettare la legge della vita che, ovunque, prevede che anche gli organismi destinati a diventare maggiori traggano origine da un piccolo seme, all'inizio spesso quasi invisibile agli occhi degli uomini.

È per rispettare quest'altra "costante" che l'annuncio della incarnazione del Verbo – il maggiore degli Eventi possibili, secondo la fede – si è verificato nella solitudine di una misera stanza di un minuscolo, disprezzato villaggio, avendo per protagonista una ragazzina sconosciuta e insignificante per gli uomini? e che la nascita del "Re dei re" è poi avvenuta nella povertà e nel nascondimento di Betlemme?

È in questo "rispetto" delle consuete leggi storiche, in questo «essersi fatto simile agli uomini in tutto, tranne che nel peccato», per dirla con Paolo, che trovano una possibile risposta aspetti del vangelo che sembrano sconcertanti, ma che – osservati da un simile punto di vista – rivelano una nascosta coerenza con la logica dell'incarnazione divina nella vicenda umana?

Limitiamoci a lasciare aperti gli interrogativi, indicando una possibile linea di ricerca. Ma restiamo esplicitamente ancorati al terreno della storia. Sulla quale vorremmo adesso continuare a riflettere in compagnia di un singolare specialista, Jacques Perret. Il quale, titolare della cattedra di storia romana alla Sorbona di Parigi, ha pubblicato opere importanti a livello internazionale, come il monumentale studio in tre volumi dedicato a Virgilio e alla sua Eneide, oltre a molte ricerche sugli autori e i personaggi dell'antichità latina.

Al termine della carriera universitaria, il professor Perret decise di applicare la sua esperienza di storico "scientifico", la sua conoscenza vastissima dell'antichità, la sua pratica di interpretazione dei testi d'epoca classica all'esame dei racconti evangelici sulla Risurrezione e sulle apparizioni del Risorto, dalla Pasqua all'Ascensione. Ne uscì un libretto pubblicato nel 1984 e che a me parve subito di straordinario interesse, tanto che ne promossi la traduzione italiana. Sono meno di cento pagine, ma densissime di notizie e di riflessioni sorprendenti e illuminanti, basate tra l'altro su una conoscenza approfondita sia della Scrittura che dei commenti e delle interpretazioni degli specialisti attuali dell'esegesi.

Dopo avere applicato ai versetti evangelici che in questo libro più ci interessano (e ai brani degli Atti e delle Lettere apostoliche che fanno riferimento alla Risurrezione e al Risorto) non degli apriorismi di credente – malgrado Perret non nasconda la sua fede cattolica, convinta e motivata – bensì categorie e criteri oggettivi, da aggiornata scienza storica, queste pagine giungono alla testuale conclusione: «Quando ci si rifiuta di credere alla risurrezione di Gesù, *non è per motivi storici.* La storia, per quanto ne è capace, non solo non contraddice, ma porta a giudicare come più probabile tra tutte l'ipotesi che gli evangelisti riferiscano con sostanziale verità ciò che davvero è successo».

Per Perret, infatti, i metodi storici più moderni, non possono – ovviamente – dare la fede, che è dono di Dio solo, ma possono portare a un punto in cui lo studioso è come costretto a riconoscere una realtà oggettiva: che, cioè, l'accettare la verità della Risurrezione non è che il logico esito di un ragionamento ben più coerente di quello che neghi credibilità a quanto riferisce il Nuovo Testamento.

Per giungere a una simile conclusione, lo storico parigino è costretto a contraddire anche certi fratelli cattolici, i quali ripetono (lo sappiamo bene, già ne parlammo) che la Risurrezione sarebbe «una realtà di fede che sfugge alla storia»; che sarebbe inutile voler cercare di stabilire ciò che è davvero successo a Pasqua e dopo, perché qui si sarebbe di fronte a mere "verità teologiche", che nulla avrebbero a che fare con quelle realtà di questo mondo delle quali soltanto può interessarsi lo specialista nella ricostruzione del passato. Distinguere i racconti pasquali da quelli indagabili dallo storico sarebbe, dunque, per costoro, rispettare le intenzioni degli evangelisti stessi, preoccupati solo di partecipare esperienze religiose, non di riferire fatti di cronaca.

Pur sempre controllato, abituato a ragionare pacatamente sui testi, Perret ha qui una sorta di scatto passionale nei riguardi di questa *intellighenzia* cristiana: «Lo storico non riesce a capirli! È sorpreso da questa specie di ostinazione con la quale simili professori, spesso sacerdoti, vorrebbero persuaderci che, tentando un approccio storico dei racconti di Risurrezione, si inseguirebbe una pia utopia. Che ne sanno loro, questi esegeti e teologi, proprio loro che si vantano di non interessarsi alla storia?». E, qui, Perret rimanda a una nota che vale la pena di riprodurre: «Temo che non ne sappiano un granché; soprattutto, sono vittime di una specializzazione troppo stretta e mancano di pratica. Se uno storico dell'antichità applicasse in qualunque settore i metodi attraverso i quali si crede di aver ridotto a nulla la testimonianza degli evangelisti, diventerebbe sicuramente lo zimbello di tutti i suoi colleghi».

Ma, continua Jacques Perret: «È forse la loro teologia che oggi gli detta quei romanzi inattendibili che sono i loro saggi, che li fa avvolgere in un agnosticismo ostinato, come ieri un'altra teologia gli ispirava esattamente il contrario, cioè il più sconcertante letteralismo? Un tempo riprovato dai biblisti cattolici come un negatore, lo storico si vede oggi aggredito dagli stessi biblisti, quando propone di ritenere plausibile la realtà di avvenimenti che la fede, ancora ieri, dava per scontati. Agli occhi di questi dottrinari ecclesiastici, lo storico, anche se professionista, è un grossolano dilettante, quando pretende di scoprire almeno le tracce di una piccola casa sul terreno evangelico, che essi vorrebbero tenere completamente vuoto, per rivendicare nel modo più assoluto la trascendenza della loro fede».

Ma, avverte amareggiato lo studioso francese, «coloro che tendono a fare della "risurrezione della carne" di Gesù un simbolo, un mito religioso senza agganci nella realtà concreta di questo mondo (quella realtà che la storia può e deve ricostruire o, almeno, indagare), non tarderanno a liberarsi anche della Croce come un incidente di percorso, in ogni caso superflua».

Lasciamo al professor Perret la responsabilità di simili, dure diagnosi e prognosi. E lasciamo ad altri capitoli l'inquadramento "generale" dei rapporti tra Nuovo Testamento e storia. Coll'aiuto del professore francese cominceremo prima a esaminare alcune questioni troppo sbrigativamente cacciate fuori dalla storia.

Secondo molti, innanzitutto, la scoperta della tomba vuota, con tutto ciò che ne è seguito, non vorrebbe affatto (nell'intenzione stessa degli evangelisti) situarsi nel genere letterario della storia, ma in quello del *midrash*, cioè del racconto edificante, dell'apologo simbolico, teso a descrivere non una risurrezione banalmente "materiale", bensì del tutto spirituale. Non, dunque, uno "scandaloso" «Gesù è risorto», bensì «lo spirito, il messaggio di Gesù sono vivi, sono eterni».

Tra i "segni" che rivelerebbero qui, il *midrash*, ci sarebbero "gli angeli" o i misteriosi uomini biancovestiti che, seppure con funzioni e in momenti non esattamente coincidenti, appaiono in tutti e quattro gli evangeli. Osserva Perret: «Questi personaggi intervengono, nei racconti di Risurrezione, con un compito preciso: fare apparire un significato soprannaturale in un fatto – la tomba vuota – che di per sé è percepibile indipendentemente da ogni fede. Si noterà che, in Marco, le donne avevano già constatato l'apertura del sepolcro prima di scorgere il "giovane, seduto a destra, rivestito di veste bianca"».

Continua lo studioso: «Nel resto del Nuovo Testamento è sempre nello stesso modo che gli angeli si trovano mescolati ai racconti, presentati non certo come *midrash*, come simbologie, ma come fatti indubbiamente storici: ce ne furono il giorno in cui Gesù è stato concepito in Maria, il giorno in cui è nato, apparvero poi nell'Orto degli Ulivi. Intervengono pure per indurre il centurione Cornelio a incontrare Pietro (At, 10,3), infine il giorno in cui Pietro, in maniera imprevista, ha potuto uscire dalla prigione *(ivi*, 12,7). Sono altrettanti eventi che per gli autori neotestamentari sono storici, senza esitazione. Le creature misteriose intervengono semplicemente per invitare i beneficiari di questi stessi eventi – e coloro che attraverso la Scrittura ne prendono conoscenza – a riconoscere in essi l'immediatezza dell'azione divina».

Nei prossimi capitoli, anche in compagnia dell'eminente docente francese, affronteremo altre obiezioni classiche contro la storicità della Pasqua cristiana: ad esempio, l'affermazione, così spesso ripetuta, che ogni tentativo di approccio storico sarebbe votato allo scacco perché la Risurrezione non ha avuto testimoni. Oppure, l'affermazione che i racconti di Risurrezione non sarebbero credibili perché sono stati scritti da credenti.

L'esaminare queste e altre obiezioni, mostrandone l'inconsistenza, potrà aiutarci a riflettere su ciò che è davvero avvenuto, confrontandoci con problemi reali; non con quelle che il celebre specialista della Sorbona, che abbiamo citato in queste pagine, chiama «ghigliottine di teologi moderni per cercare di fermare lo storico che intenda fare anche qui il suo mestiere».

XXI.
Racconti a tutta prova

Abbiamo cominciato a riflettere sui racconti di Risurrezione con Jacques Perret, già prestigioso titolare della cattedra di Storia romana antica all'Università di Parigi. Il quale, al termine della sua carriera accademica, decise di fare il punto sulla questione della attendibilità (per lo storico "laico" professionista) dei racconti neotestamentari di Risurrezione. Il suo giudizio – lo ricordavamo – è severo per certa critica biblica che va da decenni per la maggiore. Per sintetizzare con le sue stesse parole: «Diventerebbe lo zimbello di tutti i colleghi lo storico dell'antichità che applicasse, in qualunque settore della sua indagine scientifica, i metodi attraverso i quali molti esegeti (che nulla sanno né vogliono sapere delle moderne tecniche di ricerca storica) rifiutano la testimonianza degli evangelisti».

Per Perret, quegli studiosi non sono spinti al loro scetticismo sulla verità oggettiva delle apparizioni del Risorto da ragioni altrettanto oggettive, ma da «pregiudizi e precomprensioni teologiche». Al termine della sua riflessione, il docente francese si spinge addirittura a concludere: «Quando certa critica si rifiuta di credere alla risurrezione di Gesù, non è per motivi storici. Per quanto ne è capace, la storia porta piuttosto ad accettarne la verità».

Abbiamo già cominciato a riportare alcune delle riflessioni in base alle quali lo storico parigino giunge a queste impegnative conclusioni. Qui continuiamo, affrontando uno degli argomenti usati spesso per negare carattere oggettivo ai racconti della Risurrezione. Questa, si dice, non ha avuto testimoni, non è stata constatata da nessuno nel suo svolgersi: pertanto non appartiene alle realtà sulle quali la storia possa dire qualcosa...

Osserva subito Perret: «Non si può fare a meno di essere stupefatti dell'importanza che questa considerazione prende presso certi autori, come se da essa ogni tentativo di approccio storico si trovasse subito votato allo scacco ». Prosegue dunque, basandosi – prima ancora che sulla sua esperienza di studioso – su quello che chiama «*le sens commun, le bon sens*»: «Sono innumerevoli gli avvenimenti nei quali il grado di verosimiglianza non dipende affatto dalla presenza o dall'assenza di testimoni immediati».

In effetti, per stare agli stessi vangeli: «Supponiamo che uno degli ebrei che hanno assistito alla morte e ai funerali di Lazzaro, e pianto poi tre o quattro giorni presso la sua tomba sigillata, lo incontri più tardi, ben vivo, per la strada. Forse che costui non sarà forzato a credere che, nel frattempo, Lazzaro è stato riportato alla vita? Ignora, certo, il giorno, l'ora, le circostanze; magari non le conoscerà mai esattamente, ma non per questo sarà meno certo di quella risurrezione. Vi crederà come se vi avesse assistito egli stesso».

Per passare a un esempio in qualche modo "contrario": «Se si trova morto un amico con il quale conversavamo ancora la vigilia, non si rischia proprio niente a dedurne che c'è stato un momento in cui è passato dalla vita alla morte, anche se non si trovasse alcun testimone oculare per dirci quando e come quel trapasso è avvenuto».

Se questo – nota ancora Perret – è «il punto di vista del *bon sens*», questo è pure «quello degli autori del Nuovo Testamento». In effetti, non dimentichiamo il cieco nato di Giovanni (9,8-9), guarito da Gesù, o lo storpio della Porta Bella (At, 3,10), sanato da Pietro: «Nessuno, ovviamente, si preoccupa di sapere se un testimone oculare ha assistito alla loro guarigione. Il solo problema che si pone è di identificazione: prima e dopo, si tratta della stessa persona? Ebbene, è lo stesso nel caso di Gesù risuscitato. Pensiamo all'apparizione dopo il ritorno da Emmaus, in Lc, 24,39: "Sono proprio io!". Dunque, del fatto che la Risurrezione sia avvenuta, i discepoli e gli autori del Nuovo Testamento sono sicuri come se vi avessero assistito essi stessi, benché vi sia – e non lo negano (altro indizio di buona fede!) – un vuoto, uno spazio bianco nella continuità della loro esperienza. Ebbene: lo storico non procederà diversamente; e lo farà per un ragionamento del tutto naturale». Di buon senso, appunto. Quel buon senso che talvolta, e sorprendentemente, non convive con l'erudizione e l'indubbia intelligenza di certi professori.

Osserva ancora il Perret ritornando, in altra parte della sua riflessione, sullo stesso argomento: «Quando lo storico riprende in mano il vangelo, gli sembra che ciò che svanisce come fumo non sia quel vecchio testo, ma l'illusione di chi voleva farne un tessuto di simboli. Riscopre ogni volta che, malgrado tutto, il vangelo, storicamente, *tient bon*, regge bene: non è scritto affatto come un mito platonico. D'accordo, l'evento della Risurrezione non ha avuto testimoni, ma i discepoli hanno ben creduto di poterlo affermare a partire da altri eventi che cadevano direttamente sotto i loro sensi. Ce li hanno descritti esattamente, come hanno potuto, comunicandoci al contempo l'interpretazione che essi se ne erano data e che si fonda forse anche su altri fattori che non hanno saputo dirci. Interpretazione, in ogni caso, che non oltrepassa, da parte loro, i limiti della ricostruzione storica e che lo storico moderno, dunque, si guarderà dallo scartare *a priori*. In effetti, se Gesù si è fatto vedere e riconoscere, se la sua tomba è vuota, sarà davvero azzardato dire che è risuscitato, anche se la nostra esperienza non ci fornisce altri modelli per rappresentarci ciò che si è verificato e anche se si deve credere che occorrono altre luci, quelle della fede, per percepire la misura integrale del fatto che è avvenuto?».

Se è, dunque, pretestuoso il continuo insistere di tante esegesi attuali sulla mancanza di testimoni oculari della Risurrezione (ciò che importa essendo gli "effetti" - le apparizioni - che rinviano ovviamente a una "causa" che non può essere che il ritorno alla vita), c'è però un'altra obiezione che viene accampata contro la possibilità di ricostruire con sicurezza quegli eventi. È l'obiezione di principio, ripetuta come fosse indiscutibile e come non vi fosse replica possibile. Per dirla ancora con Perret: «Si insiste sul fatto che questi testi sono stati scritti da *credenti*: dunque non possono essere *credibili*».

Ma, anche qui, il nostro storico professionista reagisce. E con vivacità. Sentiamo: «Possibile che questi biblisti ignorino che sarebbe impossibile scrivere qualunque storia (anzi, che non esisterebbe la storia stessa) se si dovessero ricusare tutti gli autori sospetti di essere coinvolti nei fatti narrati?».

Al contrario di quanto tanti pensano, «è il desiderio stesso di convincere, che guida questi testimoni diretti e protagonisti, che li obbliga a costruire il loro racconto a partire da elementi autentici. Non esitiamo a utilizzare Tacito, pur sapendolo di parte. Anche Cesare è ben lungi dall'essere il cronista oggettivo delle sue imprese ed è per noi l'unico testimone di un gran numero di episodi della conquista delle Gallie. Tuttavia, nessuno dubita – né può dubitare – dell'autenticità sostanziale del suo racconto, proposto a dei lettori dei quali molti erano stati spettatori o attori degli avvenimenti».

Perret richiama dunque, così, l'attenzione su una realtà sulla quale noi stessi siamo più volte ritornati, soprattutto nel libro precedente. Il fatto, cioè, che i resoconti dei vangeli non sono situabili (come sembra confermare ogni giorno di più la critica biblica) in un tempo lontano dalla morte di Gesù, quando i testimoni dei fatti erano tutti scomparsi e, dunque, non avrebbero più potuto smentire.

Sentiamo ancora Perret: «Non è certo comodo, per uno storico, esplorare sino in fondo la via che i discepoli hanno creduto fosse quella vera. Eppure, tutte le ipotesi diverse non paiono soddisfacenti. Il vizio di queste ipotesi, vizio continuamente ripetuto, sembra risiedere (così almeno appare a uno storico, uomo di date e di momenti precisi) nella cronologia presupposta dalle ricostruzioni che vorrebbero negare che la Risurrezione sia davvero avvenuta. Senza che esegeti o critici se ne rendano sempre ben conto, continuano ancora a perfezionare indefinitamente delle spiegazioni "demitizzanti", i cui modelli sono stati costruiti in rapporto con una cronologia molto lunga. Quando si immaginava che i testi del Nuovo Testamento non avessero preso forma definitiva che nel corso del secondo secolo, nelle mani di qualche Marcione, è ben vero che in questo grande vuoto che li separava dalla morte di Gesù (e durante il quale, fatalmente, tutti i testimoni erano scomparsi) molte metamorfosi avrebbero potuto prodursi e molte favole nascere. Oggi, la frattura, che si voleva dilatare tanto, è stata ristretta a qualche anno e in certi settori a qualche mese o addirittura giorni. Non è cent'anni più tardi che i cristiani hanno annunciato in pubblico la risurrezione di Gesù (e a quanto pare con l'essenziale dei dettagli che leggiamo nei nostri testi), ma è meno di due mesi dopo il Venerdì Santo!».

Però, a questo punto, molti obiettano che simili considerazioni sono fuori posto perché gli evangelisti (a differenza del Cesare o del Tacito ricordati da Perret) «non intendevano fare opera di storici»; obiettano che «il genere letterario "vangelo" non è quello della storia».

Ma, anche qui, il docente alla Sorbona ha da dire la sua: «Si ammetta pure, per ipotesi (peraltro, senza ben capire che cosa ciò possa significare), che gli autori del Nuovo Testamento non erano degli storici "nel senso moderno del termine" e che i primi cristiani non avevano l'*esprit historique* (sempre nel senso moderno). Ma coloro che ci tengono tanto a convincerci di ciò, sembrano non accorgersi che, di quei cristiani della comunità primitiva, ne fanno dei sotto-uomini, spogliandoli radicalmente di uno dei caratteri più universali della natura umana: l'attenzione agli avvenimenti e il desiderio di conservarne un ricordo il più preciso possibile».

In effetti, continua il professore: «Non è per niente verosimile che le prime comunità fossero composte soprattutto da estatici o da sognatori, preoccupati unicamente dei loro stati d'animo, dei bisogni del loro gruppo, e dimentichi di (o indifferenti a) ciò che avevano visto, inteso e potuto apprendere in modo autentico da Gesù. Gli avvenimenti che seguirono la Passione – tomba vuota, apparizioni, eccetera – ci sono stati trasmessi da quegli stessi che ci hanno raccontato le parabole, la guarigione del paralitico o la cacciata dei mercanti dal tempio». Hanno dunque, provenendo dalla stessa fonte, lo stesso grado di storicità. È quanto noi stessi ricordavamo all'inizio: questo nostro libro sulla Risurrezione ha la stessa attendibilità (o, se si vuole, inattendibilità...) di quello sulla Passione e Morte, poiché gli autori e i loro intenti di raccontarci ciò che è davvero successo sono gli stessi. Se accettiamo la sostanziale storicità di ciò che c'è riferito per quel venerdì, non ci è lecito escluderla per quanto ci dicono per la domenica e i giorni seguenti.

Ma non sono le stesse divergenze tra i racconti post-pasquali che mostrerebbero che siamo al di là della storia? o che, almeno, denuncerebbero il "carattere inafferrabile" di questi eventi, posti ormai al di là dell'esperienza umana e, dunque, non classificabili come resoconti di cronaca?

Il professor Perret non demorde, nemmeno qui: «Le oscillazioni o incertezze di dettagli che appaiono nei testi neotestamentari per quanto attiene al dopo-morte di Gesù mostrano soltanto la diversità dei fenomeni constatati o la diversità delle tradizioni: il caso è lo stesso di quello del cieco di cui non si sa se Gesù lo ha guarito *uscendo* (Mc, 10,46) da Gerico o *entrandovi* (Lc, 18,35). Da una simile divergenza, sarà forse lecito dedurre che questo cieco non è mai esistito o che Gerico è una città mitica?».

Bisogna, dunque, tenere fermo più che mai, oggi, sui dati obiettivi che tanta critica tende a ignorare, perché esclude gli avvenimenti post-pasquali – sui quali si fonda la fede incrollabile, sino al martirio, degli apostoli nella verità della Risurrezione – da quelli sui quali lo storico può e deve dire la sua.

Continuiamo dunque a riflettere sulle osservazioni del nostro autore: «Le manifestazioni di Gesù risorto, le sue apparizioni, non ci sono affatto presentate dal Nuovo Testamento come un frutto della fede, ma come dei *fatti*, che si svolgono nello spazio di ciò che si vede e che si tocca. Quelle manifestazioni sono percettibili a un incredulo (Paolo), che in seguito ad esse si converte; a degli increduli (i compagni di Paolo), che restano tali; a dei discepoli che non mettono neppure in conto la possibilità che sia risuscitato (la Maddalena, gli Undici); o che, a dispetto della testimonianza dei loro compagni, si rifiutano di credere ma crederanno in seguito (Tommaso); o che continueranno a non credere (quelli che, sino alla fine, "tuttavia dubitavano", Mt, 28,17)».

Dunque, «una tale diversità di reazioni mostra bene che, a giudizio degli autori neotestamentari, queste manifestazioni non sono l'effetto di disposizioni interiori particolari ma, come ogni fenomeno di questo mondo, si impongono dal di fuori. Nello stesso modo, annettere importanza, come fanno i narratori evangelici, al fatto che la tomba sia stata trovata vuota (e in un modo che ci è presentato come oggettivamente constatabile da chiunque) non avrebbe senso, se non si suppone una connessione tra la risurrezione di Gesù – in qualunque modo occorra intenderla – e la realtà di fatto che, percepibile da tutti, appartiene alla storia di questo mondo». Una realtà, dunque, che – ancora una volta – lo storico può, deve saggiare.

Si rifletta poi sulla «composizione stessa del Nuovo Testamento», la quale «è molto istruttiva». In effetti: «La Risurrezione e i fatti che ne conseguono sono raccontati nei vangeli in forma narrativa, per completare la vita di Gesù. Non sono rigettati negli Atti degli Apostoli o evocati, occasionalmente, nelle Epistole come la figurazione intemporale e simbolica di quel "regno della fede" al quale la Chiesa lavorerebbe come sua missione. Anzi, questo periodo post-pasquale è – nel Nuovo Testamento – messo in rapporto ben più con ciò che *precede* (il ministero pubblico di Gesù) che con ciò che *segue* (la vita della Chiesa nella fede)».

Se tale è «la struttura (e, dunque, l'insegnamento implicito ma evidente) dei testi che la Chiesa propone ai cristiani, è chiaro che è il Nuovo Testamento stesso a situare nella storia anche ciò che segue la Passione. Dunque, anche da qui si vede che non è affatto vero che dedicarsi a un approccio storico di quei fatti – narrati alla pari di quelli della vita pubblica di Gesù – sarebbe andare contro lo spirito stesso evangelico. È, semmai, il contrario».

Naturalmente, occorre non dimenticare mai quanto lo stesso Perret non manca di ricordare: «Tentare un approccio storico della Risurrezione non significa certo tentare di riportarla totalmente al livello di questo mondo: come tutto ciò che concerne Gesù, a cominciare dalla nascita, la sua Risurrezione ha una dimensione trascendente. Ma essa ha pure una dimensione storica che non c'è lecito trascurare».

Bisogna stare attenti a non cadere nella confusione di tanti tra «il livello in cui si esercita la conoscenza storica e quello in cui si esercita la fede». È chiaro che «le realtà che derivano dalla fede (il radicamento della salvezza universale nella persona di Gesù risuscitato) non possono essere avvicinate che nella oscurità, non possono esprimersi che in un modo sempre inadeguato. Invece, la scoperta della tomba vuota, le apparizioni, eccetera (cioè, i presupposti necessari e sufficienti di quella dimensione di fede), possono essere oggetto di una ricerca storica, alla pari di ogni altro avvenimento, anche il più consueto».

Già, ma non è proprio qui il problema? Qui siamo di fronte a un racconto che, se è "vero", porta a concludere che è avvenuto il "più inconsueto" tra gli avvenimenti: nientemeno che la risurrezione di un uomo. Può uno storico oggettivo, al di là di ogni presupposto di fede, esaminare la possibilità di una simile ipotesi senza essere scambiato per matto?

E perché no?, risponde senza esitare il professor Perret. Perché una simile ipotesi non può essere legittima? perché dovrebbe essere vietato prenderla in considerazione? Sentiamo: «È un evento fuori del comune, certo, del tutto singolare, di quelli che uno storico di rado – se non mai – è chiamato a ipotizzare. Fuori del comune, senza dubbio, ma – per chi studia a fondo e sa inquadrare i testi – con una sua verosimiglianza, che sa dare alla ragione le sue soddisfazioni. Non è affatto vero che, in linea di principio, una tale ipotesi (che, cioè, i vangeli riferiscano quanto è davvero successo: nel nostro caso, la risurrezione di un cadavere) sia inammissibile. Anzi, esaminarla è ispirarsi a un principio sano, a un metodo concreto che consiste nel dare più fiducia ai dati oggettivi, a quelli che risultano dai testi e dalle situazioni, piuttosto che fidarsi della convinzione secondo la quale gli schemi che si utilizzano abitualmente avrebbero un valore assolutamente universale».

Non si dimentichi, ammonisce questo illustre docente, che anche lo storico deve essere ben consapevole che «i limiti del possibile e dell'impossibile non si lasciano determinare con certezza. Poiché "ci sono assai più cose in cielo e in terra di quanto non ne sappia la nostra filosofia", dobbiamo essere pronti a essere qualche volta stupiti».

Certo: «La nostra tentazione è restringere il regno del possibile a ciò che la nostra esperienza quotidiana trasforma per noi in una abitudine. Tutto il resto finisce per sembrarci immaginario. Ma è una tentazione di pigrizia, contro la quale uno studioso vero deve continuamente reagire. Le costanti stesse sulle quali ci appoggiamo per esplorare il reale – e che abbiamo battezzato "leggi" – non risultano forse da una serie di statistiche, definendo quindi soltanto ciò che succede di solito? Per loro stessa natura, quelle "leggi" non possono escludere la singolarità di avvenimenti particolari e la possibilità di eventi fuori del comune».

Dunque, «per potere formulare ipotesi oggettive su un avvenimento fuori del comune, lo storico non ha bisogno di altro che di questo estremo, doveroso rispetto per le situazioni particolari, per i "casi speciali". Facendo questo non esce affatto dal terreno che gli appartiene. È vero, piuttosto, il contrario: un avvenimento inusitato resta un avvenimento storico. Come ogni altro avvenimento, prende posto nel tempo, in un seguito di altri eventi».

Il nostro storico giunge a una conclusione, imposta dalla ragione e della logica stessa della ricerca: «In simili condizioni, lo studioso – dopo avere esplorato al meglio tutte le altre ipotesi possibili – non commette imprudenza affiancando ad esse, con eguali diritti, l'ipotesi che un evento fuori del comune si sia prodotto dopo la morte di Gesù e sia all'origine delle convinzioni e delle esperienze di cui i testi del Nuovo Testamento portano testimonianza».

Anzi, scandagliando ancora, riflettendo ancora più in profondità, il ricercatore oggettivo può spingersi persino oltre: «L'ipotesi che Gesù sia davvero risuscitato non partirebbe affatto perdente, se classificassimo le ipotesi possibili secondo l'ordine della verosimiglianza. Sembra che il movimento proprio dello spirito storico porti addirittura a preferirla».

Impegno nostro, anche nei capitoli che ci restano, sarà continuare l'analisi dei motivi che possono portare a formulare – e in modo oggettivo – una simile, "scandalosa", e al contempo ragionevole, convinzione.

XXII.
Indizi

Nel capitolo dove osservavamo che, giungendo a Pasqua, i testi dei quattro evangelisti sembrano quasi percorsi da una "scossa", citavamo Karl Barth, il grande teologo: «I racconti pasquali, così come ci sono riportati dalle quattro testimonianze evangeliche, sembrano sconnessi e disarticolati come per effetto di un terremoto». Un'osservazione oggettiva, che avevamo fatto anche nostra, cercando di dare una spiegazione di questo andamento frammentario che assumono i testi del Nuovo Testamento a partire dalla domenica mattina.

Se ricordiamo ciò, è perché, almeno in questo capitolo, vorremmo abbandonare lo sforzo di compattezza che abbiamo seguito finora, esaminando tema per tema, argomento per argomento; vorremmo passare – appunto – a una "frammentarietà" che non sembra inadeguata affrontando una realtà come questa. La quale (non occorre mai dimenticarlo) è davvero la più "insolita" – nel senso etimologico – con la quale all'uomo sia dato di confrontarsi.

Con i suoi toni estremi e paradossali, lo esprimeva pure l'antico apologista Tertulliano: «Il figlio di Dio è morto: ciò è credibile, perché è assurdo. Sepolto, è risuscitato: ciò è certo, perché è impossibile». Questa dello scrittore di Cartagine non è, in fondo, che una parafrasi dello «scandalo e follia» di cui parla l'apostolo Paolo.

Succede, così, che la ricerca dell'"ordine", che il saggista cerca di dare al suo discorso, si rivela spesso inadeguata per accostare questo mistero, che è anche un paradosso; questa verità per la fede, che è al contempo una provocazione per la ragione.

Ma, giusto a proposito di "ragione": vorremmo cominciare da qui la riflessione secondo il "metodo" di questo capitolo, servendoci delle schede che – negli anni – abbiamo ordinato nel nostro archivio alla voce "*Risurrezione*".

La scheda da cui partiamo non è nostra, in verità, ma di Blaise Pascal, per eccellenza autore "frammentario" (e proprio per questo, forse, tanto efficace). Si tratta del pensiero 222, secondo la numerazione classica di Léon Brunschvigc: «Con che ragione vengono a dirci che non si può risuscitare? Che cos'è più difficile: nascere o risuscitare? È più difficile che ciò che non è mai stato sia o che ciò che è stato sia ancora? È più difficile essere o ritornare a essere? L'abitudine ci fa sembrare facile l'essere; la mancanza di abitudine ci fa sembrare impossibile il ritornare ad essere. Che modo ingenuo, popolare di giudicare!».

A questo, il curatore editoriale fa seguire, subito dopo, un altro frammento: «Che cos'hanno da dire contro la risurrezione? Cos'è più difficile: creare un uomo o ricrearlo?»

L'osservazione pascaliana sembra rifarsi a quella di sant'Agostino, da cui quasi certamente fu ispirata, visto che (come ci informa la sorella, Gilberte Périer) a un certo punto Blaise – per amore di distacco dal mondo e di povertà – vendette tutta la sua biblioteca, distribuendo il ricavato ai bisognosi e conservando per sé «solo una Bibbia e un sant'Agostino». Il vescovo d'Ippona aveva annotato: «*Resurrexit unus mortuus, obstupescunt omnes; cum nemo miretur cotidie nasci qui non erat*». E, cioè: «Risorge un morto, tutti ne sono stupiti; mentre nessuno si stupisce che ogni giorno nasca ciò che prima non c'era».

Ci pare che le osservazioni agostiniana e pascaliana siano particolarmente attuali oggi, ben più di quando furono scritte. A quei tempi, infatti, ben pochi negavano una "creazione" divina, per mettersi a vaneggiare (e con pretese "scientifiche") di un'origine della vita da una prodigiosa "materia" esistente da sempre, eterna. Dimenticando, tra l'altro, di spiegarci da dove venga, chi abbia creato questa materia.

In effetti, basta pensarci un attimo per rendersi conto di quanto sia abusivo il compatimento verso i credenti nella risurrezione da parte di coloro che – a loro volta – fanno un atto di fede ben più esigente, credendo nelle mirabolanti teorie su "caso e necessità", su "generazione spontanea", su "evoluzionismo cieco" che – di gradino in gradino – dal mitico "brodo primordiale", avrebbero portato sino all'*Homo sapiens* e a tutto il resto che gli fa contorno.

Per dirla con un altro autore antico: «Fare è ben più difficile che rifare». C'è chi – credendosi "seguace della ragione" – giura sul fatto che la vita si sarebbe creata da sé; e giudica rozzo, infantile, del tutto irragionevole chi si ostina invece a pensare che Qualcuno abbia pianificato quella vita e che – così come l'ha data – sia in grado di ridarla.

L'apparenza "folle", "scandalosa" della predicazione cristiana, tutta fondata proprio sulla risurrezione di Uno che determina la speranza della risurrezione di tutti, non deve far dimenticare che qui si è, sì, "oltre" la ragione, ma non si è però "contro". In ogni caso, qui si è più "ragionevoli" di chi giudica razionale dare per cosa scontata che la vita si sia creata da sé; e grida poi all'assurdo inaccettabile se si afferma che possa essere ridata dopo che se n'è andata.

Ma, per continuare con certi presunti "maestri della ragione": non pensiamo che questi siano solo di oggi o che siano apparsi a partire dal Settecento, con l'illuminismo e tutte le ideologie pseudo-razionali che ne sono seguite e che tuttora continuano, malgrado delusioni e rovine. Sentiamo, ad esempio, le parole con le quali già nel secondo secolo dell'era cristiana Celso, nel suo *Discorso veritiero* (tramandatoci in lunghe citazioni dall'antagonista cristiano, Origene) credeva di "spiegare" la risurrezione di Gesù.

Ecco qui, in una traduzione non elegante, ma volutamente testuale. Per questo antico polemista anticristiano, all'origine della fede ci sarebbe «una femmina isterica, stando a quel che voi stessi raccontate; o forse qualcun altro sedotto dalla stessa impostura. Sia che seguendo una personale inclinazione abbia avuto una visione e in preda al desiderio abbia avuto, nella sua aspettazione morbosa, una immaginaria apparizione, sia piuttosto che abbia inteso impressionare gli altri con questa ciarlataneria e – attraverso tale menzogna – offrire, con questo, pretesto ad altri ciarlatani...».

Come si vede, quel che era all'inizio, è anche oggi: il medesimo schema unisce Celso a certi studiosi del XIX o XX secolo. Allucinazioni, desiderio soggettivo che si tramuta – illusoriamente – in realtà oggettiva, un misto di entusiasmo incontrollato e di ciurmeria, di raggiro consapevole o anche inconscio: questo ciò che avrebbe fatto scattare il passaggio dal fallito Gesù della storia allo sfolgorante Cristo della fede.

Resta dunque confermato quanto tante volte ci è capitato di constatare: gli argomenti dei critici della fede sono sempre gli stessi. In questo campo, coloro che si presentano come "moderni", in realtà spesso non sono che ripetitori di argomenti tanto antichi da essere quasi contemporanei delle origini stesse del cristianesimo.

Per continuare su questa linea, e per sforzarci di giungere a una sintesi estrema: il discrimine tra fede e incredulità passa, in fondo, dalla scelta tra due aggettivi. Che sono: "*oggettivo*" da una parte; "*soggettivo*" dall'altra.

Vediamo di spiegarci: per i credenti, la risurrezione di Gesù Cristo è un fatto "oggettivo", un evento concreto e constatabile, che si è prodotto "al di fuori" dei testimoni, i quali si sono limitati a prenderne atto.

Per i non credenti (anche se oggi le posizioni si sono complicate: non mancano, come sappiamo, specialisti che si dicono cristiani, ma che si avvicinano a questo tipo di spiegazione) la risurrezione è invece un fatto "soggettivo". Un "qualcosa" che si è svolto, sì, in qualche modo: ma "dentro" i presunti testimoni, nella zona oscura dei loro desideri, delle loro pulsioni, delle loro nevrosi (la "femmina isterica" di Celso), magari della loro volontà mistificatrice.

Il Risorto è un corpo da palpare per i credenti: «Guardate le mie mani e i miei piedi: sono proprio io! *Toccatemi* e guardate; un fantasma non ha carne e ossa come vedete che io ho» (Lc, 24,39).

Per i non credenti, invece, è una realtà ingannevole – patologica e oscura – che riguarda i "soggetti"; che coinvolge non si sa quali inafferrabili "fantasmi" della loro soggettività.

Ebbene: semplificate così le cose, se ci si riflette si può avere la sorpresa di scoprire che proprio l'ipotesi "oggettiva" può avere dalla sua maggiore probabilità di quella "soggettiva". In effetti, è più agevole ammettere che gli apostoli e i discepoli abbiano dovuto arrendersi a un dato di fatto incontestabile; che abbiano constatato una realtà che era impossibile negare, poiché coinvolgeva non la loro immaginazione, bensì i loro sensi. Dalla vista, all'udito, sino al tatto: l'invito di Gesù a toccarlo...

Sì, malgrado tutto, è più agevole ipotizzare ciò, piuttosto che fidarsi della teoria "soggettiva". La quale presuppone, in effetti, "qualcosa" di assolutamente improbabile, una sorta di "sferzata" inaudita per superare nei discepoli l'abbattimento provocato dagli avvenimenti di passione e morte. Sappiamo ormai (ci è capitato più volte di accennarvi ma sarà bene tornarci sopra), quanto cocente sia stata la delusione del venerdì. Tanto da creare un gruppo di uomini – e di donne – allo sbando, asserragliati in casa, convinti di essersi ingannati. Ricordiamo, tra l'altro, lo sconfortato «noi speravamo» dei viandanti diretti ad Emmaus.

Sarà significativo ricordare, al proposito, qualcosa che forse molti ignorano. È antichissima, nella Chiesa, la tradizione di legare a Maria il giorno del sabato. Tra le motivazioni di questo rapporto c'è quanto scrive un testo di meditazione: «Nel giorno in cui Gesù fu nella tomba, la Madre, sola tra tutti, mentre anche i discepoli più prossimi erano disanimati, conservò salda e intatta la fede nella risurrezione. Ella è rimasta l'unica a tenere viva la fiamma dell'attesa».

Non si tratta soltanto di considerazioni devozionali: da tutto ciò che sappiamo – e che i vangeli stessi, a danno della stessa comunità nascente, non si peritano di nascondere: e anche questa franchezza non è tra i motivi minori della loro credibilità – il gruppo apostolico era davvero così frustrato dall'essere sul punto di sciogliersi. Ciascuno pensava di ritornare alle sue occupazioni precedenti, dopo quell'avventura iniziata con tante speranze e finita così tragicamente.

Si era, pertanto, nella situazione psicologica esattamente contraria a quella supposta dall'ipotesi "soggettiva", che presuppone un'attesa, una speranza, un desiderio che, invece, non ci furono.

Ecco, dunque, perché finisce con l'essere ben più ragionevole la tesi secondo la quale fu un avvenimento tanto imprevisto quanto "*oggettivo*" (le apparizioni ripetute del Risorto) e non dei moti "*soggettivi*" dell'anima a tirare fuori quei disperati dall'abisso nel quale erano precipitati. Solo dei *fatti* concreti potevano rimediare al *fatto* altrettanto concreto di una delusione così cocente.

Continuiamo a riflettere in modo "frammentario" ma, ci pare, non casuale. Nelle parole di Celso che citavamo – e negli infiniti ripetitori di quelle antiche tesi nei tempi moderni – si dà per scontata l'esistenza di "allucinazioni collettive". Ebbene, stando agli studiosi, questo tipo di fenomeni non esiste; o, almeno, non può avere persistenza. Per quanto singolare possa apparire ai profani, le "epidemie allucinatorie", soprattutto se durature, sono un mito che non ha riscontro nella realtà.

Si pensi, per fare un caso particolarmente noto, a quanto avvenne a Lourdes e nei villaggi dei dintorni nel 1858. Sull'onda dell'emozione suscitata dall'esperienza di Bernadette Soubirous, moltissime giovani annunciarono di avere anch'esse visto la Madonna. Ebbene: non solo non riuscirono a convincere la gente (se non rari sprovveduti; e solo per pochi giorni), ma poco dopo l'"epidemia visionaria" si spense da sola e le protagoniste rientrarono nell'ombra dalla quale avevano cercato di uscire. I loro già scarsi "devoti" si dispersero in poco tempo.

L'esperienza mistica (in positivo), così come la patologia allucinatoria (in negativo), sono per loro natura solitarie. Non bastava di certo la "femmina isterica" di Celso; né bastavano altri che cercassero di convincere i compagni di avere "visto" o "sentito", per creare nella prima comunità cristiana un "contagio psichico" che conducesse a una certezza tanto duratura e tanto salda da sfidare le minacce di giudei e romani e, spesso, la morte.

A rendere ancora meno credibile l'ipotesi della risurrezione "soggettiva" sta anche un fatto sul quale poco si riflette. Diceva Friedrich Nietzsche: «Delle cose grandi bisogna parlare grandiosamente». È il contrario della strada seguita dai vangeli. Il Risorto è detto apparire come un *ortolano* alla Maddalena; come uno sconosciuto, anonimo *viandante* ai due che vanno a Emmaus; come un qualunque *passante* o un *pescatore* sulle rive del lago. Mai in modo "grandioso", con quelle manifestazioni di lustro e di potenza che il mito religioso avrebbe certamente inventate o che l'allucinazione si sarebbe rappresentate. È anche questo *understatement*, per dirla con gli anglosassoni, è questo "sottotono", quest'aria "dimessa" che smentiscono ulteriormente l'ipotesi "soggettiva".

Stando all'autodifesa di Paolo davanti al re Agrippa e a Berenice, Gesù, sulla via di Damasco, apparve «come una luce dal cielo, più splendente del sole», tale che tutti «caddero a terra» (At, 26,13 s.). È la conferma, fatta dal protagonista stesso, del racconto datoci molti capitoli prima dall'autore degli stessi Atti degli Apostoli: «... all'improvviso lo avvolse una luce dal cielo e, cadendo a terra, udì una voce che gli diceva...» (At, 9,3).

Dunque, nei quaranta giorni in cui «si mostrò vivo» ai discepoli «parlando loro del regno di Dio» (cfr At, 1,3 s.), il Risorto sceglie la discrezione, le sue apparenze sono dimesse. Non così dopo che «egli fu assunto in cielo» (At, 1,2), stando all'esperienza di Paolo. Anche questa sorta di "cesura" tra il prima e il dopo Ascensione (non dimentichiamo che l'autore degli Atti è lo stesso che ci ha raccontato forse la più "riservata" delle apparizioni pasquali, quella di Emmaus) sembra confermare che gli autori del Nuovo Testamento, ben lungi dal cedere a fantasie, riferiscono cose e fatti così come si sono svolti. Piacciano o no a chi li riferisce.

È infatti probabile, anzi è certo, che, ai suoi, non sarebbe affatto spiaciuto un aspetto "glorioso" del Vincitore della morte anche subito dopo l'uscita dal sepolcro. Ma così non era stato, la "strategia" divina aveva scelto altre strade assai meno clamorose, anzi nascoste, se non agli intimi: dunque, così bisognava riferire, perché questa era la verità. Invece, nel caso di Paolo, la verità stava nel riferire che era nella gloria accecante che il Risorto aveva scelto di manifestarsi.

Osservazioni certo non decisive, queste nostre: eppure, siamo convinti che è anche da una sorta di accumulo di simili "indizi" che può essere ricostruito un clima di fiducia nella veridicità dei racconti evangelici. Quelli di risurrezione, certo: ma non dimenticando mai che quegli stessi che ci raccontano la Pasqua e le sue conseguenze sono i medesimi che ci hanno narrato tutto ciò che precede quel "lieto fine", che insieme conclude e inizia la storia della salvezza messasi in moto con Abramo.

Questa storia cristiana della salvezza avrà invece (continuiamo a saltellare qua e là) una "brutta fine", secondo alcuni. E non sono pochi, quegli "alcuni", trattandosi del miliardo di musulmani, sunniti o sciiti che siano. Tutti i credenti nel Corano, in effetti, sono concordi nel pensare che i cristiani se la passeranno malissimo il giorno della risurrezione generale. E il loro accusatore, colui che per essi chiederà l'inferno, sarà Gesù in persona, sdegnato perché i suoi presunti discepoli hanno in realtà tradito il suo insegnamento, giungendo fino alla bestemmia di equipararlo a Dio.

Non mancano scuole musulmane convinte che, per la punizione dei cristiani, non occorrerà aspettare il giorno in cui tutti i morti usciranno dalle tombe. Secondo quegli islamici, prima ancora della fine, Dio permetterà a Gesù di ritornare sulla terra per sterminare quei blasfemi che, credendo di onorarlo, hanno offeso l'unicità assoluta di Dio, inserendo nel suo centro stesso un uomo, il figlio di Maria, prestandogli culto e adorazione divini.

Come si vede, non sono solo i cosiddetti "increduli" occidentali, di tradizione cristiana, a compatire coloro che credono nella verità dei racconti evangelici di risurrezione. Anche per una tradizione religiosa monoteista e non certo secondaria, anzi addirittura maggioritaria (stando alle proiezioni statistiche, i musulmani hanno superato come numero i cattolici, pur se non tutti i cristiani uniti), anche per una tradizione religiosa così importante, dunque, converrebbe "non prendere sul serio" la risurrezione di Gesù.

Incuranti degli ammonimenti islamici – anzi, pur con tutto il rispetto, ben lieti di lasciare loro un Allah che ha diritto a tutti i nomi, tranne che a quello di "Padre" – vorremmo piuttosto segnalare quanto è stato detto da osservatori acuti della nostra cultura occidentale. E cioè: «È ben difficile parlare di risurrezione, se non dopo avere fatto seriamente i conti con la morte». Osservazione niente affatto irrilevante; sulla quale, anzi, val la pena di riflettere, per cercare di capire i motivi profondi del rifiuto di tanti, in epoca moderna, del messaggio pasquale.

In effetti, è proprio la "modernità" che cerca di esorcizzare in ogni modo la vista e il pensiero stesso della morte, sino a crearle attorno una sorta di impenetrabile tabù che sembra sostituire quello che i tempi passati avevano costruito attorno al sesso. È chiaro che chi non vuole pensare alla morte non può neppure riflettere sulla speranza della vittoria della vita su di essa.

È dunque probabile che anche questo ostacolo psicologico intralci oggi l'accettazione della speranza di Pasqua. La quale ha un senso liberante solo in una vita costruita su categorie "umane": e non sono tali quelle che censurano la nostra precarietà su questa terra. Può desiderare e cercare salvezza soltanto chi ammetta di dover essere salvato e, riconoscendosi mortale, senta nostalgia di vita eterna.

XXIII.
In cammino verso Emmaus

«Ed ecco, in quello stesso giorno, due di loro erano in cammino per un villaggio distante circa sette miglia da Gerusalemme, di nome Emmaus, e conversavano di tutto quello che era accaduto...».

È il celebre *incipit* di uno dei più straordinari racconti "pasquali" e sta – come è notissimo – nell'ultimo capitolo, il ventiquattresimo, del vangelo di Luca. Nessuno ha da eccepire sulla qualità letteraria di quel testo. «Questo racconto lucano è un puro capolavoro», ha scritto Jacques Dupont, ripreso anche dal famoso esegeta Béda Rigaux, che così ulteriormente esplicita: «Disperazione, ricerca ansiosa, fiamme di un nazionalismo messianico, turbamento, *suspense*, scienza sacra, insistenza davanti a un'amicizia improvvisa: tutto questo prepara la sorpresa meravigliosa, quando il velo cade ed è subito la corsa affannata e festante a Gerusalemme...».

Sì: per apprezzamento unanime, è uno dei brani migliori della intera letteratura in greco. Bello; ma anche "vero"? Dibelius, uno dei padri della Storia delle forme (la teutonica *Formgeschichte*) non ha alcuna esitazione: *Osternlegende*, leggenda di Pasqua. Tutto inventato, dal principio alla fine.

Secondo tesi più "moderate", si tratta invece di una delle consuete allucinazioni della comunità primitiva, un desiderio che si fa realtà, innestandosi peraltro su una *tranche de vie* di cui i due discepoli furono protagonisti. È quanto sostiene, tra gli altri, anche il vecchio Ernest Renan, con i consueti toni, tanto soavi all'aspetto quanto devastanti nei contenuti (non dimentichiamo come fu definito questo ex seminarista che fu il bersaglio preferito della polemica cattolica nel secolo scorso: «Un *marron glacé* con dentro degli aghi»...).

Scrive un esegeta moderno, e tra i maggiori, Pierre Benoit: «Renan ha cercato di spiegare in un modo naturale questa, per lui, sedicente apparizione, ipotizzando una sorta di *rêverie*, di fantasia onirica dei due discepoli. Mentre cala la sera, il ricordo dei pasti presi un tempo con Gesù li avvolge di malinconia. "Pieni di una dolce tristezza, dimenticano il viandante, è Gesù che essi vedono mentre tiene il pane, poi lo spezza offrendolo loro. Questi ricordi li occupano talmente, che si accorgono appena che il nuovo compagno, desideroso di continuare il suo cammino, li ha lasciati. E quando furono usciti dalla loro *rêverie...*"».

Per completezza sarà bene dare anche il commento di Benoit: «Qui, il sognatore è Renan, la sua spiegazione inverosimile non spiega niente»....

Un orientamento diffuso oggi tra i biblisti, anche cattolici, pensa che il racconto di Luca sia una sorta di "montaggio" con fini liturgici, pastorali, spirituali. Nulla di nuovo, naturalmente: così impone l'attuale "biblicamente corretto", in attesa che – come è sempre, ciclicamente avvenuto – cambi il clima esegetico del momento. Scrive, ad esempio, don Rinaldo Fabris: «La narrazione di Emmaus fonde insieme diversi elementi, ispirati ai racconti biblici della manifestazione di Dio e alle storie ellenistiche dell'apparizione-riconoscimento-scomparsa di un personaggio o essere divino. Tutte queste reminiscenze sono fuse insieme per creare un quadro di catechesi progressiva, che va dall'incontro di Gesù nella parola, al riconoscimento nel segno della frazione del pane, fino all'annuncio della fede pasquale nella comunità dei discepoli riuniti».

Non è agevole capire se, dietro questa "fusione di diversi elementi" vi sia – stando a questo noto biblista cattolico e ad altri che sono sulla stessa linea – almeno un nucleo davvero "storico". Aggiunge, in effetti, Fabris: «Alla base di questa costruzione lucana vi è il ricordo di un'esperienza pasquale di un discepolo di nome Cleopa, ambientata nei dintorni di Gerusalemme, a Emmaus».

"Ricordo" farebbe pensare a un fatto avvenuto, ma termini come "ambientato" e "costruzione lucana" sembrerebbero indicare un *collage* redazionale senza diretti agganci con un'esperienza concreta.

Precisato (a beneficio di chi ci creda apologeti un po' ingenui), precisato ancora una volta, dunque, che non solo siamo consapevoli della complessità dei problemi biblici, ma che non giudichiamo sempre incompatibili con la fede posizioni come quelle di esegeti cristiani attuali, cerchiamo però di applicare anche all'episodio narratoci dal vangelo di Luca quella "ipotesi di storicità" che già tante volte abbiamo utilizzato.

Prendiamo dunque il blocco del capitolo 24, che inizia con il versetto 13 (il già citato «Ed ecco, in quello stesso giorno, due di loro erano in cammino») e che termina con il versetto 35 («Essi poi riferirono (agli Undici e agli altri che erano con loro) ciò che era accaduto lungo la via, e come l'avevano riconosciuto nello spezzare il pane»).

La prima osservazione che nasce da una lettura anche affrettata, è che in questo episodio non sembra mancare alcuna delle coordinate essenziali che definiscono il racconto storico.

In effetti: c'è il *tempo*, l'indicazione cronologica («in quello stesso giorno», cioè «il primo giorno dopo il sabato», come era stato detto all'inizio del capitolo, al primo versetto). C'è il *luogo* (la strada - della quale si dà anche la lunghezza: "circa sette miglia" - da Gerusalemme a Emmaus, percorsa poi in senso contrario prima del cadere delle tenebre). Ci sono i *personaggi* ("due discepoli", uno dei quali viene indicato per nome: "Cleopa").

C'è anche la giusta *atmosfera* orientale, come è stato notato soprattutto a proposito del versetto 29: «Ma essi insistettero: "Resta con noi, perché si fa sera e il giorno già volge al declino"». Dietro questo "insistettero" della traduzione della Cei c'è un ben più forte *parebiásanto autón*: letteralmente, "lo costrinsero". Questo, nota Benoit (esperto di prima mano, perché cittadino per molti anni di Gerusalemme stessa), si situa benissimo nelle abitudini ancora attuali in Oriente, dove non si esita a ricorrere a una sorta di amichevole violenza ("lo costrinsero") per indurre ad accettare l'ospitalità nella propria casa. Ricorda lo stesso esegeta: «Anche a me è capitato di sentirmi dire: "Restate qui, partirete domani perché sta venendo notte". E questo anche se sono soltanto le due del pomeriggio di un giorno estivo».

Va notato che il nostro immaginario (aiutato anche da capolavori dell'arte, come, tra infiniti altri, la celeberrima tela di Rembrandt) ci porta a dare per scontato che i tre, giunti a Emmaus, siano entrati in una locanda. È invece possibile, se non probabile, che si trattasse della loro casa. Forse, di quella che oggi chiameremmo "la seconda casa", fuori città, all'interno di una proprietà agricola. Ricordiamo, infatti, che solo Luca ci riporta per intero l'episodio; ma esso trova un'eco in una sorta di "riassunto" che sta in Marco, nei versetti finali. I quali sono canonici, rientrano dunque nei testi di fede di tutte le Chiese cristiane, ma (già lo ricordavamo) sono stati assai probabilmente aggiunti e sembrano di mano diversa - seppure anch'essa antica: compaiono già in codici di età assai alta - da quella dell'autore del resto del secondo vangelo. Sta dunque scritto, in quella veneranda "aggiunta": «Dopo di ciò, apparve a due di loro sotto altro aspetto, mentre erano in cammino verso la campagna» (Mc, 16,12). Il termine usato è *agrós* che può significare "campagna", ma anche "casa di campagna".

Se davvero fu così, allora si capisce meglio l'insistenza, dettata non solo dal desiderio di saperne di più da quel (e su quel) misterioso pellegrino, ma anche dalle leggi dell'ospitalità semitica.

E si capisce anche meglio che può non essere priva di fondamento l'ipotesi avanzata da alcuni secondo la quale dei due diretti a Emmaus uno era sì un uomo, Cleopa, ma l'altro era una donna: la moglie. Se tornavano a casa, dopo avere trascorso la Pasqua a Gerusalemme, conformemente ai dettami della Legge, non potevano forse essere una coppia?

Ciò spiegherebbe, tra l'altro, anche il fatto che il testo riporta un solo nome, secondo l'uso ebraico (clamorosamente infranto dai vangeli stessi proprio per le apparizioni: ma, come sappiamo, erano evidentemente "costretti" dai fatti), uso stando al quale delle donne non era neanche il caso di parlare, comunque non valeva la pena di darne il nome, visto che la loro testimonianza nulla contava.

Restiamo, dunque, a quel nome: *Kleopâs* secondo l'originale. Si tratta della contrazione del greco *Kleópatros*, che significa "figlio di padre famoso". Si sono fatte molte supposizioni su questo personaggio: alcuni (anche in fonti antiche) lo danno per il fratello di Giuseppe di Nazareth; dunque, sarebbe stato lo zio di Gesù, seppure in modo "anomalo", naturalmente, vista la situazione unica della famiglia del Cristo. Il figlio di questo Cleopa – quindi, il "cugino" di Gesù – sarebbe stato Giacomo il Minore e la moglie una delle tre Marie (c'era dunque lei sulla strada di Emmaus?). Supposizioni, dicevamo, anche perché nelle fonti antiche si parla di un *Klopâs*, che non sarebbe assimilabile al *Kleopâs* di Luca; pur se alcuni dicono che la prima forma sarebbe l'abbreviazione aramaica, l'altra quella greca della stessa radice *Kleópatros*.

Non è, comunque, molto importante. Ciò che importa, invece, è notare che anche questo nome ci porta, da un lato, in un clima di verosimiglianza storica; e, dall'altro lato, pone dei problemi ai negatori di questa.

In effetti, l'appellativo era comune nella Palestina dell'epoca, testimonia dunque di una accurata "ambientazione" ebraica, di una origine locale. Si pensi agli apocrifi, come al solito desiderosi di dare risposta a tutte le curiosità e al contempo non credibili di primo acchito: alcuni di questi non solo danno un nome al discepolo che resta anonimo in Luca, ma si spingono a chiamarlo *Emmaon*. Ora: non solo questo appellativo non esisteva, in Israele, ma si tratta con tutta evidenza di una derivazione da Emmaus. Dunque – come ci pare ci sia già avvenuto di ricordare – non si consideri così irrilevante, scontata, la concordanza dei nomi degli evangeli canonici con la società semitica del tempo. Pure la credibilità di quegli appellativi aggiunge credibilità al quadro complessivo.

Altri problemi per gli "ipercritici" vengono dal fatto che una delle apparizioni più "complete" e probanti (non dimentichiamo la vera e propria lezione biblica, protratta a lungo, impartita da Gesù stesso: «E cominciando da Mosè e da tutti i profeti, spiegò loro in tutte le Scritture ciò che si riferiva a lui», v. 27), che una apparizione, dunque, come questa, assolutamente decisiva anche per il futuro dottrinale della comunità, è detta avvenire non a personaggi famosi, neppure a degli apostoli, ma a dei semplici discepoli, uno dei quali resta per giunta anonimo. E l'altro ha un nome che all'ascoltatore non dice nulla, non ricorrendo da nessuna altra parte.

Si doveva anzi trattare di personaggi di così poco prestigio che, se ci rifacciamo a Marco, apprendiamo che essi «ritornarono» sì «ad annunziarlo agli altri», ma «neanche ad essi vollero credere» (16,13). Alla pari, cioè, delle donne. E in Luca non si sta tanto ad ascoltare il loro racconto, quanto si crede alla risurrezione perché «il Signore è apparso a Simone» (24,34).

Siamo, insomma – una volta di più – di fronte a un caso di "discontinuità", di contraddizione con gli interessi della Chiesa primitiva.

Anche qui, insomma, "non è così che si inventa". Ed è facile replicare a coloro che dicono: in realtà, si sono scelti personaggi autorevoli, visto che si è messo in campo nientemeno che uno "zio" di Gesù. Innanzitutto, l'identificazione non è affatto sicura e ci si è giunti tempo dopo, a generazione apostolica ormai estinta. Dunque, se un effetto di credibilità si voleva ottenere, nulla si è fatto per evidenziarlo ma, bensì, quasi per nasconderlo. Inoltre: se davvero ci si voleva rifare a membri della famiglia di Gesù, non li si sarebbe certo introdotti in questo terzo vangelo che – per riconoscimento unanime – rispecchia la predicazione di Paolo al mondo ellenistico o alle comunità ebraiche della Diaspora. Destinatari, dunque, cui erano certamente sconosciuti i nomi (se davvero a questi ci si voleva riferire) dei componenti del vasto *clan* del Nazareno. Un simile riferimento "familiare" avrebbe avuto, forse, una qualche plausibile giustificazione in un vangelo come quello di Matteo, nato per la catechesi all'ebraismo in Israele; non certo nel vangelo di Luca.

Pierre Benoit, concludendo la disamina dell'episodio che qui ci occupa, scrive: «Alla fine del racconto di Emmaus, Luca annota: "È apparso a Simone" (24,34). Si tratta certamente di Simon Pietro (...). Questa apparizione è verosimile, ma è curioso che non se ne sappia niente di più (...). Questa mancanza di informazione non deve sorprenderci. Nessuno dubita che Gesù sia apparso a sua Madre e tuttavia niente è detto di questo; vi è, lì, una lezione di umiltà, di rinuncia. Dio non ha voluto compiacere la nostra curiosità. Il vangelo non dice nulla dell'apparizione a Maria che la pietà cristiana di ogni tempo ha immaginato come la prima; fa un secco enunciato dell'apparizione al Capo degli apostoli, mentre racconta con abbondanza di dettagli l'apparizione a due discepoli sconosciuti».

Dio, ne conclude il biblista, «Dio ci insegna in modo misterioso». È comunque un "modo" che, nella prospettiva che qui ci interessa, continua a fornirci altri di quegli indizi, di quei particolari poco evidenti che tante volte scoprimmo nelle pieghe del testo e nei quali il Mistero sembra volersi celare.

A conferma ulteriore della "stranezza" (e, dunque, della "non inventabilità") di un episodio di cui si danno per protagonisti personaggi secondari se non sconosciuti, senza storia né prima né dopo: è lo stesso vangelo di Luca che soltanto un paio di capitoli prima ci ha riportato solenni parole di Gesù al termine dell'ultima cena. Sono: «Simone, Simone, ecco, Satana vi ha cercati per vagliarvi come il grano; ma io ho pregato per te, che non venga meno la tua fede; e tu, una volta ravveduto, conferma i tuoi fratelli» (22,32).

Di questo servizio (che è anche autorità) di "confermare" nella fede la comunità affidata a lui, Simon Pietro, è parte primaria il ricorso alle Scritture, il sapere discernere i preannunci dei profeti realizzatisi nel Messia Gesù di Nazareth. Un compito non facile né evidente: come sappiamo, quei preannunci ricevevano una conferma solo *post factum*; e, anche così, andavano interpretati, visto che tutto, nelle profezie, sembrava convergere verso un Cristo radicalmente diverso da quello in realtà manifestatosi nel Nazareno.

Ebbene: stando allo stesso Luca, questa preziosa, decisiva "interpretazione autentica" dell'annuncio messianico, questa "lezione apologetica" fondamentale di Gesù («E cominciando da Mosè e da tutti i profeti, spiegò loro in tutte le Scritture ciò che si riferiva a lui», Lc, 24,27) è fatta non al vicario che lascia in Terra, ma a queste due scialbe comparse in cammino "verso la campagna". Nella sua Prima lettera, Pietro esorterà coloro che il Cristo stesso gli ha affidato proprio per "confermarli": «Siate sempre pronti a rispondere a chiunque vi domandi ragione della speranza che è in voi» (3,15). Ma le "ragioni" di quella speranza sono state esplicitate in modo sistematico e completo non a lui, ma ai due diretti a Emmaus. Forse, lo stesso Pietro avrà dovuto rivolgersi a loro per fare tesoro delle indicazioni scritturali di Gesù!

Ma sì, siamo davvero ben lontani – anzi, siamo all'opposto – delle motivazioni illogicamente accampate da certa critica per "spiegare" la scelta dell'evangelista di tramandarci con tanta abbondanza e precisione un simile episodio. Il quale, alla pari di tanti altri, non conveniva per niente alla comunità nascente. Questa aveva da rafforzare – come presupposto indispensabile della sua esistenza e durata – il ruolo decisivo degli apostoli; non aveva da enfatizzare di certo il privilegio che il Maestro aveva accordato a due discepoli qualunque. Sembra confermarlo Paolo che, nell'elenco "ufficiale" delle apparizioni del Risorto, non cita né quelle alle donne né quella ai due discepoli di Emmaus, evidentemente non abbastanza autorevoli per far testo.

Non sono mancati i professori che – con il consueto apparato di note un po' terrorizzante, almeno per il profano ignaro – hanno sostenuto che l'episodio di Emmaus è, naturalmente, un'invenzione redazionale, un *pot-pourri* germinato dall'affabulazione comunitaria primitiva. Poiché (per le ragioni che più sopra abbiamo enumerato) è difficile pensare che sia stato voluto dai capi della Chiesa, che ne sarebbero stati più danneggiati che aiutati, si può allora pensare che sia l'effetto di una sorta di "colpo di mano" di una comunità minore, magari dissidente.

Si è, cioè, ipotizzato che in questa Emmaus (della cui localizzazione – problema complesso e antico – dovremo poi parlare) fosse sorta assai presto una *ecclesia* numerosa e in contrasto, per ragioni che non ci sono dette, con la Chiesa "madre" di Gerusalemme. Il racconto finito poi in Luca, dunque, sarebbe stato creato da una strategia di "pubbliche relazioni": per attribuirsi importanza, questa comunità "emmausana" (o come la si voglia chiamare) avrebbe messo in giro la falsa notizia di una speciale predilezione del Cristo, con tanto di apparizione e di catechesi "speciale" per due suoi membri.

Non è finita: a questa manovra, sarebbe seguita una contromanovra degli avversari gerosolomitani. Sarebbero stati costoro che, per neutralizzare il colpo, avrebbero inserito in Luca 24 i versetti 33 e 34 che sarà bene rileggere: «E partirono senza indugio e fecero ritorno a Gerusalemme, dove trovarono riuniti gli Undici e gli altri che erano con loro, i quali dicevano: "Davvero il Signore è risorto ed è apparso a Simone"». Prendetevi questa, dispettosi "emmausani"! Volevate far bella figura, spacciandovi per annunciatori privilegiati della verità della risurrezione, ma noi di Gerusalemme ne eravamo già informati!

Questa la sequenza di mosse e contromosse che spiegherebbe la genesi, truffaldina, di uno dei brani su cui da due millenni meditano i cristiani. E se qualcuno crede che stiamo scherzando, veda

– tra gli altri – i ponderosi volumi, usciti negli anni Sessanta, del solito "specialista" tedesco: in questo caso, U. Wilckens, che non è un visionario, ma è docente all'Università di Göttingen, citato in ogni bibliografia "seria". Sono ipotesi "scientifiche" di fronte alle quali Béda Rigaux, che è biblista educato, si limita a commentare ironicamente: «In verità, quale cumulo di congetture!».

Tra l'altro (ammesso che ci sia da impiegare energie per confutare simili tesi) andrà ridetto quanto già ricordavamo: se anche beghe simili tra comunità della Giudea si fossero davvero verificate, il luogo più idoneo per trovare spazio alle loro manovre non era certo il vangelo più "universale", il meno "giudaico", quello di Luca.

Qui, siamo ancora una volta davanti a un presupposto generale che non solo non è provato, ma è smentito da tutto quanto sappiamo: il credere, cioè, che i testi fondanti della fede fossero, alle origini, come delle immagini di cera, plasmabili a piacimento da chiunque. Occorre una "inserzione", manipolata da un gruppo, per dare alimento alla polemica di qualcuno o per fare l'interesse di qualcun altro? Ecco qua, accomodarsi, nei vangeli c'è posto per tutti e per tutto! È, invece, proprio questo che la Chiesa antica rifiuta, accantonando gli apocrifi e scegliendo – tra decine – solo quattro testi, dalla struttura talmente "rigida" che (lo osservavamo in un capitolo del libro precedente) i capi stessi della comunità che ha fatto la scelta non si sentono autorizzati neanche a correggere errori materiali come la citazione di un profeta al posto di un altro o ad armonizzare almeno alcune delle difformità più evidenti tra i quattro testimoni.

Ma tant'è: meglio, come dicevamo, ricorrere alle ipotesi più incredibili piuttosto che accettare che, tra le ipotesi, ce ne sia anche una semplice semplice. Quella, cioè, che non rifiuta a priori la possibilità che i fatti si siano svolti davvero così come li raccontano gli evangelisti. Che qui, per tornare a quest'ultimo capitolo di Luca, vi sia davvero «*the record of things that happened*», il documento di cose successe, per dirle con il grande biblista inglese Charles H. Dodd.

Alla prossima tappa la continuazione di questo nostro sopralluogo sulla strada che da Gerusalemme va a Emmaus, a spiarvi mosse e parole di quei tre straordinari viaggiatori.

XXIV.
Amwas o el-Qubeibeh?

È il momento di chiederci dove fosse quella località che il vangelo di Luca chiama *Emmaús* (che è, pare, trascrizione greca di una parola ebraica che significa "sorgente"; anzi, "fonte di acqua calda"). Non ci attarderemo più del dovuto sulla questione dell'identificazione, visto che non sembra risolvibile con sicurezza.

Una sintesi ancora sostanzialmente completa del problema resta quella di Giuseppe Ricciotti. Per comodità del lettore riproduciamo qui le parole di quel biblista e archeologo che ben conosceva, per esperienza diretta in Palestina, le coordinate della complicata discussione.

Scrive, dunque, il Ricciotti: «A quale luogo odierno corrisponda l'Emmaus di Luca è questione vecchia, sebbene ringiovanita in questi ultimi anni. Dall'epoca delle crociate in poi, almeno quattro luoghi si sono attribuiti l'onore di essere l'Emmaus evangelico: oggi ne sono rimasti in gara due soli, cioè Nicopoli ed el-Qubeibeh; prima delle crociate l'unico luogo che si attribuiva questo onore era Nicopoli, ed era tradizione soprattutto palestinese rappresentata da uomini quali Origene, Eusebio di Cesarea, Girolamo, Esichio di Gerusalemme, Sozomeno, nonché da itinerari di pellegrini. Inoltre, Nicopoli è nome imposto solo nel secolo III d.C., ma a fianco di esso si è conservato fino a oggi quello di Amwas, derivato evidentemente da Emmaus, mentre nessuno degli altri luoghi ha in suo favore questo argomento toponomastico. La difficoltà documentaria contro Emmaus-Nicopoli è che la distanza dell'Emmaus evangelica da Gerusalemme è data da due differenti lezioni di Lc, 24,13: sei codici greci unciali e alcuni minuscoli la fissano a 160 stadi (quasi 30 km), quasi tutti gli altri codici a 60 stadi (circa 11 km). Come mai questa differenza? La lettera greca che rappresenta il centinaio è stata tolta dalla lezione primitiva, ottenendosi così la cifra 60, ovvero vi è stata aggiunta ottenendosi così la cifra 160? Da Gerusalemme a Emmaus-Nicopoli si andava anticamente per più strade, lunghe rispettivamente stadi 144, 152, 160; da Gerusalemme a el-Qubeibeh sono oggi quasi 13 chilometri (circa 70 stadi). Un'altra difficoltà contro Emmaus-Nicopoli è fondata egualmente sulla sua distanza da Gerusalemme: si è fatto osservare che i due discepoli non potevano fare in un solo giorno i due viaggi di andata e ritorno lunghi complessivamente stadi 320 (quasi 60 km). Ma la difficoltà non è insuperabile, perché al secondo viaggio i due discepoli poterono prendere la via più corta (144 stadi, cioè km 26,5) e servirsi anche di cavalcatura: l'ardente desiderio di fare presto li sostenne in questo secondo viaggio, come altri motivi sostennero le marce forzate segnalate in At, 23,23.31-33, e in Guerra giudaica, n. 551-554».

Ricciotti scriveva così agli inizi degli anni Quaranta del XX secolo. Ma che il progresso degli studi e gli scavi ulteriori non abbiano mutato di molto il problema della identificazione lo dimostra – tra l'altro – la seria *Enciclopedia de la Bíblia* uscita in sei volumi a Barcellona alla fine degli anni Sessanta. Qui, i direttori dell'opera non hanno trovato di meglio che ospitare (con procedimento inconsueto) non una sola voce ma due: Emmaus-Amwas e Emmaus-el-Qubeibeh (quest'ultimo termine arabo significa "la cupoletta"). I due noti biblisti che firmano le voci espongono le loro ragioni, per concludere entrambi a favore della identificazione della Emmaus evangelica con la località da essi "patrocinata" e con l'esclusione dell'altro luogo. Come si vede, i punti a favore e a sfavore si equilibrano, rendendo impossibile una decisione sicura. Per quanto ci riguarda, condividiamo la pragmatica e realistica posizione di Gianfranco Ravasi: «Accettiamo, a livello scientifico, Amwas, dove la tradizione è antichissima. Ma veneriamo, con tutti i pellegrini, la località di el-Qubeibeh, ove i francescani hanno innalzato il santuario della *Fractio panis*».

Ma se poi, dal "livello scientifico" volessimo elevarci a quello "mistico", dovremmo qui citare il nome di Maria Baouarday, cioè la Carmelitana Scalza Maria di Gesù Crocifisso, morta nel 1878 e proclamata beata da Giovanni Paolo II nel 1983. Araba palestinese, questa giovane – morta a soli 32 anni – fu l'impressionante protagonista di un'esplosione di carismi soprannaturali: miracoli, visioni, profezie. Nel maggio del 1878, la futura beata viaggiava con alcune consorelle da Betlemme a Nazareth. Giunta nei pressi del villaggio di Amwas, fu come rapita da una visione mistica e, fatta fermare la carrozza, si inoltrò nei campi, raggiungendo un piccolo poggio. «Questo è il luogo dove Nostro Signore spezzò il pane con i suoi due discepoli», disse in *trance*. Il terreno fu poi acquistato da una benefattrice delle Carmelitane, ma gli scavi iniziarono soltanto nel 1924. Con sorpresa, gli archeologi trovarono che una ricca villa romana era stata distrutta già nel III secolo per costruirvi un imponente santuario. Distrutto esso pure da guerre e invasioni, fu sostituito da una chiesa bizantina e poi da un santuario crociato. Il tutto, ormai ridotto in rovine quasi invisibili. È dunque provato che, sin dagli inizi, il luogo fu assai venerato. Una ragione in più, naturalmente, a favore dei fautori dell'antica Emmaus nell'attuale Amwas.

La questione, tuttavia, non è essenziale per la nostra ricerca degli indizi di storicità dell'episodio. A noi basta quanto conclude uno studio recentissimo sui racconti di risurrezione, dal titolo *Anástasis*, scritto da Santos Sabugal, docente di esegesi all'*Augustinianum* di Roma. Scrive quel biblista, dopo aver riesaminato l'intero, voluminoso dossier: «Per quanto gli autori (sia antichi che moderni) divergano nella identificazione topografica di Emmaus, non negano l'esistenza storica di questa città, certamente vicina a Gerusalemme».

È quanto a noi, qui, basta: non siamo, cioè, al di fuori della credibilità storica; come non ne siamo fuori (lo osservavamo nella precedente "puntata") per il nome *Kleopâs* o per "l'atmosfera orientale" che promana dall'intero episodio.

Notiamo, tra l'altro, come possa essere un ulteriore indizio di verità anche la difficoltà di localizzazione. Luca stesso, infatti, vuol farci capire che si trattava di una borgata poco nota, quasi trascurabile. Mentre usa il termine di *pólis*, città, anche per piccoli paesi (si veda, ad esempio, il caso di Nain – Lc, 7,11-17 – dove Gesù risuscita il figlio della vedova, che è detta "città", mentre era in realtà un oscuro e misero agglomerato), lo stesso Luca definisce Emmaus *kóme*, cioè "borgata", "frazione".

Per ritornare all'analisi dell'episodio, nota Léonce de Grandmaison, il grande studioso gesuita: «Per quanto riguarda i racconti evangelici di risurrezione e di apparizioni, l'episodio dei discepoli di Emmaus è, nei sinottici, il solo davvero dettagliato e che costituisca una narrazione compiuta».

Ma perché l'episodio è solo in Luca? Perché è qui e non altrove? Lo studioso della Compagnia di Gesù ha una sua ipotesi, che è condivisa da altri: «L'evangelista lo raccolse probabilmente sul luogo, dalla bocca dei superstiti».

In effetti, de Grandmaison ricorda che, in quel suo "diario di viaggio" che sono gli Atti degli Apostoli, Luca scrive di essere andato a Gerusalemme – con Paolo, di cui era collaboratore e segretario – nella primavera del 56, quando l'Apostolo fu arrestato dai romani per sottrarlo al linciaggio degli ebrei nel tempio (cfr At, 21). In quella occasione – oltre, naturalmente, che in altre precedenti e seguenti, anche se non ci sono note – il futuro evangelista può avere avuto agio di compiere quanto assicura di avere fatto nel suo celebre prologo: interrogare «coloro che furono testimoni fin dal principio» e fare «ricerche accurate su ogni circostanza fin dagli inizi» (cfr Lc, 1,1-4). Non vi è nulla di inverosimile nell'ipotizzare che, a venticinque anni di distanza dal fatto, fossero ancora vivi entrambi – o anche uno solo – dei pellegrini di Emmaus e che proprio da quella fonte diretta l'evangelista Luca abbia ascoltato il racconto che fece poi confluire nel suo testo.

Testo che – come dimostra l'analisi filologica – è indubbiamente "suo": non è stato, cioè, inserito provenendo da chissà dove, come "costruzione comunitaria" o "centone redazionale". Un testo, infatti, che, all'investigatore attento, mostra le tracce (tanto nascoste quanto precise) del suo autore.

Tra le mille minuzie messe in luce dai *detectives* della critica testuale ne scegliamo alcune. Per esempio, ai pellegrini è fatto dire: «... Gesù Nazareno che fu profeta *potente in opere e in parole...*» (Lc, 24,19). Ebbene, l'espressione che abbiamo messo in corsivo ricorre una sola altra volta in tutto il Nuovo Testamento: ed è, guarda caso, negli Atti degli Apostoli (7,22), opera anch'essa dell'autore del terzo vangelo, come ammette ormai persino la critica più incontentabile.

Lo stesso caso si verifica in altre parole dei viaggiatori diretti a Emmaus: «Ma alcune donne delle nostre *ci hanno sconvolti...*» (Lc, 24,22). Il verbo greco che corrisponde a "sconvolgere" (ma ha anche il senso di "sbalordire") è usato in modo transitivo solo qui e nei soliti Atti, là dove si parla di Simon Mago che – come traduce la Cei – «mandava *in visibilio* la popolazione di Samaria...» (At, 8,9).

Per tralasciare altri casi (per esempio, Lc, 24,35, *exēgûnto,* "riferirono", usato solamente una volta in Giovanni, mai negli altri evangelisti e nelle Lettere, e, invece, ben quattro volte in Atti), è stato notato che lo "spezzare il pane" da parte di Gesù in 24,30 è una vera e propria "formula tecnica" solo lucana.

La conclusione si impone: il celebre episodio non è un "masso erratico" piombato nel testo; né è il prodotto di quella oscura "comunità creatrice" cara a tanti esperti e divenuta – senza alcuna base scientifica – un dogma per troppi. La filologia ha mostrato da gran tempo i legami che avvincono questa narrazione post-pasquale al resto del vangelo di Luca e al testo degli Atti. La "mano" dell'autore, insomma, è la stessa.

E ciò valga – uno per tutti – anche per il pur informatissimo Maurice Goguel, il quale comincia coll'ammettere: «Questo racconto è un piccolo capolavoro di narrazione drammatica. È scritto in uno stile vivo e animato».

Ma, subito dopo, ecco la stoccata *tranchante*, abituale in costoro che dubitano di tutto, ma che non sopportano alcun dubbio sulle loro convinzioni: «Il racconto di Emmaus, comunque, non può essere opera di Luca». È un'affermazione tanto apodittica quanto smentita – lo abbiamo appena visto – anche dalla filologia. Tra l'altro, ben curioso il motivo per il quale, secondo Goguel, l'episodio «*non può essere opera di Luca*». Perché, scrive, «l'evangelista non vi avrebbe fatto figurare un personaggio, Cleopa, che non è nominato altrove...». Al contrario: pure questo è un "elemento di discontinuità" (perché in contrasto con gli interessi della comunità e dell'evangelista che per essa scrive) che, ben lungi dal gettare dubbi sull'autenticità, la conferma.

Come abbiamo cercato di dimostrare, servendoci ancora una volta del semplice buon senso, nel capitolo precedente.

Frugando ancor più nel testo, si possono scoprire particolari che sfuggono al lettore distratto – o che si limiti alle traduzioni, senza andare all'originale – ma che gettano luce singolare. Uno di questi preziosi "dettagli" è stato posto in rilievo dal biblista e saggista ebreo André Chouraqui che, dopo aver tradotto l'Antico Testamento, si è misurato anche con il Nuovo. La sua sensibilità di israelita gli ha permesso di trarre suoni inconsueti dalle parole lucane.

Il versetto 17 del capitolo 24, ad esempio, suona, nella traduzione "ufficiale" della Chiesa italiana: «Ed egli disse loro: "Che sono questi discorsi che state facendo fra voi durante il cammino?"». Chouraqui traduce: «Che sono queste parole *che vi lanciate tra voi*, camminando?». E ha ragione: l'espressione che abbiamo messo in corsivo consta, nell'originale, del verbo *antibállete.* Questo termine è un unico in tutto il Nuovo Testamento: qui, cioè, ricorre per la prima e ultima volta, non ha corrispondenti altrove.

Antibállo significa: "lanciarsi l'un l'altro", "ribattere colpo su colpo". Non a caso l'espressione completa data da Luca è: *antibállete pròs allḗlous,* quasi un "battere e ribattere", uno "scambiarsi colpi". Un'antica traduzione latina rende l'espressione lucana con un *ultro citroque iacere*, gettare ora di qua e ora di là, dall'uno all'altro. È un'espressione che sembra rivelare una fine quanto esplicita intenzione ironica nel misterioso Sconosciuto. Ironia che raddoppia (ma, questo, Chouraqui non l'avverte, come non l'avverte alcun altro traduttore, per quanto ne sappiamo) se si va a vedere che ci sia dietro quel "camminando" che segue *l'antibállete pròs allḗlous.* Il testo greco porta, infatti, un *peripatûntes.*

Come spiega Heinrich Seesemann, docente di Nuovo Testamento a Francoforte sul Meno, in una apposita voce sul *Grande Lessico del Nuovo Testamento* quel *peripatûntes* non va tradotto con un semplice "camminando", o con un "durante il cammino", bensì con un "camminando con un'aria seria, così come fanno i filosofi". Anche qui, dunque, appare chiara l'intonazione divertita, quasi l'amabile presa in giro di quei due così depressi per la caduta delle loro speranze. Insomma, la domanda del Gesù in incognito del versetto 17 si dovrebbe tradurre con qualcosa come: «Che sono queste parole che vi rilanciate tra di voi come fossero palle, mentre ve ne andate per strada con un'aria tanto seriosa?».

Esistono studi sull'"umorismo" di Gesù, anche per rispondere a chi lo accusa di avere mostrato tutta la gamma dei sentimenti umani tranne il riso (*Il nome della rosa* di Umberto Eco è basato proprio su questo). Ebbene, a chi ha cercato nel Nazareno tracce, se non del riso, almeno del sorriso, segnaliamo questo versetto. Nel quale sembra brillare un raggio dell'allegria di Pasqua, celato dietro il linguaggio affettuosamente ironico del Risorto stesso.

Non dimenticando, poi, che l'andamento di quelle parole sembra richiamare un ricordo diretto: quasi che – narrandolo a Luca – Cleopa e l'altro pellegrino (o pellegrina?) di quel giorno lontano ancora ricordassero in che modo singolare erano stati apostrofati da Colui che li aveva all'improvviso avvicinati.

Ma sembra esserci un'eco precisa delle parole che "furono scambiate", che "ci si rilanciò" quel giorno memorabile, pure nel discorso messo in bocca a Cleopa e a quell'altro (o altra): «Gli risposero: "Tutto ciò che riguarda Gesù Nazareno, che fu profeta potente in opere e in parole, davanti a Dio e a tutto il popolo..."» (Lc, 24,19). Coloro che parlano così non possono essere dei "già cristiani": qui, siamo ancora a uno stadio precedente. Scrive (scegliamo una fonte tra le tante possibili) *The Jerome Biblical Commentary*: «Al massimo, Gesù aveva dato a questi uomini l'impressione di essere l'atteso profeta, come risulta da Luca stesso (9,18: "Chi sono io secondo la gente?". Essi risposero: "Per alcuni Giovanni il Battista, per altri Elia, per altri uno degli antichi profeti che è risorto"). L'espressione successiva riferita a quel "profeta" – "potente in opere e in parole" – è usata sempre da Luca pure per Mosè, negli Atti (7,22) dove viene chiamato un "redentore" o "liberatore" (7,35)».

Si noti, poi, che nella traduzione italiana si dice "un profeta", ma l'espressione greca è *anèr profétes*, cioè "un uomo profeta". Commentano, dunque, gli esegeti americani che stiamo citando: «La presenza della parola "uomo" indica che tali discepoli non arrivarono mai al punto di credere nella divinità di Gesù; rimasero allo stadio della sua messianicità ». È un'osservazione che, a nostro avviso, va corretta: non, cioè, "non arrivarono *mai*", bensì "non erano *ancora* arrivati". Non "*rimasero*", ma "erano *ancora* rimasti".

Ci sembra, in effetti, che qui ci sia la situazione descritta dai testimoni (e riportata fedelmente da Luca) così come era in quelle ore. Come era *ancora* per quei discepoli. Ma, poco dopo, a tavola, furono «aperti loro gli occhi» (Lc, 24,31). Anche Cleopa e l'altro (l'altra) scoprirono quanto grideranno gli Undici e i restanti al ritorno a Gerusalemme: «Davvero il *Kýrios*, il Signore, è risorto!...». «"Il Signore"»: la fase dell'"uomo profeta" è così superata di colpo.

Dunque, sia nelle parole di Gesù che in quelle dei suoi compagni di strada sembrano esserci indizi di quella "precisione" quasi stenografica, nel riferire le parole esatte una per una, che in *Patì sotto Ponzio Pilato?* abbiamo visto contrassegnare i metodi mnemonici semitici. Un indizio, anche questo, dell'accuratezza di indagine di cui Luca si vanta e che qui mette in opera, riferendo con accuratezza estrema una sorta di sua "intervista" ai protagonisti?

D'altro canto, quei termini solo "umani" con i quali Gesù è dipinto dai due viandanti allo Sconosciuto potrebbero costituire una plausibile risposta a una domanda spesso avanzata. Ci si è chiesto, infatti: «La piccola comunità cristiana del dopo Passione si sentiva braccata, stava – per dirla con i testi stessi – "chiusa a chiave per timore dei giudei". Com'è possibile che, in questo clima di paura, quei due discepoli si confidino con uno a loro ignoto che avrebbe anche potuto essere una spia del Sinedrio?». Domanda che sembra insidiosa; ma solo a chi non noti la "prudenza" con la quale i due rispondono: il Gesù che descrivono non è che un "profeta" che, in pratica, ha deluso le attese. Non varcano, cioè, i confini che delimitano ciò che un pio ebreo può credere.

Sappiamo del grande successo popolare di Gesù, tanto che i sinedriti ricorrono a Giuda anche per timore della reazione della folla in caso di cattura pubblica. I due in cammino verso Emmaus rivelano, con le loro parole misurate (e, per giunta, cariche di delusione), di avere semplicemente preso parte a quella infatuazione popolare. Dunque, se anche lo Sconosciuto fosse stato una spia, non avrebbe potuto denunciarli: altrimenti, lo si sarebbe dovuto fare per buona parte degli abitanti dell'affollata Gerusalemme pasquale.

Un ulteriore tocco, tra i molti di una possibile verità: il testo di Luca dice che gli occhi dei due discepoli «si aprirono» e che «lo riconobbero» solo quando «spezzò il pane e lo diede loro». Certo: si trattò anche di una esperienza mistica. Ma il riconoscimento, proprio in quel momento, dovette avvenire pure a causa di un elemento preciso: i segni dei chiodi non stavano sulle mani, ma sui polsi, coperti sino ad allora dalla manica della tunica. Così, sui polsi, ci mostra le stigmate anche la Sindone di Torino. Solo quando lo Sconosciuto alzò le braccia per spezzare e distribuire il pane fu chiaro ai due chi Egli fosse davvero.

A riconferma, comunque, della inesauribilità di questi testi, non è possibile ignorare un problema ulteriore: Luca, tramandandoci il ricordo di Emmaus, conferma la sua scelta di parlare solo delle apparizioni avvenute a Gerusalemme o, in genere, in Giudea. Matteo, invece, solo di quelle in Galilea. Gli altri due evangelisti, Marco e Giovanni, costituiscono un caso più complesso. Si è detto che le due tradizioni – galilaica e gerosolimitana – sono dissonanti tra loro e inconciliabili. Anche di questo (dopo averne fatto cenno qua e là) bisognerà decidersi a parlare in modo approfondito. Lo faremo nei due capitoli che seguono.

XXV.
In Giudea o in Galilea?

Ammette (né potrebbe fare diversamente, visti i testi) Giuseppe Ricciotti: «Abbiamo due tradizioni rispecchiate nel Nuovo Testamento: una sulle apparizioni del Risorto nella Galilea e l'altra su quelle nella Giudea». Aggiunge però subito: «Nessuna delle due tradizioni vuol essere esauriente e tanto meno escludere l'altra, bensì ogni scrittore preferisce o l'una o l'altra e talvolta (Paolo, Giovanni) le impiega promiscuamente». A questo punto, il famoso biblista appone una nota che comincia così: «Tutt'altra è la spiegazione data dai razionalisti, che trovano in questa doppia tradizione una traccia dell'elaborazione attraverso cui sarebbe passato il "mito" del Cristo Risorto».

Vale la pena di seguire il resto delle parole di Ricciotti, che imposta in modo sintetico il problema sul quale vogliamo riflettere, ricordando al lettore che già dicemmo alcune cose al proposito nel capitolo VI, dal titolo "Una scossa sui vangeli": «Secondo i critici razionalisti *più antica* sarebbe la tradizione delle apparizioni nella Galilea, *più recente* quella nella Giudea. La prima (galilaica) sorgerebbe in questo modo: appena Gesù è ucciso, gli apostoli fuggono atterriti nella nativa Galilea; là il terrore si calma alquanto, essi pensano e ripensano con affetto al loro Maestro e non riescono a persuadersi che egli li abbia definitivamente lasciati. Tutti pervasi da questa idea, un bel giorno cominciano a parlare del Maestro redivivo, se ne persuadono, s'immaginano talvolta di vederlo, e così la risurrezione è assicurata. Fuggiti infatti gli apostoli laggiù in Galilea dopo la tragedia di Gerusalemme, "il risveglio e si direbbe quasi il soprassalto della loro fede, che provocò le visioni, creò la fede nella risurrezione" (Loisy). Assicurato così il "fatto" della risurrezione, più tardi si cercò di rafforzarlo e perfezionarlo, trasportando il campo delle apparizioni a Gerusalemme, proprio attorno al sepolcro: in tal maniera si formò la tradizione delle apparizioni nella Giudea».

Ecco dunque il problema; ecco una delle interpretazioni incredule della Risurrezione con le quali il credente deve confrontarsi: con serietà e senza sfuggire la questione. Ma, proprio per questo, dobbiamo ammettere che sembra affrettata la soluzione (se tale è) data dal pur solitamente ottimo Ricciotti; il quale, in sostanza si sbriga della questione buttandola sull'ironia. Conclude, infatti, sarcastica, la sua nota: «Spiegazione eccellente (questa dei critici alla Loisy), sia sotto l'aspetto psicologico, sia sotto quello critico. E in realtà tutti sanno che pure i fedelissimi *grognards* della Vecchia Guardia napoleonica liberarono almeno cento volte il loro Imperatore da Sant'Elena nel 1815 e lo fecero risorgere dal sepolcro almeno mille volte dopo il 1821: infatti dopo Waterloo e il 5 maggio, "il risveglio e si direbbe quasi il soprassalto della loro fede eccetera, eccetera", come direbbero i critici "indipendenti"».

Intendiamoci: il biblista cattolico non a torto (e non a caso) rinvia, ironicamente, al Bonaparte. In effetti, esiste una divertente quanto sapiente *brochure* francese dal titolo *Napoleone non è mai esistito*. In quelle pagine si dimostra che, se all'epopea del Còrso si applicassero gli stessi metodi che certi "storici delle origini cristiane" applicano – presentandoli come "scientifici" – a Gesù e ai vangeli, quello napoleonico dovrebbe essere considerato con sicurezza un mito: dalla nascita in un'isola del Mediterraneo sino alla morte in un'altra isola, spersa nell'Atlantico, passando per le ascese più vertiginose, sino ai fastigi imperiali, e per le cadute più rovinose. Infine, il processo di mitizzazione – sempre applicando quei metodi – non avrebbe potuto terminare lì: Napoleone *doveva* essere annunciato come "risorto" dai suoi "apostoli e discepoli".

Insomma il tono ironico di Ricciotti è giustificato; ma esso vale probabilmente per tutto il problema della risurrezione, mentre non affronta il problema specifico della "doppia tradizione" che appare indubbiamente nei racconti evangelici delle apparizioni.

Vediamo allora di fare innanzitutto un quadro completo della situazione, così come si presenta nei testi. Matteo e Marco sono considerati i rappresentanti della cosiddetta "tradizione galilaica". Entrambi riferiscono a questo proposito un'esplicita indicazione di Gesù stesso.

In Matteo è addirittura ripetuta due volte. La prima volta da parte dell'angelo che «sceso dal cielo, si accostò, rotolò la pietra e si pose a sedere su di essa» (28,2). Questa creatura dice tra l'altro alle donne («Maria di Magdala e l'altra Maria», stando al testo: 28,1): «È risuscitato dai morti, e ora *vi precede in Galilea; là lo vedrete...*» (28,7). Ma, «abbandonato in fretta il sepolcro, con timore e gioia grande» (28,8), le due si imbattono in Gesù stesso: «Non temete; andate ad annunziare ai miei fratelli che *vadano in Galilea e là mi vedranno*» (28,9). In effetti, Matteo non racconta che una sola altra apparizione del Risorto: ed è quella agli Undici «*in Galilea*, sul monte che Gesù aveva loro fissato» (28,16).

Per venire a Marco, anche qui c'è un appuntamento dato alle donne, non da Gesù, come in Matteo, ma dal «giovane vestito di una veste bianca» che sta nel sepolcro, «seduto sulla destra» (16,5) e dice: «Ora andate, dite ai suoi discepoli e a Pietro che egli *vi precede in Galilea. Là lo vedrete, come vi ha detto*» (16,7). Si sa che il testo primitivo di Marco sembra finire bruscamente con il versetto seguente: «Ed esse, uscite, fuggirono via dal sepolcro, perché erano piene di timore e di spavento. E non dissero niente a nessuno, perché avevano paura» (16,8). I versetti che seguono, dal nono al ventesimo di questo sedicesimo e ultimo capitolo, pare siano un'appendice aggiunta posteriormente che riunisce e sintetizza le apparizioni in Giudea raccontate da Luca e Giovanni.

E, già che ci siamo, varrà la pena di spendere qualche parola su questa contestata finale di Marco, che è tra i molti argomenti tirati in ballo da chi vuol dimostrare l'inattendibilità di tutti i racconti di risurrezione. Invitiamo il lettore a rileggerla, nella sua Bibbia. Vi troverà conferma che, in realtà, essa non smentisce e non dimostra nulla. È (per usare le parole della TOB, la traduzione ecumenica) un semplice «riassunto che non fornisce nessun elemento nuovo per una migliore conoscenza di Cristo e degli avvenimenti che seguirono alla risurrezione». Ma, proprio in quanto "riassunto", non contiene alcun elemento in contrasto con gli evangelisti (essenzialmente, si diceva, Luca e Giovanni) che molto probabilmente sintetizza.

Dunque, sarebbe irrilevante esaminare questa finale alla luce della ricerca, che qui c'interessa, degli elementi di storicità del Nuovo Testamento. Il confronto, semmai, va fatto (come abbiamo cercato e cercheremo di fare) con gli "originali" cui questo "sunto" fa riferimento.

Questo precisato, è vero che i versetti di Marco, dal nono alla fine, sembrano avere uno stile diverso da quanto precede; è vero che mancano in un certo numero di codici; è vero che – a conferma della incertezza testuale – accanto alla versione "lunga" accolta dalle nostre edizioni ufficiali, ne esiste una "corta" che sta in qualche manoscritto e che dice: «Raccontarono a quelli che erano con Pietro tutto ciò che era stato loro annunciato. Poi Gesù stesso fece portare per mezzo loro, dall'Oriente fino all'Occidente, la santa e incorruttibile proclamazione dell'eterna salvezza».

Tutto questo è vero. Ma è pur vero che bisogna ribadire anche come non sia affatto "scientifico" l'atteggiamento di coloro che danno per "indiscutibile", "certissimo", il carattere tardivo e apocrifo di questo Mc, 16,9-20. Come abbiamo cercato tante volte di segnalare, non sono molte, a proposito di critica evangelica, le "verità indiscutibili": e anche ciò che viene presentato come tale, spesso non è che una ipotesi, soggetta dunque a verifica, a discussione, magari a motivata confutazione.

Per stare ai versetti finali del vangelo di Marco che ora ci occupano (ma che non ci "preoccupano": si ricordi la loro irrilevanza ai fini della storicità), notiamo che non sono mancati, né mancano tuttora, gli esegeti che – malgrado lo scetticismo degli "ipercritici" – giudicano ancora aperta la questione dell'autenticità, della possibile attribuzione all'evangelista di questa attuale finale (non si dimentichi, fra l'altro, che questa "appendice" è antichissima, appare già nei codici del II secolo).

Sentiamo, ad esempio, che cosa scriveva alcuni decenni fa (ma la situazione non è mutata da allora) Etienne Mangenot, il cui parere è assai significativo, essendo stato tra i maggiori specialisti del "canone" neotestamentario. Dunque, uno studioso particolarmente esperto in questi problemi di difformità tra le varie versioni dei codici. Scriveva Mangenot: «Il professor Bruno Godet, che ha cominciato la sua solida *Introduzione al Nuovo Testamento* dando per scontata l'inautenticità della finale di Marco, ammette di aver compreso, studiando a fondo il problema, che le prove allegate non erano affatto irrefutabili, malgrado il verdetto quasi unanime della critica contemporanea».

In effetti, continua Mangenot, «è sembrato a Godet che la singolare conformità dell'accento di rimprovero, che domina qui, con il tono generale del resto del vangelo marciano sembri tradire la stessa mano. Qualcuno diverso dall'autore di quanto precede difficilmente – soprattutto in epoca ormai tarda – avrebbe potuto creare un simile accento di sfiducia negli apostoli («ma essi, udito che era vivo ed era stato visto da lei, non vollero credere», 16,11; «anch'essi ritornarono ad annunciarlo agli altri, ma neanche a loro vollero credere », 16,13) e una simile atmosfera di rimprovero verso "gli Undici", rampognati da Gesù stesso «per la loro incredulità e durezza di cuore, perché non avevano creduto a quelli che lo avevano visto risuscitato» (16,14).

Per chi conosce la situazione della comunità primitiva, questa osservazione non è affatto irrilevante: un "apocrifo" tardivo non avrebbe messo in così cattiva luce le colonne della Chiesa primitiva.

Ma come spiegare la sensazione di "mano" diversa di questa finale marciana, avvertibile persino nelle traduzioni e l'aspetto singolare – ed esplicito – di "riassunto", che sembra contrastare con l'andamento più disteso e narrativo di ciò che precede? Sarà interessante ascoltare quanto ha da dire a questo proposito sempre il professor Mangenot: «Non mancano gli esegeti, soprattutto tedeschi, che suppongono qui un'interruzione e una ripresa posteriore di redazione. Qualche studioso ha ipotizzato che Marco, scrivendo da Roma, sia stato interrotto nel suo lavoro da quella persecuzione di Nerone che deve essere costata la vita a Pietro; che copie dell'opera incompiuta si siano diffuse; che più tardi Marco abbia ripreso e terminato il suo lavoro, forse ad Alessandria».

Dunque, continua il biblista francese, «riprendendo forse la penna dopo una lunga interruzione, l'evangelista avrebbe dato alla sua narrazione una forma diversa da quella dell'antico racconto e – invece di riprodurre semplicemente, come prima, i racconti di Pietro, base del suo vangelo – avrebbe riunito liberamente e brevemente i diversi racconti orali dei fatti da lui menzionati, racconti i cui ricordi aveva mantenuto nella sua memoria. Questi fatti, combinati in un quadro sommario, avrebbero formato una breve conclusione al suo vangelo e si ritroverebbero più sviluppati – ma provenienti dalle stesse tradizioni orali – negli altri vangeli».

Così il nostro autore. Ci rendiamo conto che simili considerazioni scandalizzano, prima ancora di ogni discussione (rifiutata spesso con sdegno), coloro che danno per "irrefutabile" il carattere apocrifo della finale di Marco che possediamo. Ma va osservato – con calma pari alla decisione – che l'"ipotesi" del Mangenot da noi citata non ha nulla di inverosimile di per sé; e ha dalla sua altrettante buone ragioni delle altre ipotesi (e, ripetiamolo ancora, niente affatto *certezze*) opposte in contrario. Non ci stancheremo mai di ricordare che la "scienza" biblica (se "scienza" è) non è che una continua confutazione di ciò che la generazione precedente dava per definitivamente assodato. Il credente, dietro questa incertezza, dove fede e incredulità si fronteggiano, vede la mano misteriosa di una Provvidenza che vuole a ogni costo salvaguardare la libertà degli uomini.

La digressione non è stata gratuita, ci pare. Ma è ora di tornare a quella "tradizione galilaica" cui Marco è detto ispirarsi. Escludiamo pure la finale di cui ci siamo appena occupati e restiamo a quei primi otto versetti del capitolo 16 sulla cui "genuinità" non ci sono discussioni. Ebbene, per rifarci alle parole di uno specialista contemporaneo, «benché questi versetti "autentici" non riferiscano alcuna apparizione di Gesù (tutto limitandosi alle parole del "giovane biancovestito"), è certo che, se Marco ce ne avesse descritta qualcuna, l'avrebbe ambientata in Galilea. In effetti, le parole dell'"angelo" terminano con un "come (Gesù) vi ha detto"(che "vi precede in Galilea"). I termini stessi del messaggio sono identici a quelli dell'avvertimento che il Maestro aveva dato ai suoi dopo la cena eucaristica, stando allo stesso evangelista: "Ma dopo la mia risurrezione, vi precederò in Galilea" (Mc, 14,28)».

A Matteo e Marco "galilaici", gli specialisti oppongono Luca e Giovanni "giudaici".

Il terzo evangelista, Luca, è il solo che ci parli di apparizioni unicamente nella Giudea: e se diciamo la regione e non la città, Gerusalemme, è perché l'incontro pasquale più articolato di tutto il Nuovo Testamento è quello localizzato nei dintorni della capitale, ad Emmaus. Per tacere del luogo dell'Ascensione, Betania, pure esso nominato qui.

In Luca, alle molte donne messe in scena («erano Maria di Magdala, Giovanna e Maria di Giacomo», con «altre che erano insieme», 24,10) non appare lo stesso Gesù presso il sepolcro, come in Matteo, ma «due uomini in vesti sfolgoranti» (24,4). Al loro primo annuncio («Perché cercate tra i morti colui che è vivo? Non è qui, è risuscitato», 24,6) i due aggiungono una frase che vale la pena di riportare per intero e sulla quale dovremo tornare: «Ricordatevi *come vi parlò quando era ancora in Galilea*, dicendo che bisognava che il Figlio dell'uomo fosse consegnato in mano ai peccatori, che fosse crocifisso e risuscitasse il terzo giorno» (24,7).

Dunque, ritorna qui il nome della provincia del Nord, ma non per un invito a recarvisi, come in Matteo e Marco, bensì come richiamo al luogo dove la sorte del Messia è stata rivelata ai discepoli.

Segue, poi, sempre in Luca, l'incontro sulla strada di Emmaus. Quando i due tornano affannati, hanno – come sappiamo – una sorta di "delusione": il loro privilegio non è unico, sono infatti stati preceduti da una apparizione a Simone (24,34). Subito dopo, altro colpo di scena: «Mentre essi parlavano di queste cose, Gesù in persona apparve in mezzo a loro...» (24,36).

Questo terzo evangelo di cui parliamo termina con il racconto dell'Ascensione, avvenuta anch'essa presso la capitale: «...fuori, verso Betania» (24,50). Nessuna traccia, dunque, della Galilea, se non nel richiamo dei due misteriosi esseri: «Ricordatevi come vi parlò», quando era ancora là...

E nessuna traccia di Galilea neppure nel vangelo di Giovanni, se non nella nota "appendice", quella che rappresenta l'ultimo capitolo delle nostre versioni, il ventunesimo. Non è però un caso come la finale di Marco, dove il testo sembra troncarsi bruscamente: o perché interrotto dall'evangelista per motivi che ci sfuggono (la persecuzione neroniana cui accennammo?), oppure perché una finale che esisteva è stata perduta o tolta e sostituita con il testo attuale.

Diverso il caso del quarto vangelo. Il quale sembra concludersi con il versetto 30 del ventesimo capitolo: «Questi (segni) sono stati scritti perché crediate che Gesù è il Cristo, il Figlio di Dio, e perché, credendo, abbiate la vita nel suo nome».

Sino a questo punto, Giovanni non è molto lontano dallo schema di Luca, pur con caratteristiche proprie e con l'omissione, naturalmente, di quell'Emmaus che sappiamo essere una caratteristica del terzo evangelista. Ecco, dunque, in Giovanni, l'apparizione di Gesù (scambiato per il «custode del giardino», 20,15) a Maria Maddalena. Poi, la visita quella sera stessa ai discepoli «mentre erano chiuse le porte del luogo dove si trovavano» (20,19). Otto giorni dopo, il celebre *bis*, presente anche l'incredulo Tommaso.

A questo segue la finale del ventesimo capitolo che riportavamo. E che finale poi non è, visto che il testo riprende con un aggancio singolare: «Dopo questi fatti, Gesù si manifestò di nuovo ai discepoli sul mare di Tiberiade» (21,1). Questo capitolo aggiunto ci toglie da Gerusalemme dove sino ad allora si era manifestato Gesù, per spostarci in Galilea. C'è, qui, il celeberrimo episodio della pesca sul lago: l'apparizione dello Sconosciuto nella nebbia del primo mattino, le reti piene, la triplice confessione di Pietro che cancella il triplice rinnegamento («Simone di Giovanni, mi ami tu più di costoro?», 21,15), la profezia sul destino dell'apostolo e quella – ancor più enigmatica – sul destino del «discepolo che Gesù amava» (21,20).

È quello stesso discepolo che "firma" esplicitamente l'"appendice" («questo è il discepolo che rende testimonianza su questi fatti e li ha scritti», 21,24), firma cui subito segue una sorta di *imprimatur* della comunità: «e noi sappiamo che la sua testimonianza è vera». Nonostante l'aspetto di aggiunta, il capitolo è importantissimo per i contenuti teologici e spirituali. Ma (come per la finale di Marco) non è altrettanto importante, ai fini storici, cercare di determinarne la "paternità": è dello stesso Giovanni o è di qualcuno della sua cerchia, della comunità cristiana formatasi attorno a lui? Una soluzione salomonica potrebbe essere quella di Pierre Benoit: «Analizzando questo capitolo, i critici osservano che ora appare proprio di Giovanni, ora tradisce una mano diversa». Prosegue il famoso biblista: «Il padre Boismard conclude il suo studio su questa "appendice" osservando che vi sono elementi nettamente giovannei uniti a degli elementi non giovannei e così intimamente mescolati che è impossibile distinguerli».

Secondo la posizione che sembra ora andare per la maggiore e che è sintetizzata dalla Traduzione ecumenica, «si potrebbe pensare a un completamento redatto dai discepoli dell'evangelista». Il problema, come tanti altri, resterà sempre insolubile, per mancanza di elementi sufficienti. Questa, dunque, la situazione dell'ultimo evangelista: apparizioni solo "giudaiche", ma con un'irruzione in Galilea in un capitolo "anomalo".

Per delineare tutta la situazione, non resta che esaminare Paolo. Escludendo l'apparizione "fuori serie" sulla via di Damasco, resta il celebre capitolo 15 della Prima ai Corinzi. Qui si parla di un'apparizione «prima a Cefa e poi ai Dodici» (1 Cor, 15,5). Segue l'apparizione «a più di cinquecento fratelli in una volta» (15,6); inoltre, si dice che «apparve a Giacomo, e quindi a tutti gli apostoli» (15,7).

Dove avvenne tutto ciò? Paolo non dà indicazioni e non è possibile stabilirlo. Si potrebbe ipotizzare (con Harnack e con altri) che l'apparizione ai "cinquecento fratelli" sia avvenuta alla Pentecoste narrata dagli Atti, quando tutti «si trovavano insieme nello stesso luogo» (2,1). A Gerusalemme s'intende. Il testo non parla affatto di una comparsa di Gesù ma solo del «rombo come di vento» e delle «lingue come di fuoco»; eppure, c'è chi pensa che Gesù si sia mostrato. Ma sono solo ipotesi: da quel che ci dicono i testi, non è possibile stabilire se Paolo riporti tradizioni "giudaiche" o "galilaiche".

Era ovviamente necessario ricordare lo stato dei testi, per passare alla domanda che ci interessa e che potremmo sintetizzare così: la tradizione "galilaica" e quella "giudaica" sono *complementari* o *si escludono* a vicenda? I racconti di apparizione di Matteo e i riferimenti del Marco sicuramente "autentico", tutti rivolti alla Galilea, possono convivere con quanto riportato da Luca e da Giovanni (nella sua versione senza "appendice")?

Come si vede, il problema esiste; ed è, dunque, doveroso confrontarsi con la consueta onestà; che non significa, però, resa previa ad ogni ipotesi, per quanto presentata come "indiscutibile".

XXVI.
Strategie evangeliche

Apparizioni del Risorto: in Giudea e *anche* in Galilea? in Giudea *oppure* in Galilea? Questo il problema alla cui impostazione abbiamo dedicato l'intero capitolo precedente. Ci limitiamo a ricordare che Matteo e Marco (esclusa, per quest'ultimo, la finale, aggiunta posteriormente) sembrano rispecchiare la "tradizione galilaica". Invece, Luca e Giovanni (per il secondo, però, escludendo l'ultimo capitolo) riportano la "tradizione giudaica". Il problema, sinteticamente, è: si tratta di tradizioni che *si completano* o che *si eliminano* a vicenda?

Abbiamo visto come molta critica affermi che le "apparizioni" (le virgolette sono d'obbligo, poiché sono da essa declassate a fenomeni della patologia psichica, a illusioni determinate dal desiderio dei discepoli di non rassegnarsi allo scacco della croce), che le "apparizioni", dunque, sarebbero avvenute parecchio tempo dopo il Venerdì Santo e in quella Galilea dove il gruppo ormai disperso si era rifugiato. Soltanto in un periodo successivo a quello delle "allucinazioni" galilaiche il lavorio apologetico avrebbe inventato l'andata delle donne al sepolcro, la scoperta che era vuoto, gli angeli, la vista del Risorto, Emmaus, Tommaso, l'Ascensione al cielo e tutto il resto che sappiamo e che viene localizzato a Gerusalemme e dintorni. Ma non sarebbe che «un tentativo apologetico tardo e maldestro, senza fondamento nella storia».

Anche per un Maurice Goguel, che conosciamo come critico protestante "radicale", ovviamente i racconti "gerosolomitani" sarebbero stati creati artificiosamente e tardivamente perché – spiega – «più l'apologetica insisteva sulla rivivificazione del cadavere, più si doveva tendere a localizzare le manifestazioni del Risorto vicino alla tomba dove aveva giaciuto e dalla quale era stato liberato». Insomma, le successive manipolazioni comunitarie e redazionali avrebbero fatto in modo di «avvicinare le cristofanie alla scoperta del sepolcro vuoto». Nella redazione, poi, dei testi che avrebbero portato ai vangeli che possediamo, si sarebbe «cercato di combinare i vari strati e pezzi di tradizione, sovrapponendoli in modo tanto goffo quanto scoperto».

Tuttavia, è lo stesso Goguel che si lascia andare a un'osservazione onesta, ma ingombrante per la teoria sua e di tutti gli studiosi che la sostengono, seppure con diverse sfumature. Dice, in effetti, questo biblista: «Ciò che è notevole, nei racconti evangelici delle apparizioni pasquali e post-pasquali, non è tanto che ci siano state due tradizioni sulle cristofanie, ma che non si sia tentato di espellerne una o di armonizzarle meglio tra loro».

In effetti – è un po' tedioso segnalarlo ancora una volta – qui, come in tanti altri luoghi del Nuovo Testamento, e dei vangeli in particolare, proprio questa è la domanda che non trova risposta da parte di chi descrive quei testi come il risultato di libere manipolazioni: se davvero furono "costruiti" secondo miti e bisogni della comunità primitiva, perché la costruzione sarebbe stata lasciata come un cantiere in disordine? Se tutto si poteva scrivere, visto che nessuna invenzione trovava un limite nella storia, perché conservare contraddizioni e imperfezioni imbarazzanti?

Sono domande che più volte ci siamo fatti lungo gli interi due libri (tre, includendovi *Ipotesi su Gesù*) della nostra ricerca sul Nuovo Testamento, constatando che non avevano alcuna possibile spiegazione razionale proprio da parte di chi dice di non volere applicare altro che la "ragione" ai testi fondanti del cristianesimo. Qui, poi, ci troveremmo davvero davanti all'inspiegabile per eccellenza: perché non rendere coerenti, compatti – e, dunque, credibili – proprio questi racconti decisivi sui quali la fede sta o cade?

Usavamo, appena sopra, l'aggettivo "imbarazzante", a proposito di "contraddizioni e imperfezioni". In realtà, occorre dire che – nel caso che ci interessa – l'"imbarazzo" dei credenti non sembra essere stato poi così grande. Il sopravvalutare la difficoltà della diversa localizzazione delle apparizioni è cosa tutta moderna. Solo alla fine del XIX secolo una certa critica cominciò a parlare di "tradizione galilaica" e di "tradizione giudaica", affermando che erano inconciliabili tra loro e che, dunque, confermavano l'inattendibilità storica di tutti i racconti di risurrezione.

Non solo gli antichi, ma anche i teologi e i biblisti sino alla prima metà dell'Ottocento sarebbero rimasti molto stupiti da queste conclusioni radicali: il problema, in effetti, non sembrava loro così grave. Tanto che non ne parla neppure Celso, l'implacabile polemista pagano, ricercatore accanito di tutte le "contraddizioni" dei vangeli.

In effetti, anche un sommario sguardo alla situazione mostra che il problema non va – probabilmente – drammatizzato né enfatizzato. Non merita, dunque, quei tentativi "disperati" di soluzione che sono stati messi in campo dall'apologetica cristiana da quando l'obiezione, da secondaria che era, è stata portata in primo piano.

Sentiamo, ad esempio, quanto ci dice quell'Etienne Mangenot che citammo, come specialista del testo evangelico, nel capitolo scorso: «Ci sono delle repliche di "credenti" all'attacco degli "increduli" che non sono serie o che sono nettamente insufficienti. Il cristiano deve essere messo in guardia da questi tentativi di superare il problema, per non esporsi a contrasti ancora maggiori. Poiché la difficoltà consiste nell'accordare le apparizioni giudaiche del giorno di Pasqua con le apparizioni galilaiche posteriori, certi studiosi hanno tentato di "avvicinare" i luoghi per cercare di spiegare il messaggio dell'angelo e l'ordine dato agli Undici di recarsi in Galilea. Questa, si è detto, non è, come si crede, la provincia del Nord, la patria di molti apostoli! No, la Galilea del *rendez-vous* del Cristo era invece una località con questo stesso nome, nei dintorni di Gerusalemme, situata sul Monte degli Olivi: tutti la conoscevano, allora, nella Città Santa!... Questa circostanza, che i critici non avrebbero notata perché il nome della "Galilea" gerosolimitana è mutato ed è stato sepolto dall'oblio, permetterebbe di armonizzare i racconti, apparentemente divergenti, delle apparizioni...».

Insomma, se la "Galilea" era a poche centinaia di metri dal Sepolcro, tutto va a posto, non ci sono più due "tradizioni": ce n'è una sola, quella delle apparizioni in Giudea, a Gerusalemme e dintorni! Questa tesi fu avanzata da uno studioso, tale R. Hofmann, naturalmente tedesco, la prima volta nel 1856 e poi, ben quarant'anni dopo – dunque, nel 1896 – in un poderoso volume dal titolo *Galiläa auf dem Oelberg*, la Galilea sul Monte degli Ulivi. La località fu identificata sul punto del Monte alto 818 metri, in quello che gli arabi chiamano "vigna del cacciatore" e che la tradizione cristiana ricorda come *Viri Galilaei*, in riferimento all'apparizione angelica dopo l'Ascensione: «Uomini di Galilea, perché state a guardare il cielo?» (At, 1,11).

Occorre dire che il professor Hofmann – se non convinse la maggioranza dei colleghi, neppure quelli più rigorosi nella difesa della storicità dei racconti evangelici – non rimase del tutto isolato. Un gruppo di altri biblisti si mise sulle tracce di quella "scoperta", setacciando non solo le fonti antiche, ma anche le relazioni dei pellegrini medievali. In effetti, il cumulo di prove raccolte dalla temibile erudizione tedesca sembra convincente: convincente, però, circa il fatto che pare davvero provato che esistesse prima del 70 una "Galilea" sul monte dove Gesù passò la sua ultima notte. Ma resta non convincente il fatto più importante. E che, cioè, laddove – nei racconti di apparizione – si dice "Galilea", si debba intendere quella località del Monte degli Ulivi e non la provincia dalla quale provenivano Gesù e gran parte dei suoi. Anche se non mancano neppure oggi studiosi isolati che proseguono nella linea indicata a partire dal 1856 da Hofman, occorre riconoscere che un simile tentativo sembra una scorciatoia troppo facile e potrebbe far sorgere più problemi di quanti non ne risolva.

Lasciamo da parte altri tentativi di "armonizzazione" (ve ne sono alcuni davvero bizzarri) per tornare a quanto ci chiedevamo sopra: è, cioè, davvero necessario ricorrere a simili sforzi? La sovrapposizione – o convivenza che sia – delle due "tradizioni" pone davvero problemi solubili soltanto con arditi quanto improbabili *escamotages*? Sarà forse per caso se sia i cristiani che i polemisti anticristiani non "drammatizzarono" la questione sino al sorgere, dopo diciotto o diciannove secoli, della esegesi cosiddetta "scientifica"? Non sarà perché la questione in oggetto è risolvibile con un normale buon senso, unito alla consapevolezza delle intenzioni di ciascun evangelista?

Per cercare di rispondere (ricordando quanto già dicemmo nel capitolo VI di cui consigliamo la rilettura), chiniamoci dunque di nuovo sui versetti dei quattro vangeli. Scopriremo così che non è affatto insuperabile l'*aut-aut* posto da tanti critici: o Gerusalemme o la Galilea.

In effetti, tanto per cominciare: molti ripetono che Matteo non riporta che la "tradizione galilaica". Questo non è vero: come abbiamo ricordato nel capitolo scorso, riproducendo i testi, Matteo riporta la visita delle donne al sepolcro, l'incontro con l'angelo e, come vertice, l'incontro con Gesù stesso. A questo, il primo degli evangelisti, almeno secondo l'ordine editoriale, aggiunge (ed è il solo, come sappiamo) il non irrilevante episodio della guardia al sepolcro. Tutte cose localizzate a Gerusalemme. Constatiamo subito, dunque, sin dal primo vangelo, che le due "tradizioni" sono intese da Matteo come complementari e non come esclusive.

Se passiamo a Marco, non possiamo concludere nulla, visto che il testo "originario" è interrotto bruscamente prima di ogni menzione di apparizione. La finale attuale, come sappiamo, mostra anch'essa non l'*esclusività* bensì la *complementarità*.

Saltiamo per ora Luca e veniamo a Giovanni, "schedato" dai critici come esponente della "tradizione giudaica". Quanto al capitolo 21, localizzato in Galilea, si dice che è "aggiunto" e, dunque, in qualche modo "non fa testo". Ma non è proprio così: per quanto lontano possiamo risalire, non troviamo alcun indizio che il vangelo di Giovanni sia mai stato letto senza quest'ultimo capitolo. Per dirla con le parole di *The Jerome Biblical Commentary*, parole significative visto che si tratta di un'opera assai "critica" anche se si presenta come "cattolica" (forse si ricorderà che, nel libro precedente, ci è accaduto di contrapporci a certe sue conclusioni, a nostro avviso disinvolte e sbrigative): «Quale che possa essere l'autore letterario di questo epilogo giovanneo, la testimonianza dei manoscritti indica che esso *fu parte del vangelo sin dall'inizio,* vale a dire, con buona probabilità, sin dal tempo della pubblicazione del vangelo stesso...». Conclude quello studio americano: «Non c'è mai stato alcun dubbio quanto alla canonicità e all'ispirazione del capitolo». Dunque, anche in Giovanni, le due tradizioni sono "combinate" tra loro.

Veniamo ora a Luca, il cui caso è singolare: qui, parrebbe proprio che ci si sia ristretti solo a Gerusalemme e dintorni, senza possibilità di far posto alla Galilea. Sembrerebbe addirittura che Gesù abbia fatto tutto nello stesso giorno di Pasqua: «Poi li condusse fuori verso Betania e, alzate le mani, li benedisse. Mentre li benediceva, si staccò da loro e fu portato verso il cielo...» (24,50 ss.). Così le ultime parole del terzo evangelista. Ma questi è anche l'autore degli Atti degli Apostoli.

È dunque comprensibile quanto osserva Léonce de Grandmaison: «Se si interpreta Luca, com'è ragionevole, alla luce dell'inizio degli Atti (inizio che rinvia esplicitamente al suo «primo libro», il vangelo, 1,1), ci si offre un quadro temporale abbastanza esteso («quaranta giorni», 1,3) perché vi si possano far rientrare le apparizioni galilaiche. Per questo, non c'è affatto bisogno di ipotizzare – la congettura non è irragionevole, ma sembra un po' artificiosa – che l'evangelista alluda a due gruppi di discepoli, uno a Gerusalemme, l'altro in Galilea».

Quanto al contrasto tra finale di Luca e inizio degli Atti di Luca stesso (Ascensione subito o dopo quaranta giorni?) affronteremo il problema nel prossimo capitolo.

Insomma, per proseguire (e per completare) questa sintetica panoramica con il vecchio, ma ancora valido, biblista francese, il de Grandmaison: «L'ipotesi delle due tradizioni *esclusive* di apparizioni del Risorto non può appoggiarsi con solidità su alcuno dei racconti evangelici, così come stanno».

È possibile, dunque, una *coesistenza*, una *complementarità*, come d'istinto – sino a tempi recenti, non dimentichiamo – hanno avvertito i lettori del Nuovo Testamento. E come sembrano avvertire tuttora: se stiamo, ad esempio, alla nostra esperienza, non ci è mai successo che tra i problemi sulla storicità dei vangeli espostici da gente "normale", da persone "comuni", figurassero questioni sulle cristofanie a Gerusalemme o in Galilea e sulla loro presunta incompatibilità...

Tra l'altro, nell'affrontare questo problema, non va dimenticato un fatto capitale: affermare che "l'idea di risurrezione" nasce tardivamente in Galilea e che tutto ciò che i testi riferiscono di pasquale e di post-pasquale a Gerusalemme non è che una invenzione apologetica susseguente, significa cercare di liberarsi di un colpo solo di una serie di episodi, respingendoli nel mito. Ma non è così semplice; anzi, non lo è affatto. Non è proprio questo che, come possiamo, tentiamo di mostrare in tutto questo nostro lavoro? La visita delle donne e degli apostoli alla tomba, il sepolcro vuoto, le guardie davanti alla grotta, Emmaus e le altre apparizioni in città... Tutto questo – e tutto il resto che si riferisce alla "Pasqua in Giudea" – non può essere etichettato come "tardiva invenzione apologetica" senza confrontarsi con quei segni di storicità che li caratterizzano e che la ricerca scopre. Come facciamo del nostro meglio per segnalare.

Ciò non toglie, tuttavia, la verità di quanto constatato dallo stesso Etienne Mangenot, pur se specialista cattolico e se "apologista", nel senso migliore: «Tutti i sistemi di armonizzazione dettagliata dei racconti evangelici di risurrezione e di apparizioni non raggiungono completamente il loro fine. Nessuno di questi tentativi riesce a fare entrare ogni dettaglio delle narrazioni nella trama di un racconto unico e continuo. Non si ottiene questa armonia, se non sacrificando molti punti che non si piegano al trattamento di forza inflitto loro». Ma, avverte lo stesso biblista, «*cela n'est pas surprenant*». Non sorprende, cioè, che «le apparizioni non si siano prodotte né allo stesso tempo, né nello stesso luogo, né davanti alle stesse persone, né nelle stesse circostanze».

Se non sorprende, è per i motivi che già più volte richiamammo circa la frammentarietà "obbligata" di racconti che devono dirci ciò che non è dicibile, che devono testimoniare di un evento che mai si era verificato, né mai più si sarebbe verificato. Un fatto "inaudito" e "ineffabile" nel senso proprio, per definizione.

Ma tutto questo non sorprende anche – anzi, soprattutto – se non si dimentica qual è la funzione degli evangeli (e qui ritorniamo su alcune cose già osservate nel capitolo sesto). Non a caso i vangeli sono quattro e non uno solo: è che ciascuno ha un "piano", ha un suo "progetto", si rivolge a una certa "fascia" di ascoltatori. Dunque, ciascuno vuole riferire il *vero* ma non il *tutto*. Ciascuno, poi, si è rifatto sì alla Tradizione, quella custodita dagli apostoli, ma talvolta ha tolto e talvolta ha aggiunto, riportando pure da sue fonti, che giudicava sicure ma parziali. Un lavoro di "redazione", dunque: seppure non nel senso di manipolazione, di invenzione, bensì di "ristrutturazione" fedele (e controllata dai capi della comunità primitiva, la quale tutto era tranne che anarchica) in vista di quel "piano", di quella "strategia" che dicevamo.

Per spiegarci, prendiamo Luca, come esempio particolarmente significativo, vista l'ampiezza, qui, delle apparizioni giudaiche e il silenzio totale su quelle galilaiche. Scrive, tra gli altri, Rinaldo Fabris: «Tenendo conto della prospettiva del terzo vangelo, che nella sua opera privilegia il ruolo storico-geografico di Gerusalemme, si può supporre che intenzionalmente egli lasci fuori dal suo orizzonte le esperienze della Galilea». (Ed è significativo quanto nota poco dopo lo stesso Fabris: «Luca sa che la Chiesa s'è impiantata anche in Galilea, At, 9,31, ma non dice nulla della missione in quella zona della Palestina»). Per Luca, la Buona Novella discende dal cielo a Gerusalemme (1,5 ss.), luogo dove si compirà la Salvezza (9,31 e 51; 13,33; 24,52 ss.) e dalla stessa Città Santa parte l'evangelizzazione del mondo (24, 47; At, 1,8).

È dunque chiaro che le apparizioni in Galilea non rientrano in questa "strategia" lucana di catechesi: non le nega, né egli, personalmente, le ignora (abbiamo visto come la scelta "redazionale" della fine del suo vangelo sia poi integrata dall'inizio degli Atti). Tuttavia non le impiega, non le utilizza perché esse non sono conformi al suo programma di *informazione* che è anche di *formazione*.

Considerazioni del tutto simili si possono fare – ad ancora maggior ragione – per gli altri tre evangelisti i quali, come sappiamo, "mescolano" in diversa misura Gerusalemme e Galilea, scegliendo o tralasciando a seconda che rientri o no nella loro linea pastorale.

Vediamo Marco (dal quale sembra dipendere Matteo), nelle parole di Mangenot: «In tutto il suo vangelo, Marco si è proposto di provare la divinità di Gesù, e al tempo stesso di tracciare la formazione degli apostoli, esponendo le diverse tappe attraverso le quali il Salvatore conduce progressivamente i discepoli a credere in lui, preparandoli a compiere la loro missione. Per quanto attiene al resto, Marco non fa, chiaramente, che un *riassunto* del ministero di Gesù. Ora, riferendo della fine di questo ministero, sceglie naturalmente ciò che riguarda lo sviluppo della predicazione evangelica, specialmente in quella Galilea che è stata, in tutto il suo racconto, il teatro principale del ministero del Salvatore. Conformemente al suo piano, vuole dunque riportare gli apostoli in Galilea immediatamente dopo la resurrezione e ricorda che Gesù aveva raccomandato loro di recarvisi».

Per venire a Matteo, vista la sua dipendenza da Marco, possiamo rinviare alle considerazioni appena fatte. Aggiungendone, forse, qualcuna specifica: Matteo, cioè, nel suo lavoro di redazione procede per "grandi quadri", in genere organizzati attorno ai discorsi di Gesù. Il suo scopo è anche difendere contro gli attacchi dei giudei la messianicità del Nazareno e spiegare come la salvezza sia passata da Israele ai Gentili. Mangenot: «Questo obiettivo catechetico spiega il silenzio sugli avvenimenti a Gerusalemme dopo la Risurrezione. A Matteo bastava ricordare le istruzioni che Gesù aveva dato agli apostoli in Galilea e, principalmente, il loro invio al mondo intero. Ha riassunto in un solo "quadro" il significato e le conseguenze della Risurrezione. L'unica apparizione sulla montagna galilaica gli forniva questo quadro, era sufficiente allo scopo del suo vangelo. Il resto contava meno, per il suo disegno, e poteva ometterlo, senza che questa omissione equivalesse a una negazione».

Anche per Giovanni, ovviamente, la sua "strategia", il suo "piano pastorale", il suo rifarsi a sue fonti particolari spiegano i suoi racconti di cristofanie, la scelta operata tra loro, la loro localizzazione. Per questo non ci inoltriamo in ulteriori analisi, bastandoci di avere mostrato una possibile soluzione di un problema che ha probabilmente subito una enfatizzazione eccessiva.

Ciò che conta è che, al di là dei "procedimenti letterari", delle "scelte pastorali" dei cinque testimoni (agli evangelisti è infatti da aggiungere Paolo), tutti concordano nel fatto principale: il Risorto è apparso, ha dato prove, ha convinto anche gli scettici di avere davvero vinto la morte. Per questo, sarà bene non dimenticare un principio troppo spesso rimosso: compito dell'esegeta, cioè, è spiegare le differenze tra i testi; ma allo storico basta mostrare l'accordo e la convergenza di quei testi su ciò che intendono testimoniare.

XXVII.
«Salì al Cielo»

Il nostro viaggio di perlustrazione sulle tre tappe del Mistero Pasquale era partito dal Monte degli Ulivi, un giovedì sera, con la drammatica attesa dell'arresto di Gesù. Questo viaggio termina, con un'ultima, quarta tappa, nello stesso luogo: proprio da quel Monte davanti a Gerusalemme, il Risorto ascese al Cielo.

Cominciamo con quanto osserva il biblista Amedée Brunot: «Per quanto possa sembrare strano, disponiamo solo – nel Nuovo Testamento – di tre testi espliciti sull'Ascensione di Gesù. Per di più, le tre testimonianze possono ridursi probabilmente a una sola. In effetti, il vangelo di Luca e gli Atti degli Apostoli sono dello stesso autore; per quanto riguarda Marco, dobbiamo dire che il versetto 19 del capitolo finale, il sedicesimo, è un'autentica reliquia dei primissimi tempi. Ma quel versetto non avrebbe, come si sa, il valore di testimonianza indipendente, per il fatto di trovarsi incorporato in un'aggiunta finale che pare sia un riassunto delle notizie trasmesseci dal solito Luca».

Cerchiamo allora di esaminare in modo analitico quei tre passaggi. Ecco Marco (16,19): «Il Signore Gesù, dopo aver parlato con loro, fu assunto in cielo e sedette alla destra di Dio».

Ed ora, Luca (24,50-51): «Poi li condusse fuori verso Betania e, alzate le mani, li benedisse. Mentre li benediceva, si staccò da loro e fu portato verso il cielo».

Infine, il celebre brano degli Atti: «Detto questo, fu elevato in alto sotto i loro occhi, e una nube lo sottrasse al loro sguardo. E poiché essi stavano fissando il cielo mentre egli se ne andava, ecco due uomini in bianche vesti si presentarono a loro e dissero: "Uomini di Galilea, perché state a guardare il cielo? Questo

Gesù, che è stato di tra voi assunto in cielo, tornerà un giorno allo stesso modo in cui l'avete visto andare in cielo"» (At, 1,9).

Il primo problema che si presenta, qui, è il contrasto, almeno apparente, tra il vangelo di Luca e gli Atti: se questi testi sono dello stesso autore, com'è possibile quella discrepanza? Infatti, stando al racconto del terzo evangelo non v'è alcun intervallo: i due discepoli partono per Emmaus, rientrano subito dopo l'incontro, Gesù appare nel Cenacolo, mostra le mani, parla e li invita alla missione, li conduce verso Betania e infine si eleva verso il cielo. Per gli Atti, occorrono invece ben quaranta giorni. Marco non ci aiuta, non precisa nulla, anche se sembra aderire alla tesi del vangelo di Luca, da cui deriverebbe.

Che pensare, dunque, almeno quanto ai tempi?

Ci pare che abbia ragione un esegeta come Pierre Benoit. Sentiamo: «Gli antichi teologi cristiani, come la maggioranza delle antiche testimonianze, situano l'Ascensione del Signore nel giorno stesso di Pasqua. Teologicamente, è la sola soluzione che convenga. Gesù non attende in qualche grotta dei dintorni di Gerusalemme che la porta del cielo sia aperta. Dall'istante in cui esce dalla morte, entra nella vita».

Ma, allora, si chiede lo stesso Benoit (e noi con lui): «Che ne è, se le cose stanno così, dell'Ascensione dal Monte degli Ulivi?».

Risponde il biblista: «Occorre distinguere due aspetti e due modi nel mistero dell'Ascensione. Il *primo* è un'esaltazione celeste, invisibile, però reale, che si realizza quando Cristo risuscitato ritornò al Padre, subito dopo la Risurrezione. Il *secondo* è una manifestazione visibile, che egli si degnò di dare, della sua esaltazione».

Insomma, la scena descritta dagli Atti non sarebbe che "l'ultima partenza". Durante quaranta giorni (citiamo ancora Benoit), «Gesù, salito al cielo ridiscende (anche se simili termini sono maldestri, perché il mondo di Dio non è il nostro) per un periodo di apparizioni. Vive già in un altro mondo, ma si manifesta ancora in questo, per dare prove inconfutabili della sua vita, per istruire i discepoli e per incoraggiarli».

Solo dopo i quaranta giorni, «sul monte degli Ulivi lascia il suo gruppo, manifestando visibilmente la sua partenza». Entra così nel regno dell'invisibile, ma non per questo rattrista i discepoli, che sanno bene come la sua presenza continui tra loro. In effetti, nota l'evangelista, «tornarono a Gerusalemme con grande gioia; e stavano sempre nel tempio lodando Dio» (Lc, 24,52-53).

Ci pare che questa lettura che Benoit ripropone (e che non è certo isolata, ma che risale ai primordi stessi della fede) sia confermata dai molti passi del Nuovo Testamento che alludono all'Ascensione, pur senza citarla in modo esplicito. Per dirla ancora con Amedée Brunot, «in san Paolo, la glorificazione (dunque, la relativa, implicita Ascensione) si identifica chiaramente con la Risurrezione. Lo stesso accade in Giovanni: la glorificazione coincide con il ritorno al Padre».

Dunque, «i teologi Giovanni e Paolo ci danno l'essenza del mistero, l'aspetto invisibile che sfugge a ogni esperienza. La Risurrezione, fanno capire, è la glorificazione totale di Cristo, nelle sue *due fasi*: abbandono della tomba ed esaltazione celeste. Riprendendo la sua vita, Cristo entra definitivamente in un mondo nuovo e incorruttibile». Occorre ribadire, tra l'altro, che «questo trasferimento del corpo di Cristo nella sfera celeste non rende impossibili le apparizioni. Al contrario! Sarebbe certamente più difficile spiegare dove si trovasse il corpo di Gesù nel tempo che intercorreva tra un'apparizione e l'altra!».

Quanto a Luca (citiamo ancora il biblista francese) «artista e storico com'era, preferì insistere sull'aspetto visibile che avvolse il mistero dell'Ascensione. Descrisse *l'ultima partenza* del Cristo ormai glorioso dopo quaranta giorni, *l'unica esperienza sensibile* concessa agli uomini su questo mistero, e il momento in cui avvenne».

Questa impostazione (così, almeno, sembra a noi e a tanti) permette di superare l'apparente contraddizione tra vangelo di Luca e Atti. E permette anche di comprendere le "strane" parole in Gv, 20,17: «Non mi trattenere perché non sono ancora salito al Padre (...) io salgo al Padre mio e vostro...». E questa "salita" fece subito dopo, prima dunque delle apparizioni agli apostoli.

Quanto a quel momento di Ascensione partendo dal Monte degli Ulivi, così come è raccontato negli Atti, quale valore dare alla descrizione: l'elevazione, la nube, i due "uomini in bianche vesti"? Teologi tentati di "razionalismo" come Hans Küng non hanno, naturalmente, esitazioni. Ecco, in effetti, le parole testuali di questo famoso prete, "dissidente" quasi per professione: «Come va intesa l'ascensione al cielo? Oggi non occorrono certamente lunghe spiegazioni per capire che il discorso su un "viaggio verso l'alto, verso il cielo" presuppone l'antica immagine del mondo a tre piani, che non è più la nostra. Come se Gesù avesse effettivamente intrapreso un viaggio nello spazio! Affermare oggi qualcosa del genere sarebbe un'assurdità».

C'è, qui, il solito tono drastico "alla Küng"; alla maniera, cioè, di chi assolutizza la cosiddetta "scienza moderna" e teorizza (come i Bultmann) un mitico "uomo contemporaneo", che non sarebbe "più disponibile a credere a certe cose", eccetera, eccetera.

Per questo, nello stesso libro da cui abbiamo tratto la citazione, Küng afferma che «il sepolcro vuoto non è un articolo di fede»; e, dunque, la fede nella Risurrezione potrebbe anche essersi sviluppata pur se il corpo di Gesù fosse restato a marcire chissà dove. Già ne parlammo. Quanto alle "apparizioni del risorto" occorre abbandonare – continua il Nostro – «uno schema soprannaturalistico»: in effetti, dice, «dovrebbe essersi trattato, verosimilmente, di visioni avvenute *nell'intimo* (dei discepoli) e non nella realtà esterna».

Insomma, nel suo *Credo* (è dal libro con questo titolo che citiamo), Küng sembra aderire alla tesi – che un tempo era solo degli "increduli", non certo dei preti cattolici – delle "allucinazioni" all'origine dei racconti di risurrezione. Pur precisando che «Dio può anche operare attraverso la psiche dell'uomo».

Checché ne sia di simili prospettive, noi preferiamo attenerci – non abbiamo fatto altro che ribadirlo per tutta la nostra ricerca – alla "materialità" tradizionale della Risurrezione.

Poiché dunque crediamo che il Risorto abbia riassunto il suo corpo, per quanto misteriosamente trasfigurato (comunque, non dissolto in qualche fossa di Gerusalemme), non consideriamo di certo «un'assurdità» che questo corpo abbia valicato la soglia dello spazio e del tempo. E perché non avrebbe potuto farlo visibilmente, attraverso una "elevazione", un "andare verso l'alto", come dicono le Scritture?

Questo non significa aderire, naturalmente, a qualche antica cosmogonia, a qualche ingenua immagine "a strati sovrapposti" dell'universo. Ma visto che base del cristianesimo è, sino a prova contraria, l'evento di Dio che si fa uomo, perché questa sua "condiscendenza" verso di noi non potrebbe spingersi sino a un congedo verificabile da occhi umani, adatto alle loro possibilità?

Certo: è possibile, che l'autore degli Atti degli Apostoli abbia fatto riferimento anche a elementi (la nube, ad esempio, o gli "uomini in bianche vesti") consueti e quasi canonici negli antichi racconti religiosi. Può esserci, qui, qualche elemento tradizionale delle teofanie in Israele.

Non ha probabilmente torto il solito Benoit quando avverte: «Non bisogna sopravvalutare, qui, i dettagli materiali, perché Luca ci offre soprattutto un insegnamento teologico, non un reportage».

Giusto. È un'osservazione che vale, del resto, per molti altri brani evangelici: storia *e* predicazione; notizie di cronaca *e* catechesi. Ma, questo riconosciuto, non vanno però dimenticate almeno un paio di cose.

Innanzitutto: il racconto dell'Ascensione del primo capitolo degli Atti (alla pari dei secchi versetti corrispondenti di Luca e di Marco) spicca per la sobrietà consueta nei testi canonici, soprattutto se confrontato allo scatenarsi della fantasia degli apocrifi, che ci descrivono scene lussureggianti di ascensioni tra schiere di angeli che cantano e si inchinano, mentre rimbomba dal cielo la voce solenne del Padre. La sobrietà dei testi nei quali la Chiesa ha riconosciuto la sua fede è (pure qui, come tante altre volte) un problema in più per coloro che vorrebbero fare rientrare nella letteratura mitologica gli scarni racconti di Risurrezione e di Ascensione. Insomma, per l'ennesima volta: è davvero così che "si inventa"? così, cioè, come fanno i testi canonici? o non si inventa, invece, come fanno gli apocrifi? o come fa la mitologia pagana nelle non poche volte in cui descrive l'ingresso trionfale nella gloria celeste, con relativa "ascensione", di Romolo, Ercole, Mitra e via favoleggiando?

Seconda osservazione. Pur riconoscendo, con Benoit e gli altri esegeti cattolici moderni, che Luca non ha voluto darci (come dicono) "un reportage", è però singolare osservare che, subito dopo il racconto dell'Ascensione, il testo degli Atti sembra proprio volersi situare nel genere "cronachistico", con precise indicazioni di luoghi, di distanza, di nomi.

Leggiamo, infatti: «Allora ritornarono a Gerusalemme dal monte detto degli Ulivi, che è vicino a Gerusalemme quanto il cammino permesso in un sabato. Entrati in città, salirono al piano superiore dove abitavano. C'erano Pietro e Giovanni ecc.» (At, 1,12 ss.). Come si vede, siamo al "pezzo di cronaca": con, addirittura, quel riferimento al «piano superiore, dove abitavano» che fa un effetto folgorante di ricordo diretto, di "cosa vista". Per non parlare della precisione topografica sul luogo e la distanza della città dal Monte degli Ulivi. Si noti che mentre noi, citando, per brevità abbiamo messo solo il nome di Pietro e Giovanni, il testo fa seguire l'elenco completo di tutti gli Apostoli, indicati con precisione: richiamo diretto, insomma ai testimoni dell'ascesa al cielo del Maestro, riconosciuto ormai come Cristo e Figlio di Dio. Dunque, il già sobrio racconto, così lontano da ogni eccesso leggendario, è inserito in un contesto che è all'opposto stesso del genere mitico, della fantasia religiosa.

Potremmo aggiungere, volendo, una terza osservazione, essa pure non irrilevante. Perché, cioè, con l'Ascensione si pone un termine invalicabile alle apparizioni del Risorto? Quella a Paolo, sulla strada di Damasco, è infatti "fuori serie", ha un carattere assai diverso da quelle post-pasquali. È, comunque, isolata: non fa parte di un ciclo.

Da qui, una domanda che abbiamo già abbozzato, più sopra, ma che vale la pena di rilanciare. Se i racconti di apparizioni sono nati davvero in un clima di eccitazione mistica, perché "visioni" e "allucinazioni" terminano definitivamente quaranta giorni dopo? Non avviene certo così in casi di "contagio psichico", dove "voci" e "visioni" tendono a moltiplicarsi a lungo e a spegnersi molto lentamente. È anche questa una questione che trova ben difficile risposta da parte di chi dà dei racconti pasquali le versioni "patologiche", o "truffaldine", che ben sappiamo.

Naturalmente, non c'è difficoltà a situare nel linguaggio della metafora religiosa (e non certo – almeno qui! – della "cronaca"...)

il «sedette alla destra di Dio» di Marco (16,19), entrato anche nel simbolo apostolico e che vuol solo indicare il ruolo d'onore che spetta al Cristo. A conferma, ecco una curiosità forse ignota a molti: poiché in Cina non la destra ma la sinistra è la "parte migliore", la Chiesa non ha esitato a permettere che i cristiani cinesi, recitando il *Credo*, dicano «siede alla sinistra del Padre»... Confermando così, tra l'altro, che sempre, qui, si vide una metafora.

Dice Maurice Goguel: «Il tema dell'Ascensione è un elemento secondario della tradizione». E dice questo per dimostrare, al solito, la sua tesi: siamo, qui, davanti a una invenzione tardiva, nata chissà quando e come; in modo – appunto – "secondario".

E invece, se si leggono senza schemi le Lettere apostoliche e l'Apocalisse stessa, ci si accorge che quest'ultima esaltazione del Cristo è, in realtà, centrale, così come lo è la Risurrezione, cui è implicitamente (ma direttamente) legata, come una conseguenza ovvia, necessaria. Se solo Luca ce la descrive, gli altri autori del Nuovo Testamento la danno per scontata. "Secondario" era, semmai, preoccuparsi di descrivere quella Ascensione "ufficiale" che metteva visibilmente fine alle discese in terra di Colui che già dal giorno di Pasqua era glorificato. E, dunque, già "asceso al cielo".

Non dimenticando, ovviamente, passi come quello del discorso di Gesù a Nicodemo: «Nessuno è mai salito al cielo, fuorché il Figlio dell'uomo che è disceso dal cielo. E come Mosè innalzò il serpente nel deserto, così bisogna che sia innalzato il Figlio dell'uomo...» (Gv, 3,13 ss.). O sempre in Giovanni (6,62): «E se vedeste il Figlio dell'uomo salire là dov'era prima?».

Per dirla con le parole di Giuseppe Ricciotti: «Tutti presi dall'idea che la storia del Cristo secondo la carne è semplicemente il *primo capitolo* della storia della Chiesa, gli evangelisti hanno dato poco rilievo alla scomparsa materiale di lui dalla terra, ossia alla sua Ascensione. La materialità visibile, infatti, contava poco, quando si era certi della presenza invisibile di lui e della sua assistenza dall'alto dei cieli. Se l'unico evangelista che la narri con una certa ampiezza è Luca, è appunto perché egli, terminando la storia del Cristo secondo la carne, si è proposto di scrivere subito appresso anche la storia del Cristo mistico: i suoi Atti degli Apostoli sono infatti una storia della Chiesa. Perciò, essi cominciano ripetendo l'Ascensione, così come con l'Ascensione si era chiuso il suo vangelo».

XXVIII.
«Così non sia»

Un cristianesimo *self-service* è, come noto, tra le caratteristiche di oggi: ciascuno, cioè, dalla Scrittura e dal Credo sceglie ciò che più gli sta simpatico; ciò che corrisponde ai luoghi comuni (scambiati per "libere convinzioni personali") della subcultura egemone, della *Vulgata* da compunto telespettatore di *talk show* buonista e laicamente perbenista.

Ciò che – nella Bibbia come nella Tradizione – non rientra in questo schema, è lasciato sugli scaffali, così come nei supermercati le merci di etichetta non reclamizzata o che hanno superato la data di scadenza. Tra le "merci" oggi appetite a livello religioso (perché in linea con le convinzioni del benpensante *politically correct*, politicamente corretto, per dirla con gli americani che su questo dogma hanno messo in piedi una nuova, soffocante Inquisizione e un nuovo Indice di parole e relativi pensieri proibiti), tra quelle "merci", dunque, c'è una rivalutazione acritica, entusiastica dell'antico ebraismo.

Rivalutazione che è, certo, doverosa, ma che diventa talvolta tale da indurre quasi i cristiani a scusarsi con gli ebrei di quei tempi per quel fanatico di Paolo che, rinnegando le sue radici, "inventò" – abusivamente, si sostiene – il cristianesimo. Solo per un equivoco disgraziato, dovuto alla deplorevole mancanza di ecumenismo delle primissime generazioni cristiane, Gesù fu scambiato per qualcosa di diverso e di più di un profeta ebraico del tutto ortodosso, lontanissimo da ogni intenzione di contrapporsi in alcun modo alla casta dominante in Israele.

Ebraismo e giudaismo sì, dunque, per il pensiero "corretto"; ma solo dove siano in linea anch'essi con le convinzioni da benpensante. Niente recupero così, ma censura imbarazzata, ad esempio, per tutto il capitolo "donne".

È stato, dopo lunga attesa, tradotto di recente un grande, prezioso saggio che, inspiegabilmente, non aveva ancora avuto una versione italiana. Si tratta di *Gerusalemme ai tempi di Gesù* (sottotitolo: *Ricerche di storia economica e sociale per il periodo neotestamentario*) scritto da Joachim Jeremias. Grande biblista, costui, anche perché, a differenza di tanti suoi colleghi mai mossisi dalle loro biblioteche, volle vivere in Israele, confrontando le teorie libresche con la realtà della Terra Santa.

Tra le altre prescrizioni che rendevano dura la condizione femminile tra gli ebrei (che non conoscevano nemmeno la forma femminile per "pio", "giusto", "santo"), Jeremias ricorda le sentenze di *Rabbi* Eliezer, «l'energico rappresentante dell'antica Tradizione», il quale prescriveva: «Chi insegna la Torah a sua figlia, le insegna il libertinaggio» (nel senso, chiarisce il biblista tedesco, che «essa farà di certo cattivo uso di quanto ha imparato»).

Maestro Eliezer, comunque, sintetizza, la ginofobia ebraica in quell'altra sentenza ancora più nota e che così, drasticamente, suona: «Meglio bruciare tutta la Scrittura piuttosto che darla in mano alle donne». Le quali, come si sa, anche in campo religioso (come praticamente in tutto il resto), in Israele erano chiamate soltanto ad ascoltare, celandosi in un luogo invisibile della sinagoga durante il servizio liturgico, senza neppure la possibilità non si dice di essere chiamate a leggere la Torah, ma neppure di toccarla, perché l'avrebbero resa "impura".

Ebbene: se è una colpa da confessare, lo facciamo umilmente. Ma una sorta – come dire? – di colpevole "nostalgia" per *Rabbi* Eliezer e i suoi ci ha minacciati, leggendo l'ultimo frutto della "Scrittura in mano a una donna"... Non che gli uomini, come qui abbiamo tante volte documentato, abbiano fatto e facciano di meglio: ma, insomma... Siamo del resto in ottima compagnia, visto che monsignor Gianfranco Ravasi, della cui serietà esegetica e del cui equilibrio di giudizio nessuno dubita, sembra esitare tra indignazione e compassione scrivendo su *Avvenire*: «... l'inqualificabile *Così non sia* di Uta Ranke-Heinemann, una rabbrividente collezione di sciocchezze esegetico-teologiche...».

Ebbene, questa "inqualificabile" campionessa di "sciocchezze", non è una dilettante qualunque: ed è proprio per questo che ce ne occupiamo, rattristati (ma, purtroppo, non sorpresi) dall'andazzo masochista di certo *establishment* clericale di oggi. Stando, infatti, alle notizie biografiche distribuite da lei stessa nei tour propagandistici che compie per il mondo a presentare le traduzioni dei suoi libri (pubblicati e sorretti con vistose campagne pubblicitarie da grandi editori), stando a quelle notizie, dunque, la Heinemann è stata «la prima donna abilitata dalla Chiesa cattolica all'insegnamento della teologia nelle università».

E già questo sarebbe sorprendente, data un'occhiata ai "parti" pseudoscientifici della signora in questione. La quale è figlia, tra l'altro, di Gustav Heinemann, presidente della Repubblica federale tedesca tra il 1969 e il 1974; inoltre, è convertita al cattolicesimo dal protestantesimo: ma, come confessa ella stessa in una delle tante interviste, per ragioni di cuore e non teologiche. Quasi a conferma, dunque, della diffidenza dei vecchi, realisti rabbini di cui dicevamo... A 25 anni, in effetti, la Nostra conobbe colui che divenne suo marito, un giovane che voleva farsi frate domenicano: «Io gli feci cambiare idea»; e, per sposarlo, cambiò lei pure, ma confessione.

Già, dicevamo, è sorprendente che l'episcopato tedesco proprio a una simile "studiosa" – le virgolette sono di rigore – abbia conferito il primato storico della prima cattedra teologica universitaria al femminile. Ma è francamente inquietante che, poi, le abbia rinnovato l'incarico sino al 1987, quando la signora aveva già sessant'anni e da anni infliggeva ai suoi allievi – con tanto di mandato ufficiale, e stipendio, della Chiesa – le tesi estremiste di *Eunuchi per il regno dei cieli*, anch'esso, a suo tempo, tradotto da noi, come lo è ora *Così non sia*.

Non risalgono dunque ad oggi le cose "rabbrividenti" (per usare l'aggettivo di Ravasi) che stanno in quest'ultimo libro. Sono cose che la "biblista" ripete da decenni, ma ai vescovi tedeschi è andata a lungo bene così. Fieri anzi (è la stessa Ranke-Heinemann che lo ripete nelle interviste) di aver messo in cattedra una donna – il che è *very politically correct* – per giunta così "aperta", anzi "avanzata". E quando la professoressa, più che essere esclusa, si autoescluse dalla Facoltà di teologia cattolica, quei monsignori nulla ebbero da obiettare che passasse alla cattedra di storia del cattolicesimo all'Università di Essen, la stessa dove così a lungo aveva insegnato Nuovo Testamento su mandato ufficiale della Chiesa. Né si è levata alcuna obiezione sul fatto che, nei suoi libri ed articoli, si dica "cattolica" questa signora che definisce, testualmente, Giovanni Paolo II come «un povero complessato sessuale, come tutti i vescovi della sua comunità fallocratica».

Del resto, è illuminante – per comprendere il personaggio – quanto dichiara all'intervistatrice de *L'Europeo*. Questa, comprensibilmente perplessa, le chiede (la Heinemann le ha appena detto, che «il vangelo altro non è che un tessuto di favole dannose e di *kitsch* di cattivo gusto» e che, per i risultati nefasti che ha provocato, «il cristianesimo è la peggiore di tutte le religioni»), le chiede, dunque, perché insista allora nel dirsi "cattolica". La "teologa" con mandato episcopale replica che è «per far dispetto», aggiungendo: «E poi non è detto che non sia più cattolica io del papa. Interpretiamo entrambi la parola di Dio. E sono convinta che lui sbaglia più di me». È quanto del resto le confermano, dice, tanti esponenti del clero che le danno la loro solidarietà. «Ho solo qualche problema con i protestanti» rivela «Sa com'è, nel clima ecumenico trovano che dovrei trattare un po' meglio i cattolici...».

Per aprire quasi a caso le pagine di questo *Così non sia* (per non parlare del precedente *Eunuchi*), *Frau* Uta cita con convinzione Goethe e Schiller, da lei presi ad appoggio della tesi che così testualmente sintetizza, facendola propria: «I cristiani non sono che crudeli nemici della vita, veneratori della croce, smarriti in un crampo penitenziale, uccisori nemici del mondo, fanatici, uomini che hanno urgentemente bisogno di una redenzione: e, cioè, di una religione dell'uomo» (pag. 311).

Nella pagina seguente – citiamo ancora a caso dallo stesso libro, fresco di stampa – si specifica che «non è sicuro che i cristiani non corrano tutti il pericolo di smarrire la misericordia, proprio a causa della dottrina della croce in cui vedono il centro della (loro) dottrina. E non è sicuro che, attraverso la sua disumana dottrina della croce, il cristianesimo, invece di rendere gli uomini più umani, non promuova solamente la disumanità degli uomini» (pag. 312).

D'altro canto, come si ribadisce in altra pagina, «attraverso la sua religione da sacrificio umano, il cristianesimo ha sostituito la parola di Gesù con una teologia da boia e arriva addirittura a una blasfema affermazione da assassino, quando sostiene che Dio voleva redimere l'umanità attraverso questa morte in croce» (pag. 300).

Insomma, assicura la teologa con pensione della Chiesa cattolica tedesca, «l'immagine cristiana di Dio è, in fondo, tuttora un'immagine pagana di Dio e, precisamente, un'immagine di Dio che appartiene al paganesimo primitivo» (pag. 301). Prima di ogni altro c'è il papa – Giovanni Paolo II, citato esplicitamente – «che si fa un'immagine primitiva e pagana di Dio » (ibidem). E questo è possibile perché «la Chiesa non mostra alcun interesse per l'intelletto dell'uomo» (pag. 10), altrimenti non avrebbe cercato di farci digerire per tanto tempo «quel complesso di favole neanche originali e con un finale dell'orrore che sono i vangeli».

A parte ogni altra considerazione, anche solo giudicando sul piano pragmatico, l'acquiescenza dei vescovi e il silenzio, la mancata reazione (che la stessa Ranke-Heinemann constata più volte con i suoi intervistatori, sorpresa e un po' delusa) di teologi e biblisti cattolici, non sembrano portare quei frutti positivi che alcuni si aspettavano dal nuovo *look* di una Chiesa che non osa escludere alcuna idea e lascia che chiunque identifichi il "cattolicesimo" con ciò che gli passa in testa.

In Germania, come retaggio un po' inquietante delle guerre di religione, e poi del compromesso tra zone cattoliche e protestanti in base al principio «*cuius regio, etiam et religio*», ogni cittadino deve dichiarare allo Stato la sua confessione sulla dichiarazione dei redditi. Gli uffici delle imposte, poi, provvedono a prelevare una tassa, secondo i parametri stabiliti dalla legge, e a versare l'importo alla Chiesa – cattolica o protestante – indicata dal contribuente.

Sino a metà degli anni Sessanta, erano rarissimi i tedeschi che usufruivano della possibilità di dichiararsi ufficialmente "fuoriusciti" dalla Chiesa in cui erano stati battezzati, evitando così di contribuire alle casse di preti o pastori. In effetti, questa esenzione era considerata una sorta di abiura, un rinnegamento della propria fede. E invece, da quella data che dicevamo, è cominciato un esodo che di anno in anno ha assunto dimensioni impressionanti. Ecco l'*escalation* per stare solo agli ultimi anni: nel 1987 dichiararono, nero su bianco, di volere uscire dalla Chiesa cattolica 81 000 persone; due anni dopo, nel 1989, erano già saliti a 93 000; nel 1990, 143 000; nel 1991, 167 000; infine, nel 1992, ultimo dato comunicato, sono stati ben 192 000 (per intenderci, e tanto per avere un ordine di grandezza, l'equivalente di un'intera città, la seconda della Lombardia per popolazione, come Brescia) i tedeschi che, non riconoscendosi più nella Chiesa cattolica, non intendevano più contribuire al suo mantenimento. Va inoltre precisato che i dati si riferiscono esclusivamente ai *Länder* che facevano parte della Repubblica federale sino al 1990, anno della riunificazione tedesca e non rilevano, dunque, la situazione – che è ancora più inquietante – nei territori che furono della Germania Est.

Quanto alla nostra Ranke-Heinemann, sempre "per indispettire" i cattolici non esce dalla Chiesa e continua a pagare la "tassa ecclesiastica": l'anno scorso 39 mila marchi sono andati dalle sue tasche ai vescovi, provenendo quasi tutti dai diritti d'autore di libri dove quei presuli medesimi sono presentati come un *mix* di imbroglio, cinismo, sessuofobia...

In ogni modo, malgrado la sua diffusione e il *battage* pubblicitario, un libro come *Così non sia* non meriterebbe di certo una disamina critica, tanto è disarmante per chi conosca anche solo un poco il dibattito sul Nuovo Testamento. Tra l'altro è significativo che proprio chi accusa (qui, ma anche in *Eunuchi per il Regno dei Cieli*) il cristianesimo "storico" di essersi occupato troppo – e malissimo – del sesso, appaia poi a sua volta ossessionato da problemi sessuali. In effetti, buona parte della arringa della nostra biblista e teologa si aggira – finendo per ritornarvi sempre – attorno al dogma (che, confessa, scatena la sua "ira" implacabile) della verginità di Maria. In questa "verità cattolica" per lei insopportabile, vede addirittura la base stessa del cattolicesimo che intende demolire, il cuore oscuro di una Chiesa che – secondo quegli slogan che andarono di moda tempo fa, ma che la Heinemann accetta ancora come fossero scoperte rivoluzionarie – assicurerebbe così «il dominio di una casta sacerdotale di scapoli». È curioso come ci siano, qui, più e più pagine dove – come in un trattato di ginecologia – si disquisisce su spermatozoi, ovuli, imeni, uteri, lanciando accuse di "sessuofobia" proprio mentre non si riesce a staccarsi da questi temi genitali.

Insomma, come prendere sul serio una "esperta" che, con l'aria di rivelare cose nuovissime, vorrebbe sconvolgerci rendendoci edotti delle difficoltà su problemi come la data di nascita di Gesù, la cronologia dei vangeli, i racconti dell'infanzia, le varianti tra le redazioni della Scrittura, i presunti "fratelli carnali di Gesù" e tutto il resto, non solo notissimo, ma su cui si discute non da decenni, bensì da secoli, quando non da millenni? Come anche solo cominciare a dibattere davvero con una signora che, ripetendo la vecchia "minaccia" sessantottina («una risata vi seppellirà») vanta – e fa vantare dai risvolti editoriali di copertina – il suo «umorismo devastante, il suo humour, arma totale» (assicura) contro quelli che chiama «i semplici fedeli» che «dopo duemila anni di annunci a suon di fiabe sono diventati disinformati, deformati e infantili» (pag. 163)?

Ma vediamo un poco da vicino un esempio di questo irresistibile "umorismo" teutonico, magari a pagina 156, nel capitolo dedicato all'Ascensione. Sentiamo: «Nel corso di un pasto, Gesù ascese in cielo. Avrebbe almeno potuto finire di mangiare! Noi che ci troviamo qui a terra restiamo un po' perplessi dinanzi all'ardita impresa di salire in cielo. Infatti, è un viaggio faticoso (anche se Gesù prima di partire si era rifocillato un po'), e poi ci vuole molto tempo. Non sappiamo con quale velocità Gesù andasse o volasse in cielo, né se accelerasse durante il viaggio. Ma anche se alla fine avesse raggiunto la velocità della luce, è pur sempre vero che il prossimo cielo dista almeno alcuni miliardi di anni luce. Pertanto, Gerhard Lohfink, studioso cattolico del Nuovo Testamento, ebbe senz'altro ragione quando diede a uno dei capitoli del suo libro (piccolo ma raffinato) *L'ascensione di Gesù: invenzione o esperienza?* (1972), il titolo scherzoso "E ancora vola..."».

Ditemi voi: da dove cominciare per dibattere, davanti a simili testi disarmanti, il cui tono vuole essere "divertente", ma la cui sostanza pretende di essere tanto seria da mettere in crisi la fede non solo dei semplici ma anche di chi nei problemi biblici e teologici sappia districarsi?

Eppure, malgrado tutto, crediamo che valga la pena di affrontare con attenzione (e proprio qui, in un libro sulla Risurrezione) questo *Nein und amen*, come suona il titolo originale. Affrontarlo, cioè, come esempio particolarmente significativo di un fenomeno inedito che caratterizza gli ultimi decenni.

In effetti, da quando – dal tardo Settecento, cioè – è iniziato il dibattito storico-critico sul Nuovo Testamento, chi si fosse persuaso che quei testi altro non erano che un tessuto di favole, un complesso di manipolazioni interessate delle quali la Chiesa aveva fatto una sorta di randello a guardia del suo potere, ne traeva le conseguenze logiche.

Dunque, non solo usciva dalla Chiesa stessa – se ne faceva parte – ma negava la possibilità di credere nel vangelo, di scommettere la sua vita e la sua morte su quell'equivoco e inafferrabile Gesù.

Da qualche tempo, ecco la novità sconcertante. Sentiamo queste righe dall'introduzione di *Così non sia*, dove si sintetizza il problema: «Non sappiamo molto di Gesù. Non sappiamo quando e dove sia nato, né quando sia morto. *Egli è una persona senza biografia.* Non sappiamo per quanto tempo e dove precisamente abbia predicato in pubblico. In fondo, sappiamo solamente che nacque, che durante il periodo in cui predicava c'erano discepoli e discepole che lo seguivano e che fu giustiziato come ribelle sulla croce, la forca dei romani, morendo così miseramente» (pag. 10). Morto che fu poi, secondo *Frau* Uta il suo cadavere (come vedremo meglio) restò a marcire in una fossa comune e tutti i racconti pasquali, evangelici e paolini, non sono che un tessuto di contraddizioni e di leggende.

E allora? Perché non lasciare perdere e, se bisognosi di maestri e magari salvatori, non cercare altrove?

E invece no: ecco, nella medesima introduzione, le righe che subito seguono: «Non sappiamo molto di Gesù. Ma se seguiamo le sue orme, *sentiamo* che egli ha cercato e trovato Dio, che è in grado di rivelare questo Dio (...). Per chiunque lo voglia sapere, appare chiaro che la voce di Gesù è tuttora una voce viva, che la sua verità è tuttora una verità viva e che il suo dio è tuttora un dio (in minuscolo nell'originale, ndr) vivo e vicino » (pag. 10 e ss.).

Anzi, la Heinemann afferma che solo la sua personale prospettiva permette di essere "cristiani", anzi, più "cattolici" del Papa stesso, perché quel Rudolf Bultmann che frequentò da giovane, le avrebbe «mostrato con il suo esempio che uno scettico può essere cristiano». E non in senso sociologico, ma proprio di fede.

È una posizione insostenibile, ma che oggi sembra sempre più diffusa; non tra la gente, certo, lontana per sua fortuna da queste acrobazie che urtano contro il suo istintivo buon senso, ma in una certa *intellighenzia*. Anche cattolica, come conferma questa docente di università ecclesiali onorata dal clero cattolico.

Ma allora, varrà la pena di rifletterci: non sarà irrilevante per il discorso che in questa indagine ci interessa. A cominciare proprio dalla Risurrezione. È ciò che faremo nel capitolo che segue.

XXIX. Parole in libertà

Nel capitolo precedente abbiamo cominciato ad esaminare quel *Nein und amen*, quel *Così non sia* (tradotto da poco anche in italiano) che non meriterebbe alcuna attenzione se si presentasse come uno dei consueti *pamphlets* di qualche agnostico, ateo, ex credente. E, invece, si verifica un fatto singolare: il furibondo libello (per il quale tutto, nella Scrittura come nel Magistero, è falso, mentre la sola verità starebbe nelle apodittiche certezze di chi ha scritto il libello in questione) è firmato da colei che – come ricordano compiaciute le note biografiche in copertina – «è stata la prima donna abilitata dalla Chiesa cattolica all'insegnamento della teologia nelle università».

Non sta a noi giudicare eventuali responsabilità dei "pastori" nei confronti nostri, "gregge" loro affidato. Anche se pure noi "pecore" – per continuare con le metafore evangeliche – avremmo dei diritti da far valere (riconosciuti dello stesso Codice di Diritto Canonico), a cominciare dal diritto di essere difesi dall'errore da chi ha, nella Chiesa, proprio questo dovere.

A noi, in ogni caso, è concesso rilevare (anche questo dicevamo nel capitolo scorso) che il caso Ranke-Heinemann non è isolato, sembra far parte di una nuova, inquietante tendenza. Quella, cioè, costituita da chi giudica "favole" i racconti del Nuovo Testamento e "deliri", "menzogne" (e, per giunta, non disinteressate) gli insegnamenti della Tradizione e del Magistero e al contempo non solo si proclama cristiano ma anche "cattolico"; anzi, addirittura «più cattolico del papa», stando alle stesse parole della Nostra.

Per molto, molto meno di quanto sostenuto da questa "teologa", tanti se ne sono andati dalla Chiesa, passando all'agnosticismo, all'ateismo, ad altre religioni. Ma oggi anche la coerenza e la logica sembrano diventate merci rare.

Vediamo allora, in particolare, che cosa pensi della risurrezione di Gesù, base della fede, la docente di Nuovo Testamento della quale a lungo si compiacque quel superstite clero tedesco che (parole della signora) ora la delude perché, invece di intervenire, o tace o addirittura, stando almeno alle sue parole, le fa giungere privatamente solidarietà e inviti a proseguire in quella che chiama «la lotta sacrosanta per diffondere tra i cattolici il dubbio di fede». Perché, dice sin dall'introduzione, «facilmente e spesso la fede ha danneggiato l'intelletto» (pag. 10). Insomma, siamo ormai alle "apologetiche rovesciate", all'apostolato "al contrario", in nome – si afferma – del cristianesimo "adulto".

Veniamo comunque al capitolo nono di *Così non sia*, quello che ha per titolo "Pasqua" e che è preceduto da altri capitoli con titoli significativi: "La *fiaba* natalizia secondo Luca", "La *fiaba* sull'infanzia secondo Matteo", "La *fiaba* del traditore Giuda", "Le *fiabe* degli Atti degli Apostoli", "Falsificazioni e falsi autori". E, infine, botto finale, "Redenzione attraverso un'esecuzione capitale": cosa che, a darle retta, renderebbe tutto il cristianesimo una «religione per necrofili, sadici, boia...».

Naturalmente, in linea con tutto il suo libro, per la signora i racconti pasquali non sarebbero che un'unica «leggenda», che può essere presa sul serio soltanto da «devoti smaniosi di miti» (pag. 147). Tutte le generazioni cristiane – e non soltanto cattoliche, bensì di ogni confessione – succedutesi sino al provvidenziale arrivo della professoressa Uta, sono severamente avvertite: «Fin quasi dall'inizio, i cristiani hanno frainteso la risurrezione di Cristo». Per fortuna c'è ora questa tedesca la quale ci aiuta, bontà sua, a «non accontentarsi della comune teologia primitivo-cattolica».

La studiosa ha potuto frequentare, sin da quando aveva 17 anni, quel «teologo riflessivo» – così lo chiama – che fu Rudolf Bultmann: per sfuggire agli incessanti bombardamenti su Essen, la famiglia Heinemann si era rifugiata nella sua casa presso l'Università di Marburgo dove per tutta la vita (periodo nazista compreso), insegnò il padre della "demitizzazione" della Scrittura.

Fu proprio Bultmann che, in una lettera privata – del 18 febbraio 1962: così precisa, quasi fosse una data storica, la fortunata destinataria – le svelò come andasse finalmente compresa la risurrezione: «Se Dio è il dio (minuscolo nel testo, ndr) che sempre viene, allora la nostra fede è la fede in quel Dio che nella morte viene da noi».

Dobbiamo riconoscere che – come càpita spesso a noi provinciali, quando tentiamo di capire degli autori teutonici – queste parole ci risultano poco chiare, comunque per niente rivelatrici, come lo sono state invece per la Ranke-Heinemann. La quale è, invece, assai chiara quando respinge (tra sarcasmi e imprecazioni contro i "bigotti" che ancora leggono i vangeli prendendoli sul serio o, peggio, danno credito alle "manipolazioni" della gerarchia) quando respinge, dunque, ogni attendibilità ai testi, a *tutti* i testi della Scrittura e in particolare a questi pasquali. Chiara nel rifiuto, la Nostra diventa invece assai meno comprensibile quando propone la sua lettura, la sua ipotesi su quanto sarebbe successo.

In sostanza: ogni opinione sui racconti pasquali è buona, naturalmente con la sola esclusione di quella che non nega a priori la verità dei vangeli; di quella, cioè, su cui si basa la fede "primitivo-cattolica", da «devoti smaniosi di leggende». Sentiamo tra i molti possibili questo brano: «All'uomo piace fantasticare. Ma, nei racconti dei quattro vangeli sugli avvenimenti che si sarebbero succeduti nella mattina di Pasqua, la voglia degli uomini di favoleggiare ha spaziato in maniera tale che basta dare solo un'occhiata a questi testi per appurare che i loro autori sono tutti indistintamente devoti narratori di fiabe. Se davvero prendessimo tali narratori in parola, ognuno di questi proverebbe le menzogne degli altri tre e ognuno finirebbe per essere sbugiardato dagli altri».

Come si vede, la signora non ci va per il sottile. Eppure: proprio lei, che si considera «cristiana moderna», «credente finalmente adulta e aggiornata», prende a maestro non solo l'ormai anacronistico Bultmann («il suo esempio mi ha insegnato che anche uno scettico può essere cristiano», egli «credeva sì nella risurrezione, ma in modo diverso da come ci credevano gli altri», da come, cioè, ci crediamo noi, poveri "primitivi"...), ma si spinge addirittura sino al XVIII secolo, sino – niente meno! – che a Hermann Samuel Reimarus. Di costui parlammo nei capitoli iniziali di *Patì sotto Ponzio Pilato?*, in quanto da lui è fatta iniziare la cosiddetta critica "scientifica" (le virgolette sono d'obbligo) della Scrittura. Docente di lingue orientali ad Amburgo, prima della morte (avvenuta nel 1768) Reimarus finì di scrivere una sua *Apologia degli adoratori razionali di Dio* di ben 4000 pagine. Il filosofo Gotthold E. Lessing, anch'egli illuminista e razionalista, ne pubblicò, dieci anni dopo, un estratto postumo con il titolo di *Frammenti di un anonimo*.

Secondo Reimarus, Gesù era stato un agitatore politico che voleva suscitare una sommossa popolare contro i romani; fallita la rivolta tragicamente, con la crocifissione, i seguaci superstiti avrebbero travisato, o camuffato, i suoi veri scopi, spacciandolo per un predicatore religioso. Ne avrebbero dunque rapito il corpo, dicendo che era risuscitato e che la sua morte era servita a "redimere" l'umanità. In sintesi, il vecchio professore tedesco giudicava i cristiani come, testualmente, «dei pappagalli che ripetono in modo acritico ciò che sentono dire».

Ebbene, oltre due secoli dopo, questa collega e connazionale di Reimarus, pur dicendosi "cristiana", rifà sua quella ricostruzione degli eventi pasquali. Innanzitutto, si indigna perché occorse attendere sino al 1972 per vedere pubblicate nella loro interezza le migliaia e migliaia di pagine (peraltro noiosissime) del razionalista di Amburgo: una "censura" dovuta al fatto, dice, che «disturbava la tranquillità del devoto gregge di devote pecore» (pag. 148). In effetti, stando alla Nostra, Reimarus ha ragione: egli «trafigge, una per una, dieci contraddizioni che si trovano nei rapporti evangelici sulla risurrezione» *(ibid.)*. Il vecchio illuminista, però, ne traeva le doverose conseguenze e, dopo quella demolizione radicale dei vangeli, si guardava bene dal considerarsi ancora "cristiano" e passava ad altri lidi, quelli della già allora massonica "religione dell'umanità". Come fecero del resto, tutti i preti o i seminaristi – dai Renan ai Loisy – che passarono al razionalismo, perdendo la fiducia nella verità anche, e soprattutto, "storica" delle Scritture.

Il fatto è questo, spiega a noi sprovveduti *Frau* Uta una volta per tutte: «Come la risurrezione e l'elevazione di Cristo possano essere sottratti alla piatta datazione e alla ingenua localizzazione con le quali vengono presentate nell'annuncio dei ministri della Chiesa e nella liturgia ecclesiastica, è un problema irrisolvibile sin tanto che tali ministri – in virtù della loro ignoranza o a causa della paura di pensare – non accennano neanche a voler cercare una comprensione più profonda di quanto il cristianesimo *sia* e *voglia* veramente».

In realtà, non è affatto chiaro che "*cosa sia*" davvero il cristianesimo per lei e che cosa "*voglia veramente*" la nostra professoressa. Per lei, come già accennammo, Gesù è «una persona senza biografia», di lui «non sappiamo quando e dove sia nato, né quando sia morto». Non sappiamo neppure che cosa intendesse fare, che cosa predicasse: non c'è praticamente un solo episodio, ma neanche una parola, attribuitagli dai vangeli che per questa donna non sia manipolazione, deformazione, mito. «Gesù è sepolto non solo a Gerusalemme, ma anche sotto una montagna di *kitsch*, di favole e di formule del frasario ecclesiastico» (pag. 11).

Anche solo il sospetto che quell'inafferrabile Gesù abbia compiuto qualche prodigio, che si sia mostrato in qualche modo "più che umano", basta per scatenare i lazzi, i frizzi, gli insulti della "biblista". La quale (giova ripeterlo), trova non solo insensato, ma addirittura orribile, l'attribuire qualche significato di salvezza alla sua morte: «Attraverso una religione da sacrificio umano, il cristianesimo ha sostituito la parola di Gesù con una teologia da boia e arriva addirittura a una blasfema affermazione da assassino, quando sostiene che Dio voleva redimere l'umanità attraverso questa morte in croce. Lui ci vorrebbe salvare attraverso il sangue di suo figlio! (...) Questa morte non opera né la riconciliazione con Dio né la nostra redenzione. (...) Del resto, redenti da che cosa?...» (pag. 300).

E così via, per pagine e pagine, dove affiora di continuo l'odio non solo contro il cattolicesimo, i vescovi, il papa, ma contro la prospettiva cristiana che ha sempre accomunato, malgrado tutto, tutte le Chiese; pagine dove esplode l'ira contro ogni articolo del *Credo*.

Ma, allora? Dice la Nostra: «Ogni martedì e venerdì pomeriggio, per due ore, Rudolf Bultmann ed io traducevamo insieme, nel suo studio, Platone: cioè, io traducevo e lui mi spiegava il pensiero di Platone» (pag. 8). Perché non scegliere, dunque, la grande figura di Socrate e di quel suo mirabile "evangelista" che fu, appunto, Platone? Più semplice, più logico, più fruttuoso che volersi ostinare con un Gesù del quale nulla sappiamo, di cui neppure una parola è sicura e che è stato strumentalizzato e usato da una «casta sacerdotale, nemica dell'intelligenza e della vita». In questo Gesù, oltretutto, «non c'è nulla di unico», sebbene «da ormai 2000 anni i teologi si impegnino con l'intento di evidenziare l'unicità della sua persona e di dimostrare che non c'è mai stato uno come lui» (pag. 269).

C'è davvero da chiedersi allarmati dove stiano logica e coerenza quando – usciti da oltre trecento pagine di accanimento distruttivo verso ogni attendibilità dei racconti evangelici e verso ogni credibilità dell'insegnamento cristiano – sbattiamo in un "epilogo" dove si leggono cose che, se si ricorda tutto quanto precede, suonano assurde: «Dietro ogni fugace fede nelle fiabe che ben presto si disperde, resta quel che il soffio del tempo non può mai portare via: resta la fede in Gesù stesso...» (pag. 313). Ma quale "Gesù", se in tutti i modi ci è stato ripetuto che nulla sappiamo di lui, che altro non è che «una persona senza biografia»? Perché proprio Gesù, quando si ripete – anche in questo epilogo, come lungo tutto il libro – che «egli non può fare nulla per noi» e che «la sua esecuzione capitale per noi non significa niente, a parte il fatto che ci può muovere a compassione»?

Nella stessa pagina si dice: «Quel che è decisivo per noi è la vita di Gesù (*proprio quella vita della quale nulla sappiamo e nulla possiamo sapere*, ndr), è decisiva la sua voce che si rivolge a noi (*proprio quella voce sepolta, tutta e per sempre, dalle manipolazioni dei discepoli di ieri, di oggi, di sempre*, ndr): questa voce dice di più e cose più grandi di tutti i miracoli, perché essa è la voce della misericordia di Dio».

Misericordia? Al contrario: sadismo di Dio, sinistra e beffarda ironia di una divinità che avrebbe crudelmente preso in giro tante generazioni cristiane, inducendole a una comprensione completamente distorta ed errata delle sue intenzioni, prima di decidersi a mandare tra noi, dopo ben 20 secoli, la professoressa Uta Ranke-Heinemann che ci conducesse finalmente fuori dai nostri disastrosi errori.

Pagina 311: «Comune denominatore (*di ogni Chiesa cristiana, di quella cattolica in particolare*, ndr) è la disumanità. Il grande storico viennese Friederich Heer scrive che, secondo Goethe e Schiller, i cristiani non sono che crudeli nemici della vita, veneratori della croce, smarriti in un crampo penitenziale, uccisori nemici del mondo, fanatici, uomini che hanno urgentemente bisogno di una redenzione: e, cioè di una religione dell'uomo». A questo, dunque, ci avrebbe portato quel Gesù nella cui voce dovremmo sentire la "misericordia di Dio"?

Per tornare ai racconti di Pasqua, la Ranke non si accontenta di seguire i più vecchi e rozzi tra i razionalisti, ma vorrebbe tirare dalla sua persino Paolo di Tarso, assicurandoci che a lui proprio nulla interessava di che cosa fosse successo nella tomba; e che, comunque, era il primo a non credere nella Risurrezione intesa come ritorno alla vita di Gesù. *Frau* Uta, dunque, trae conseguenze del tutto arbitrarie dal fatto che ben sappiamo e del quale già abbiamo dato una spiegazione, nei precedenti capitoli: né le lettere apostoliche, cioè, né gli altri testi del Nuovo Testamento al di fuori dei vangeli ritornano sulla scoperta della tomba vuota. Questa presunta "dimenticanza" sarebbe, per la "biblista", la prova che in realtà la tomba è restata "piena", che il corpo del crocifisso vi ha subìto il dissolvimento comune a tutti gli uomini. E che, dunque – al di là della "leggenda" inventata dagli evangelisti – il cristianesimo autentico imporrebbe di credere che «il corpo risorto va concepito come "corpo spirituale"». Così, appunto, sarebbe anche per Paolo, per il quale «la questione di che cosa sia successo con una salma che è stata posta nella tomba non ha alcuna importanza» (pag. 144).

A parte ogni altra considerazione, questo è uno strano modo di ragionare: in realtà, se gli autori del Nuovo Testamento non insistono sul fatto che la tomba è rimasta vuota, è perché (lo abbiamo notato più volte, nella nostra ricerca) la cosa era per essi del tutto scontata. Non era che la logica conseguenza del fatto che il cadavere, rianimato, ne era uscito: superfluo, dunque, richiamare l'effetto logico di quella causa che è la risurrezione.

Per tentare un esempio, con tutti i limiti delle similitudini: inquieto per un amico che non vedo da tempo e temendo che gli sia successo qualcosa, mi reco a casa sua; le mie paure sono moltiplicate dal trovare la porta aperta; entrando nell'alloggio, non vi trovo nessuno. Scendo affannato, mi infilo nel primo bar per telefonare a un altro amico, anch'esso preoccupato, perché si unisca a me nelle ricerche. Prima ancora di comporre il numero, ecco che, tranquillamente appoggiato al bancone, scorgo l'amico che temevo scomparso.

Ebbene: nel riferire ad altri questa piccola avventura, avrò forse bisogno di insistere sul fatto che l'alloggio era vuoto? Ben logico che lo fosse, visto che l'amico era fuori! E, non insistendo su questo, si metterà in dubbio che abbia ritrovato l'amico? O, se ne parlerò, si dirà che ho inventato una leggenda per giustificare l'incontro al bar?

È ovvio che gli evangelisti, volendo darci una cronaca di ciò che era successo in quelle ore decisive, parlino anche degli antefatti, della scoperta del sepolcro ormai disabitato dal suo occupante. Ma, poi, le apparizioni del Risorto, le prove – così concrete e ripetute – del suo ritorno alla vita hanno costituito la "notizia" vera, quella che ha messo del tutto in disparte gli antefatti. Il "silenzio" sulla tomba non è per niente la dimostrazione che fosse irrilevante la risurrezione fisica, non è affatto l'indizio che "cristianesimo autentico" sarebbe l'essere convinti che Gesù è vivo solo "in spirito" e che le sue spoglie sono restate a marcire chissà dove.

Si ha comunque l'impressione che sia inutile fare ricorso al ragionamento con una che pur dice di battersi "per l'intelligenza," contro l'illogicità dei "cristiano-primitivi". Basti dire, tra l'altro, che anch'ella – adeguandosi a un uso che più e più volte abbiamo visto praticato pure da altri biblisti, ben più autorevoli – dichiara a colpo sicuro "falso" tutto ciò che disturba il suo schema previo. Un esempio tra i mille di questa sbrigatività: «Nel falso capitolo XXI del vangelo di Giovanni...» (pag. 230). Oppure: «Ma questo versetto (Lc, 24,12: "Pietro corse al sepolcro e, chinatosi, vide solo le bende. E tornò a casa pieno di stupore per l'accaduto") è un falso...» (pag. 153). Le lettere di Paolo? Si dividono in «presumibilmente false e sicuramente false» (pag. 241).

Al contrario: se è "falso" tutto ciò che non è gradito alla nostra biblista, è "vero" ciò che le è simpatico o serve alle sue tesi da buona benpensante sedicente "progressista" (anche se nulla è più vecchio e stantio, più "reazionario" di certe tesi che, da Celso in avanti, ritornano con noiosa periodicità). Così, per stare sempre alla Risurrezione, poiché le interessa quella che secondo lei sarebbe la "storia d'amore" tra Gesù e la Maddalena, di quest'ultima dice, nel solito modo *tranchant*: «Non c'è dubbio che questa donna sia esistita» (pag. 150). Neppure noi ne dubitiamo: ma non per simili questioni romantiche, da lettrice di romanzi rosa più che da biblista...

Per avviarci alla fine: se questa "prima donna titolare di cattedra cattolica di teologia ed esegesi" rappresenta un caso limite, alle soglie del patologico, fa però riflettere seriamente il fatto che anche suoi colleghi di altro spessore (e anch'essi "cattolici") diano per scontato che la risurrezione di Gesù sia stata solo "spirituale" e che il corpo di Gesù si sia decomposto nella terra. E che affermino che questa è la vera, sola certezza che un "cristiano d'oggi" dovrebbe mantenere.

Dicono che intenzione del Nuovo Testamento stesso sarebbe convincerci che, se qualcosa di Gesù si è salvato, è solo il suo "spirito" o magari il semplice "ricordo": «Chi vuol essere fedele alla Bibbia non ha bisogno di credere né "grazie" al sepolcro vuoto né, tanto meno, "nel" sepolcro vuoto». Così il teologo Hans Küng (pag. 106) nel suo recente *Credo*.

Ma proprio di questo "spiritualismo" di cui Küng vorrebbe convincerci (in compagnia di tanti altri, questa incredibile *Frau* Uta compresa) parlammo nel capitolo *Le ossa del crocifisso* e in tanti altri passaggi. Ad essi rimandiamo. Ma basterebbe rimandare ai due versetti che stanno all'inizio degli Atti degli Apostoli: «Egli si mostrò ad essi vivo, dopo la sua passione, con molte prove, apparendo loro per quaranta giorni e parlando del regno di Dio. Mentre si trovava a tavola con essi....» (1,3 s.).

Davvero, parlando così (e non qui soltanto) la Scrittura vorrebbe distoglierci dal credere a una Risurrezione "banalmente" – e, magari, "volgarmente" – *anche* materiale?

XXX.
Una Pasqua per i giornali

P*er la Settimana Santa del 1998, la direzione del* Corriere della Sera *mi chiedeva di accompagnare i lettori verso la Pasqua, con quattro brevi articoli in prima pagina, a cominciare dal giovedì. Era probabilmente la prima volta che un grande quotidiano "laico" prendeva, e con tale rilievo, una iniziativa del genere, impensabile sino a qualche tempo fa. A quella novità che era loro proposta, non mancava il gradimento dei lettori, espresso con lettere, telefonate, fax. Tanto che era la stessa direzione del* Corriere *che, per tutta la durata della Quaresima del 2000, riproponeva quei pezzi sul suo sito Internet.*

Riporto qui quei quattro scritti, in qualche punto rivisti, solo come piccolo esempio di tentativo, non so quanto riuscito, di annunciare il Mistero Pasquale al pubblico (variegato quanto la società intera), di uno dei più diffusi quotidiani europei. Senza alcuna pretesa, è un possibile schema di annuncio "pasquale" in un mondo dove la fede nella verità della Risurrezione coinvolge ormai, almeno a viste umane, solo una minoranza.

Giovedì

Hebdomada Major, "Settimana Maggiore". La Chiesa, quando non aveva ancora chiesto scusa di parlare in latino, così indicava la "Settimana Santa". Quella che proprio da oggi – giovedì – s'immerge nel gorgo del Mistero. Quella che, dopo aver attraversato le tenebre del venerdì e il silenzio angosciato del sabato, esploderà nella luce gioiosa dell'alba, nella Domenica di Risurrezione.

Missa in coena Domini, stasera, in ricordo (e in rendimento di grazie) della istituzione di quella eucarestia che fa sì che il cristianesimo non sia affatto una "religione del Libro", dunque una fede "di carta", ma una realtà di carne e di sangue; e che fa sì che il remoto Gesù della storia sia il Cristo ogni giorno presente, il Vivo che nutre i vivi con il suo Corpo stesso.

Follia certo, per "la sapienza del mondo". Com'è follia quel Figlio di Dio che, prima della Cena, si inginocchia davanti ai discepoli e lava loro i piedi. Il più umiliante dei servizi, in Israele; tanto da interdirlo allo schiavo circonciso e da pretenderlo solo dal servo pagano.

Settimana "Maggiore": e non per caso. Per il cristiano è la Pasqua il cardine dell'anno. Questa è la Festa per eccellenza. Tanto che ogni domenica – *dies Domini*, giorno del Signore – se ne celebra il memoriale.

Ma allora, perché, perfino fra i credenti, questo giorno non sembra potere più competere, neppure alla lontana, con il Natale? Né per quantità di auguri, né di doni, né di addobbi (né di spot pubblicitari; segni, a modo loro, di quanto le ricorrenze inducano a "far festa": dunque, a consumare di più).

Non sarà perché il Natale, così com'è ridotto, può trovare facile accoglienza anche nella società post-cristiana, come luogo di raccolta di edificanti "valori comuni", di "sentimenti" tanto nobili quanto innocui con i quali, almeno per un giorno, ci si può illudere di essere tutti d'accordo? Una certa idea zuccherosa di famiglia, il giocattolo al figlio, il calore e la luce della casa, qualche struggente ricordo d'infanzia...

Che cos'è, alla fine, il Natale se non la storia, semplice ed eterna, di un bambino che nasce? Certo: la luce della fede scorge l'Abisso dietro la culla di Betlemme. Ma, anche chi fede non ha, può vedervi un simbolo consolante, una leggenda piena di significato.

La Pasqua, no. Se Natale può far sembrare uniti, la Pasqua divide. Se Natale è, in qualche modo, senso e valore comune, Pasqua è scandalo e follia. Natale è un uomo che nasce: e che c'è di più consueto? Pasqua è un uomo che risorge: e che c'è di più inconsueto, di inaccettabile? «Ma quando sentirono parlare di risurrezione di morti, alcuni lo deridevano, altri dissero: "Su questo, ti sentiremo un'altra volta"» (At, 17,32).

Il "mondo", tollerante perché scettico, può accogliere anche un presepe, un giorno d'inverno. Ma c'è una domenica di primavera in cui chi si ostini a credere che davvero la morte è stata sconfitta, ritorna ad essere "un ciarlatano", come fu Paolo per gli intellettuali pagani, ad Atene.

Eppure, proprio per questo il vangelo è "buona notizia". Non c'è, forse, la fine della speranza che la morte non sia l'ultima parola, dietro questa nostra incapacità di capire che, fra tre giorni, è la "Festa delle Feste"?

Venerdì

È il giorno della *Via Crucis*. Le cui stazioni, oggi, saranno per molti i caselli e gli svincoli autostradali.

Questa, ormai, la nostra penitenza: santificare il week-end, accettandone le tribolazioni come sacrificio doveroso allo Spirito del Tempo. La divisa griffata da tempo libero, al posto del vecchio "abito della festa"; le code motorizzate in luogo della processione.

"Divertirsi" (cioè, secondo l'etimologia, "volgersi da un'altra parte") a data fissa; intrupparsi nell'esodo anche – soprattutto – in questo ponte di primavera. Ma sì: oggi, venerdì "santo" 1998, sembra davvero questa la nostra croce, gravata per giunta dall'obbligo *correct* di sfoggiare, sempre e comunque, sorrisi smaglianti.

Ma che hanno a che fare questi nostri attuali, volontari strumenti di tortura (e, così spesso, di morte) con quella Croce che qualcuno, oggi, vorrebbe farci ancora contemplare? con quella Croce alzata il 7 di aprile dell'anno che fu poi detto "trentesimo dopo Cristo", in una Gerusalemme di cui, un quarantennio dopo, non sarebbe rimasta pietra su pietra?

Oggi, è anche nostro il grido che risuona nei vangeli, nella terra dei Gadareni: «Che c'è tra te e noi, Gesù di Nazareth? Che abbiamo noi in comune? Pretendi forse di continuare a tormentarci?». Che abbiamo a che fare, ormai, con questa storia inelegante e truce, fra sangue, sudori, imprecazioni, urla, gemiti, un giorno remoto, su una collinetta detta "del teschio": Calvario?

Perché qualcuno si ostina a cercare di guastarci questa festa della primavera, pretendendo di farci ancora pensare, dopo troppi secoli, a una simile vicenda?

Domande ben comprensibili. Di certo, non saremo noi a scandalizzarci. Noi che - giovani - le abbiamo condivise; noi, che non potevamo scorgere uno dei tanti, troppi, crocifissi inchiodati in luoghi incongrui (tribunali, scuole, uffici pubblici) senza sentirci solidali con un Carducci: «*Cruciato martire, tu cruci gli uomini / Tu di tristezza l'aër contamini...*». Condividendo, forse, anche la speranza di congedo, di separazione di destini, che quel poeta auspicava: «*Addio, semitico nume! Continua / ne' tuoi misteri la morte domina*».

Invettive, comunque, ormai patetiche nel loro ardore, da miscredente ottocentesco. Al rifiuto sanguigno - segno, malgrado tutto, di passione - è succeduta la noia. Se qualcuno proprio vuole, continui con le "settimane sante" che crede. Siamo democratici e tolleranti, ci mancherebbe! Noialtri, comunque, come potremmo entrarci? Che importa a noi di questo profeta ebreo finito male, di cui manco sappiamo se e come sia esistito? Se la sua è davvero storia, che ha a che fare con le nostre, personali, quotidiane, di storie?

In quel 14 del mese ebraico di Nisan, dopo il furore e il sangue, solo il rumore cupo della gran pietra rotolata a chiudere il sepolcro prestato, per compassione, da Giuseppe l'Arimateo. Mentre le tenebre calano, anche le ultime donne andranno a casa. Comincia il sabato della solitudine nella necropoli e della disperazione nel cuore dei seguaci. Sarà il giorno del silenzio, davanti a una tomba che nessuno sperava potesse mai scoperchiarsi. Sarà il "sabato santo": è domani. Quando anche noi, qui - 1998 anni dopo - sosteremo a interrogarci se, e come, quel sepolcro possa ancora riguardarci.

Sabato

Sabato santo: per il cristiano, è il buco nero dell'anno. È il solo giorno in cui la Chiesa interrompa la celebrazione della sua liturgia. I tabernacoli sono aperti e vuoti. La Speranza giace nel gelo del sepolcro. Il Cielo tace, la morte sembra trionfare.

«Non è questo, in maniera impressionante, il giorno di noi moderni? Questo secolo non è stato forse quello dell'assenza di Dio?». Sono le domande che poneva di recente Joseph Ratzinger, custode dell'ortodossia cattolica.

Oggi, dice l'antico breviario, «tutto il Cosmo è attonito e sospeso», la tomba è sigillata. Se la pia tradizione legherà ogni sabato alla devozione mariana, è proprio perché solo la Madre non perse fiducia nella vittoria finale del Figlio, mentre tutti i seguaci erano fuggiti o nascosti.

In questo giorno di silenzi e di domande estreme, proviamo pure noi a porci davanti a quella tomba. Ieri, ci chiedevamo se – e che cosa – avesse ancora qualcosa da dire quel sepolcro a noi, quasi duemila anni dopo.

Proviamo allora a domandarci, una volta tanto, che cosa avremmo perduto, se il lampo della Risurrezione non avesse rovesciato il masso; se il mistero della Vita rinnovata non avesse confermato non solo la messianicità ma, addirittura, la divinità di quel giovane predicatore che ieri, venerdì, non sembrava che un sognatore sconfitto.

Ebbene: se quella tomba fosse restata sigillata, avremmo perso, tutti, il dono di chiamare «babbino» (*abbà*) quel Dio onnipotente e tremendo di cui sino ad allora nemmeno si osava scrivere il nome. Non avremmo conosciuto l'essenza profonda e misteriosa di quel Dio-*abbà* che Giovanni, nella sua prima lettera, definisce per due volte, quasi incredulo: «*Dio è amore*». Avremmo perduto la sola immagine rovesciata dell'esperienza religiosa: non l'uomo alla ricerca di Dio; ma, al contrario, Dio alla ricerca dell'uomo.

Soprattutto, se questa storia si fosse chiusa per sempre nel pomeriggio di ieri, con la discesa del cadavere dalla croce, avremmo perso la sola possibilità di non interpellare duramente il Creatore, di non giungere sino alla bestemmia, alla rivolta, al rifiuto dell'ateismo.

Proprio quel corpo martoriato che giace oggi nella grotta offerta dall'Arimateo è l'unica risposta, per quanto misteriosa, al dilemma drammatico di sempre di fronte al male, al dolore, compagni inseparabili dell'uomo.

Delle due, l'una: o Dio non può impedirli, e allora non è onnipotente; oppure, può impedirli ma non lo fa, e allora non è buono. E proprio questo può autorizzarci a chiedergli ragione del male o a negarne l'esistenza stessa.

È il dramma che minaccia tutte le prospettive religiose.

Tutte, tranne questa che adora un Dio che, fattosi simile alle Sue creature, non ha abolito la croce, ma che ha lasciato che ve lo inchiodassero sopra; che non ha distrutto il male, ma che ha voluto sperimentarne su di sé il morso terribile.

Dentro questo sepolcro che tra qualche ora si spalancherà, c'è un Figlio di Dio che, ritornando nella Sua eternità, avrà per sempre un corpo d'uomo con i segni del più doloroso dei supplizi.

Solo qui, oggi, nel giardino presso Gerusalemme, il dolore del mondo, da scandalo intollerabile si trasforma in mistero venerabile.

Domenica di Risurrezione

C'è uno *spiritual song* dei neri d'America, dove le voci esplodono in un grido ripetuto all'ossessione, tra il clangore di strumenti a fiato e a percussione: «*My God, what a morning!*», mio Dio, che mattino! È la gioia dell'alba di Pasqua.

Una gioia comparabile a quella dei popoli slavi che, nello stesso mattino, si precipitavano per le strade abbracciando i passanti: "Cristo è risorto!". E tutti in coro a rispondere: "Sì, è davvero risorto!".

Più contenuta e austera nei suoi ritmi gregoriani – ma altrettanto intensa – la gioia della grande, antica liturgia latina. Quella archiviata da volenterosi teorici, illusi di rincorrere il loro mitico "uomo d'oggi" togliendogli la bellezza e soffocando le voci solenni che sembravano giungere sino a noi dalla profondità della storia. Contribuendo, così, e potentemente, a rendere più densa l'annoiata routine che contrassegna ormai le nostre Pasque sbiadite.

Ma le generazioni ecclesiali, con i loro errori (pur in ottima fede), passano. La Chiesa – parola stessa proprio di Colui che è oggi risorto – la Chiesa, resta. Resta custode, malgrado tutto, di quel vangelo che è tale proprio perché, come l'etimologia spiega, è "la Buona Notizia".

È Buona Notizia, certo, per molti, straordinari motivi, alcuni dei quali enumeravamo ieri, chiedendoci – davanti al sepolcro ancora sigillato – che cosa avremmo perso se una forza misteriosa non l'avesse spalancato.

Ma il vangelo è *eu-anghélion*, è "il Messaggio Buono" per eccellenza, è quello che riempie di gioia chi ne accetta la verità, per una ragione da cui tutte le altre derivano.

Se, infatti, davvero quell'Uomo ha vinto la morte, non è per Sé: è per noi. È per aprire a noi tutti la strada verso un'eternità felice: «Vado a prepararvi un posto», disse al congedo, durante la Cena del giovedì.

Ha vinto la morte per permettere a noi di vincere l'angoscia di quella "passione inutile" che è la breve vita terrena, spalancando prospettive di infinito là dove ogni strada sembrava chiusa dal muro nero di una fine definitiva e ineluttabile.

Questa, soprattutto, la gioia di Pasqua. Questo ciò che nutriva la musica struggente degli afroamericani, che spingeva i cristiani ad abbracciarsi nelle strade, tra sconosciuti, un mattino di primavera.

Certo, sappiamo bene: in molte delle omelie alle messe di oggi, capiterà di dovere ascoltare la lettura moralistica o sociologica del vangelo, letture così consuete oggi. Gesù come una sorta di Socrate ebreo, come maestro di etica, come agitatore sociale, magari come formulatore di buoni consigli per il cittadino politicamente corretto.

Se lo sbadiglio ci insidierà, freniamolo. E reagiamo a quel sale insipido, pensando che c'è una gioia sconvolgente da riscoprire, quella che ha invaso generazioni di credenti, a partire da quella che visse il lontano (eppure, sempre attuale) mattino di Gerusalemme.

Ma sì, è davvero Pasqua: gli echi delle campane a festa possono e debbono risuonarci nel cuore, non perché si commemori un saggio che ha parlato bene. Ma perché "l'Uomo dei dolori" profetizzato da Isaia e appeso a una croce solo tre giorni fa, ha mostrato, risorgendo stamane, di essere il Dio venuto "a portarci la vita; e a portarcela in abbondanza".

Dello stesso Autore

Ipotesi su Gesù, Sei, 1976

Scommessa sulla morte, Sei, 1982

Rapporto sulla fede: a colloquio con il cardinal Ratzinger, San Paolo Edizioni, 1985; Mondadori Oscar, 1993

Inchiesta sul cristianesimo, Sei, 1986; Mondadori Oscar, 1993

Il beato Faà di Bruno: un cristiano in un mondo ostile, Rizzoli Bur, 1998

Patì sotto Ponzio Pilato?, Sei, 1992

Pensare la storia, San Paolo Edizioni, 1992

La sfida della fede, San Paolo Edizioni, 1993

Opus Dei: un'indagine, Mondadori, 1993

Varcare la soglia della Speranza (con Giovanni Paolo II), Mondadori, 1994

Le cose della vita, San Paolo Edizioni, 1995

Qualche ragione per credere (con Michele Brambilla), Mondadori, 1997

Il Miracolo, Rizzoli, 1998